365 天的投资理财笔记

索晓辉　编著

中国纺织出版社

内 容 提 要

股票、基金、债券、外汇、衍生品、保险、房地产、收藏品以及黄金等九大领域是人们当前关注的热门投资领域。本书用简单易懂的语言，以“核心解读 + 要点提示 + 投资指导”的模式，力求将人们日常生活中需知的一些投资理财知识讲得全面、透彻。正文结构按照记录笔记的格式排列，方便希望通过投资和理财改善自身经济现状的读者学习投资知识，把握投资要点，为读者提供很好的借鉴和指导。

图书在版编目（CIP）数据

365天的投资理财笔记／索晓辉编著．—北京：中国纺织出版社，2012.3（2024.4重印）

ISBN 978-7-5064-8086-4

Ⅰ．①3… Ⅱ．①索… Ⅲ．①投资—基本知识 Ⅳ．①F830.59

中国版本图书馆CIP数据核字（2011）第244135号

策划编辑：郝珊珊　　责任编辑：于磊岚　　责任印制：陈　涛

中国纺织出版社出版发行

地址：北京东直门南大街6号　邮政编码：100027

邮购电话：010-64168110　传真：010-64168231

http：//www.c-textilep.com

E-mail：faxing@c-textilep.com

北京兰星球彩色印刷有限公司印刷　各地新华书店经销

2012年3月第1版　2024年4月第2次印刷

开本：787×1092　1/16　印张：20.5

字数：333千字　定价：99.80元

前言

PERFACE

在阅读这本书前，我们首先来看一下这两个案例：

王A和李B面临相同的生活起点：同一大学毕业，在相同城市各有一份收入大致相同的工作。第二年年底，王A根据自己的判断，认定此时买房必能升值，于是他凭借自己一年多来几万元的收入，加上各种借款，付足首付，按揭了一处房产。过了一年时间，这套房产的价值就翻了一番，王A果断将其出售，然后为自己买了一套小户型和一辆小轿车。然后，王A又凭借自己的理财知识参与各种投资，使得自己的财富快速增长，毕业没几年就过上了富足的生活。

而李B，对投资理财一窍不通，也缺乏理财的意识，只是习惯性地将每月生活节余存入银行，并且存的还是活期。几年下来，尽管省吃俭用，尽管坚持存钱，尽管积蓄增加了，但物价上涨、货币贬值，他无法实现财富的质变增长，所以生活依然艰辛。

也许你还在崇尚做好本职工作，点点积累财富，这没有错，可往往因为有的人跑得实在太快了，让你“被慢”、“被穷”了。谁也不想大家都住着别墅而自己却只能买个小平房吧？也许你是在担心自己不如别人，没有挣钱的本事？那么我想告诉你，没有谁是天生的挣钱能手，会挣钱的人只是因为他们有追求财富不断升值的意识和行动。你现在也许还不会理财，但是你必须要有理财的意识。

为了唤起人们的理财意识，并为那些想理财的人们提供学习的机会，我们汇集各领域投资专业人才精心编写了《365天的投资理财笔记》，以简洁的语言讲述了当今社会各种有价值的投资领域的相关知识和操作技巧，你可以从中选择适合自己的投资领域，也可以多方面尝试。其实，不论你投资什么产品，它们的操作都有相通之处，懂得这一点的时候，你也许已经是一位理财大师了。

本书涉及的投资领域涵盖股票、基金、债券、外汇、衍生品、保险、房地产、收藏品以及黄金等九大领域，都是人们当前关注的热门投资领域。本书采用“要点提示 + 核心解读 + 投资指导”的模式，将理财知识分布在 365 天的理财笔记中，力求将每一个知识点讲得全面、透彻，让你学得轻松、快乐。你可以按照我们制定的目录每天学习，也可以首选自己感兴趣的话题加以阅读。同时，我们也想借这种模式向大家传达一个理念：理财知识的学习不是一朝一夕就能完成的，而是需要你每天不断地学习和积累。

本书由索晓辉担任主编，第一章、第二章、第三章由李蓉编写，第四章由邢铭强、方文彬、马利霞编写，第五章由路利娜、王炜、张剑锋、刘春云编写，第六章由张淑娇、李雪、华蕾、张兴玉编写，第七章由刘晓翠编写，第八章由舒霞编写，第九章由王莹编写，第十章、第十一章由索晓辉编写，最后由索晓辉负责修改并定稿。

本书在编写过程中，参考了专家学者的观点和前沿理论。由于作者水平有限，难免有疏漏之处，恳请读者批评指正。

编著者

2011 年 12 月

目录

CONTENTS

第一章

投资理念——投资从“心”开始

第二章

投资知识——懂得才够味

第六章

外汇——充满生机的投资产品

第七章
衍生品——高风险高收益并存的投资产品

第八章
保险——有保有收的投资产品

第九章

房地产——热门揪心的投资产品

第十章 收藏品——兼具艺术和收益的投资产品

第一章

投资理念
——投资从“心”开始

贫穷不可怕，可怕的是缺乏追求财富的头脑和心态。在财富的路上为什么有的人能走得更远、赚得更多？因为他们比你想得多一些，并在财富面前保持了一种良好的心态。头脑和心态决定你的口袋，懂得这个道理，你已经离财富不远了。

第1天 越穷越要投资理财

要点提示

投资的最大障碍来自于人们对投资的认识。在日常生活中，许多中低收入者持有“投资是有钱人的专利，与自己的生活无关”的观念。他们普遍认为，每月固定的工资收入应付日常生活开销就差不多了，哪里还有多余的钱进行投资理财呢？如果真有这种想法，那你就大错特错了。你应该树立正确的观念：理财绝不是有钱人的专利，越穷越要理财。

投资指导

投资理财最重要的就是不要忽视小钱的力量。就像零碎的时间一样，只要懂得充分运用，时间一长，其效果自然惊人。要做到这一点，最关键的是要有一个清醒而又正确的认识，树立坚强的信念和必胜的信心。

核心解读

钱少，生活拮据，每月的工资只能应对基本开销，生活压力巨大无比，此时你可能想再兼一份差事，多挣一点，弥补一下生活所需，然而，你却没有想到理财。设想一下这样做的结果：生活无比艰辛，每天都很劳累，精神压力巨大，并且存在生病的风险，更可怕的是对未来没有期待，也许幸运的你有个好子女，你会把希望寄托在他们身上，那么，你的下一代又必定会存在巨大的压力。对于这样的家庭，其实理财是很有必要的，如果每月省吃俭用投入固定的几百元，再通过复利的巨大力量，十几年后你就会获得可观的积蓄。如每月固定投入500元，假设月收益率为2.81%，20年（240个月）后你的资产本利和则为383348元，结果是不是令你很惊讶？

不论贫富，理财都是伴随人一生的大事，在这场“人生经营”中，越穷的人对理财更应该认真而谨慎地去对待。

在普通百姓中，工薪族和中低收入者仍占绝大多数。投资理财是与幸福生活密切相关的事，收入微薄的清贫者与初入社会又身无资产的职场“新贫族”都不应回避。即使经济上捉襟见肘，每月微不足道的投入也可以“聚沙成塔”，运用得当更可能就是“翻身”的契机。财富能带来生活的安定、快乐与满足，也是许多人追求成就感的途径之一。创造财富，但又不被金钱所役、所累，是每个人都应有的财富观。

第2天　享受投资理财的过程

要点提示

投资理财是近两年颇为时髦的一个话题，人们投资理财的目标是实现财务自由，让人生更加幸福更加快乐，从而获得更多的心理安全感。所以，要想持续持久地理财，就要学会享受理财的过程，实现终生快乐理财。

投资指导

理财成功的感觉当然美妙，但理财之路注定不会一帆风顺，成功意味着对自己理财能力的肯定，但失败也并不意味着对自己判断能力的否定。在理财过程中，要学会享受酸甜苦辣各种滋味。理财，并非只是表面上的赚钱，更多的成长来自理财观念的培养和理财能力的锻炼。所以，理财要注重享受过程。

核心解读

理财、理财，大家都在理财。那么，又有多少人知道，或者问过自己，理财的快乐在哪里，投资的乐趣又在何方？

我们知道，股神巴菲特除了拥有那不断增值的股份外，最有名的要数他的“三要三不要”理财法。已经拥有了几辈子都花不完的钱，巴菲特为何还要理财，难道只是为了赚更多的钱？绝不是。对于理财高手们来说，理财是一种享受，理财的过程就是自我成长自我实现的过程，财富积累路途上的酸甜苦辣，远比财富本身更让人心潮澎湃。如果一个人理财的目的仅仅是为了赚钱，那么，他将错过许多理财的乐趣。

在投资理财的过程中，我们不仅可以学习并积累理财知识，还可以尽情享受理财的乐趣。首先，学习和掌握投资理财的知识，本身就是一件非常快乐的事情，因为所学的知识可以迅速地学以致用，可以极快地看到成效。其次，探索理财的途径和方式不仅可以自己受益，还可以和朋友们分享，大家一起享受理财的成果。并且，在理财的道路上，我们可以认识很多志同道合的朋友，可以增强家庭的凝聚力，提升家庭的生活水平。因此，理财带给我们的喜悦、快乐和享受，要远远大于金钱本身带给我们的快乐。

第3天　用投资应对生活压力

要点提示

不投资理财，压力会越来越大。我们经常看到很多职场中人意志消沉，觉得人生很累，为什么不能活得快乐一点，为什么总感觉有那么多的负担？很重要的一点就是经济问题，觉得钱再赚也不够花，辛苦的日子没有尽头。

核心解读

所谓压力理财，指的就是用理财的方法应对生活的经济压力，以下是必须予以考虑的压力：

1. 购房压力

购买房地产的价格不断上涨，而且上涨的幅度远远超过我们收入增长的幅度。据统计，工薪阶层如果要靠薪资买套房子，可能需要不吃不喝20年，才能备齐购买房子的资金。大多数人不可能一下子备齐买房子的全部资金，如果购房的时候只准备了10%的自备款，加上每月支付的贷款利息，对很多职场新鲜人与上班族来说，将造成很大的财务负担。如果更换工作或万一固定收入中断，将面临严重的资金短缺。

2. 育子压力

近年来大学学费不断上涨，让很多工薪阶层的父母都大喊吃不消。大学好上，但是没钱不行。即便辛辛苦苦攒了钱付了学费，也顺利毕业，还要面临更困难的就业问题。随着高校的进一步扩招，而就业岗位供给增加有限，未来几年，大学毕业生的就业问题必然凸显，就业竞争也会更加激烈。

3. 养老压力

想要知道退休之后的各种收入能否满足养老所需，最重要的就是计算"所得替代率"，它是指工薪阶层退休之后的养老金领取水平与退休前工资收入水平之间的比率。

计算方式很简单，假设退休人员领取的每月平均养老金为1000元，如果他去年还在工作，领取的月薪是3000元，则退休人员的养老金替代率为（1000÷3000）×100%=33.3%。

过去，已经退休的职场工作者由于当时的利率尚高，通胀仍低，财富累积较快较稳，因此所得替代率通常能够维持在60%～70%，因此，在正常情形下，他们仍旧能维持过去的生活水平。但是现今环境不同了，物价年年涨，薪资的增长幅度远远跟不上物价飙涨的速度，按照目前的状况分析，现在的年轻人到退休的时候顶多只能维持30%～40%的所得替代率，你把现在的薪水缩减2/3，就知道你靠退休金养老是什么状况了。

投资指导

所谓"穷则思变"，不要死守着自己的工资，而是要寻求一种钱生钱的办法，即理财。当然这不是说基本工作不重要，而是让你在工作之余增加额外的收入来源，何乐而不为呢？

第4天　投资理财让资金源源不断

核心解读

诺贝尔奖当初是由科学家诺贝尔捐献980万美元组建诺贝尔基金会，该奖于1901年首次颁发，到现在每年颁发6个奖项，每个奖项100万美元。照这种颁发方法，起初的980万美元如果不注意增值则早已使用殆尽，而正是由于诺贝尔奖基金会的投资理财才保住了诺贝尔奖高额奖金源源不断地支付。

但是，诺贝尔基金会对资金的理财管理也经过了一番波折。诺贝尔基金会在成立初期，明确规定基金投资范围为诸如银行存款与公债等安全且有固定收益的投资上，此举虽然安全，但报酬率低，到1953年，总资产只剩下300多万美元，不到初始资金的1/3，这对诺贝尔奖的延续造成了极大威胁。在面临压力的情况下，诺贝尔基金会在麦肯锡咨询公司的建议下更改了基金管理方法，将原先只准存放在银行和买公债的资金转向投资股票和房地产。此举获得了巨大成功，截至1993年，基金会总资产增长到了27亿多美元，确保了诺贝尔奖金的延续发放。

通过以上案例我们有两点启示：

（1）理财能盘活资金，使资金成长在一定时间内能应对源源不断的资金需求。倘若你现在有某个使用资金的目标（如买房），你可以通过理财来管理自己当前有限的资金，促其增值以达到自己的目标。

（2）不同的理财方法、不同的理财工具，其产生的收益结果是不同的，在合理控制风险的情况下，可以使用更好的投资组合实现资产较快速度的增值。

要点提示

大家对诺贝尔奖应该不陌生，那是相关领域学家梦寐以求的荣誉。诺贝尔奖带给获奖者的不仅仅是荣誉，更有高达100万美元的金钱奖励。当然，这里我并不是向大家介绍这个奖项，而是就诺贝尔奖的资金管理来谈一下投资理财。

投资指导

要想资金源源不断，必须要参与投资理财，好的理财手段和方法能更好地达到你的理财目标。

第5天　投资理财的奥秘——复利

要点提示

据说有人曾经问爱因斯坦："世界上最伟大的力量是什么？"他的回答不是原子弹爆炸的威力，而是复利，他甚至称复利是世界上第八大奇迹。

核心解读

所谓复利，就是利滚利或称利上加利，是指一笔存款或者投资获得回报之后，再连本带利进行新一轮投资的方法。和复利相对应的是单利，单利只根据本金算利，没有利滚利的过程，这两种方式所带来的利益差别一般人很容易忽视。1 元钱，每年翻一番（年收益率为 100%），30 年后就是疯狂的 10 亿（1073741824）元！计算方法是：$1\times(1+100\%)^{30}=1073741824$。若是单利，可能答案真的会让你大跌眼镜了，即 $1+1\times100\%\times30=31$ 元，两者结果有天壤之别。我们可以再来看一下复利的计算公式：本利和 = 本金 ×（1+ 年收益率）^{年限}。由公式可以看出，复利的最终结果受三个变量控制：本金、年收益率以及年限，其中后两个指标随着年限的逐渐增长对结果的影响要高于第一个指标。也就是说，投入的本金越大，年收益率越高并且年限越长，所获得的最终收益越大，具体来说，复利给我们以下启示：

（1）在资金允许的情况下，多投入本金。这需要你努力积累人生的第一桶金。

（2）努力提高年收益率。这需要你加强相关知识的学习，善于运用各种理财知识和手段，完善理财结构以期获得高收益率。

（3）扩大年限。复利突出了资金的时间价值。人的一生是有限的，要想扩大投资理财年限，无限向后延长时间是不可能的。既然年限不可能无限往后延伸，那就必须做到尽早投资。

投资指导

复利是一种以耐力和坚持为核心的思维方式，倘若你能充分利用复利的三个影响变量来进行投资理财的话，那么，你的资金会像滚雪球一样越滚越大。从现在开始，每年节省几千元用于投资理财，即使使用较稳健的投资方式，也会让几十年后的你轻松获得百万资产。

第6天　适度的自信和乐观

核心解读

在投资的过程中，我们要自信，更要敢于面对现实，世事无完美，世界上也没有只赚不赔的投资。但是在长期的实践中，在自信和乐观的基础上建立起来的交易系统还是能够帮助我们达到一定程度的准确率的。按此交易系统操作，理智地面对投资中的对与错，年收益便会有安全可靠的保证。

具体来说，在投资领域拥有自信和乐观，能够起到如下几个方面的作用：

(1) 自信和乐观首先是一种心理意识，在做完大量基本分析和技术分析之后，做投资决策时能够排除心理上可能产生的各种障碍。

(2) 自信和乐观能够帮助我们克服投资过程中由外界信息以及人为因素导致的客观干扰，以及由此带来的阶段性阻力和困难。

(3) 自信和乐观使我们在投资活动中可以在科学资金管理的前提下大胆沉着地投入和退出，让我们在处理棘手问题以及面对突发事件时，可以第一时间做出理性的反应。

而过度主观的投资者，投资的依据往往是印象。

投资是残酷的，也是现实的，投资市场的变化足以令你致富，也可以令你亏很多钱。面对不可预知的投资，你应该保持最客观的心态，顺境时，亦不可过于自信和过度乐观。

自信的心理是健康的，没有乐观的情绪，遇到挫折时会很难受，甚至因此而失去理性，做出冲动的决定，把情况搞得更糟。投资也不例外。但投资者应避免过度乐观，自信是对的，错只错在“过度”。过度自信的时候，就忽略了可能产生的不良后果。过度自信往往使人变得太天真，行动变得缓慢，造成亏损。你应该冷静看清楚形势，不急不躁，不纯粹乐观，才可以做出正确决策，避免亏大钱的命运。

要点提示

自信和乐观往往能使平凡的人做出惊人的事业来；胆怯和意志不坚定的人即使有出众的才干、过人的天赋、高尚的品格，也终究难成大器，投资也是如此，拥有自信和主动的态度是成功投资的第一步。

投资指导

适度的自信和乐观，可以使你心情愉快。但一旦过度，则会令你漠视投资风险。凡事必须以客观为基础，尊重客观才能改变客观。但人难免会主观，会追求完美。主观不要紧，只是不“过度”才可以。

第7天 正确对待“恐惧”和“贪婪”

要点提示

“恐惧”和“贪婪”是人性的弱点，大部分人可能将其归咎于人性阴暗的一面，但几乎所有正常人都无法摆脱“恐惧”与“贪婪”。那么既然如此，判断“恐惧”和“贪婪”的好坏已经没有太多实际意义。实际上，我们应该把“恐惧”和“贪婪”用在合适的地方，使其发挥积极的作用，正所谓知“性”善用。

投资指导

股神巴菲特曾说：“每个人都会有恐惧和贪婪，我不过是在别人恐惧的时候贪婪，在别人贪婪的时候恐惧罢了。”简简单单的一句话蕴涵着一个普普通通的哲理，却造就了巨大的财富。“恐惧”和“贪婪”的正确使用是需要建立在对事物（现实）的合理认识基础上的，这需要投资者不断丰富自己的相关投资知识，增强对市场的预见性和判断的准确性。

核心解读

“恐惧”就是因害怕而不敢开始或继续某种行为。比如没有做好相关的投资前准备，心里没底，你就该“恐惧”，你就不该盲目行动，然后你就该为你的知识浅薄而感到恐惧。又如投资产品已经跌破止损线了，你也该“恐惧”。这时的“恐惧”能做的只是保住你的资金，然而这只是一种防范措施，并不是真正的目的，你的目的是要投资挣钱，“恐惧”之后就要反思原因并查缺补漏，弥补自己的不足，以避免下次出现类似的“恐惧”现象。

同样是“恐惧”，在另外一种情形下，就会成为你赚钱的阻碍：比如在成功指数达99%的时候，你却因为“恐惧”1%的失败迟迟不敢介入而错失良机。又如在市场大势还很趋好的时候，庄家洗盘损害了你的一点点利益，你“恐惧”地离场了。这时候你就需要纠正一下你“恐惧”的落脚点了，你应该更“恐惧”无钱可赚，而不是“恐惧”接近于成功的失败。

“贪婪”指的是一种想从事或继续某种行为的欲望。拿破仑的经典名言“不想当将军的士兵不是好士兵”，说的就是一个好士兵应该具有的“贪婪”精神，这种“贪婪”能促使士兵不断进步，不断地获取将军该有的特质。当然，将军不是哪个士兵想当就能当上的，但当他付出这种努力的时候，他会比其他人走得更远。

大凡白手起家的富豪无一不是怀着一颗对财富的“贪婪”之心，正是这颗“贪婪”之心，促使他们努力奋斗、“机关算尽”，不断获取财富。也许你会想，那些富豪占尽了天时地利人和才会有他们的成就，这当然没错，那么，假如你拥有了同样“贪婪”的心，你难道不会觉得自己至少离富豪的位置更近些了吗？具体来说，在机遇到来时，你更应该发挥“贪婪”之心，广纳财源，而在陷阱面前则应控制欲望及时收手。

第8天 平常心对待投资理财

核心解读

保持一个平常心态对投资理财是非常必要的。理财是获得财富从而为生活添彩的一种手段，即理财最终是为了人的生活，而不是人为理财而活，因此，人不能为理财所累。试想如果某人成天想着投到某个领域的资金以至于寝食难安，不仅身心俱疲，可能资金也会因你的神经紧张造成错误操作而流失，更重要的是这种本末倒置的做法使理财的意义丧失。所以，应以平常心对待理财，"玩着就把钱赚了"才是一种高境界。

要想做到这一点，就必须用平常心态对待理财中的得与失。理财中的"得"即某次投资理财而获得的较丰厚的收益，你不应将此看做是上天对你的抬爱而过分高兴，而应该以平常的心态将此看做是你资金和精力投入的正常回报，并再接再厉为下一次成功做准备。理财中的"失"即某次理财中的资金损失，你不应该为此过分揪心，而应该想着事无完事，人无完人，总有失手的时候，以一个平常的心态总结经验教训，进行下一步的投资理财。矛盾的双方会在一定条件下出现转化，当得时，保持平常的心态，你就消去了得转为失的条件；当失时，保持平常的心态，你就造就了失转为得的条件。从这个意义上说，心态决定成败。

要点提示

投资理财，最忌讳浮躁，投资者需保持一种平常的心态。其实，平常心的品质是做很多事情都应该具备的，而在投资理财上保持这种品质直接关系到投资者的财富水平和幸福指数。

投资指导

人有懒惰的天性，也有浮躁的冲动，这是很正常的。成功的人就在于其善于控制和改变自己的不良行为和性格。平常心不是人天生就能获得的，而是在于后天的不断培养，因此，每个投资者都应不断培养这种品质。

第9天 投资理财中的恒心

核心解读

投资理财中的恒心之所以重要在于以下几点：

1. 发挥"滚雪球"效应必须有恒心

理财，尤其是"穷人"理财，必须从一点一滴做起，比如说每月千

要点提示

投资理财，贵在持之以恒。

元的定投，如果缺乏坚持的精神，这个月按计划定投了而下个月则没有，或者对已经投入的资金不坚定，找各种理由将其取出来用于其他用途等等，这样做一方面不会将本金滚大，另一方面破坏了理财机构的理财方案，有时甚至会造成违约损失。

2. 复利魔力的发挥必须有恒心

复利巨大魔力的发挥就是以一定的本金确保较可观的年（月）收益率并经过长年的翻滚成就一笔巨大财富，那么如何去确保这样一个较为可观的收益率呢？资金就像推磨的驴，你不管它，它就只会睡大觉，因此，你需要持之以恒地打点你的资金，即按需要不断地变换理财的途径和方法以确保甚至提升你的收益率。

3. 理财知识和技能的学习必须有恒心

没有人天生就会理财，也没有一劳永逸的超级理财方法。理财投资者想要在理财方面取得成绩，一方面需要不断学习理财方面的知识，包括基本的经济金融财务等知识和成功者的经验总结；另一方面不断结合自己的投资理财状况进行经验教训的总结。这些，都需要你以恒心作为保障。

投资指导

设定一个合理的目标，然后就坚持去做，不光是投资理财，做任何事情其实都应该这样。

第10天 正确对待投资风险

核心解读

投资风险是指对未来投资收益的不确定性，在投资中可能会遭受收益损失甚至本金损失的风险，是为了获得不确定的预期效益，而承担的风险。投资理财面临的风险主要有：

1. 购买力风险

当投资某种产品的收益率低于通货膨胀率时，就会发生购买力风险：即资金总和虽然增加了，但是能购买的东西却变少了。

要点提示

“投资有风险，入市须谨慎”是我们在投资时经常能听到的一句话。然而如果不投资，同样会面临风险：一方面会损失投资的机会成本，另一方面存在手头资产贬值的风险。事实上，当今社会充斥着各种风险，想要回避风险基本不可能，对待风险的正确方法就是要主动应对。

2．市场风险

市场变化的不确切性，往往使经验不足的投资者造成亏损。以股市来说，市场的景气与否往往会使持有股票的价格随着波动，造成投资者的损失。

3．财务风险

比如当投资股票时，公司业绩出现问题，派息减少，股价下跌，这便是财务风险。

4．利率风险

当买入债券，其价格受银行存款利息影响。当银行存款利息上升，投资者就会将资金存入银行，债券价格也会下跌。这种因利率水平改变而遭受损失的情况，称为利率风险。

5．变现风险

当投资某种产品获得增值时产品却无法顺利卖出的风险。

6．事件风险

特殊事件，如政策变化、自然灾害、战争等都会对相关投资产品的价格产生影响。

投资指导

想要获得收益，承受一定的风险是应该的，毕竟天下没有免费的午餐。有一位哲学家曾说过：“存在的即是合理的。”投资行为的广泛存在正说明了它的有利之处，然而投资的亏损情况也是常见的，这就要求投资者去了解风险并合理应对风险。

第11天　没有最好的，只有最合适的

核心解读

选择投资理财产品要讲究“门当户对”，既要了解自己属何种投资者，又要知道投资产品的属性。

根据风险承受能力的不同，投资者通常可分为以下类型：

1．保守型投资者

这种类型的投资者对投资的态度是希望投资收益极度稳定，不喜欢高风险高回报的投资项目，他们不太在意资金是否有较大增值。在个性上，他们本能地抗拒冒险，不抱碰运气的侥幸心理，追求稳定。

要点提示

投资产品有多种，如股票、基金、债券、黄金等等，不同的产品有不同的收益和风险特点，要求的操作方法也不尽相同，不能说哪种产品就是最好的，但是可以说哪种产品是比较适合你的。

2. 中庸型投资者

稳定是这种类型投资者着重考虑的因素，他们希望自己的投资在保证本金安全的基础上能有一些增值收入。希望投资有一定的收益，但又不愿承受较大的风险。可以承受一定的投资波动，但是希望自己的投资风险小于市场的整体风险。在个性上，这种类型的投资者有较高的目标追求，而且对风险有清醒的认识，但通常不会采取激进的行动去实现目标。

3. 进取型投资者

这种类型的投资者重视投资的长期增值。通常会为提高投资收益而采取一些行动，并愿意为此承受较大的风险。在个性上，他们很有信心，具有一定的投资经验和技巧，知道给自己留有后路。

4. 积极型投资者

这种类型的投资者高度追求资金的增值，喜欢具有挑战性的投资，以换取资金高成长的可能性。为了最大限度地获得资金增值，他们常常将大部分资金投入风险较高的品种。在个性上，他们非常自信，为了追求成功，常常不留后路以激励自己向前，不惜冒失败的风险。

就投资理财产品来说，债券、基金、黄金等风险较小，股票、期权等风险较大，投资者可以根据风险匹配程度选择合适的投资产品。

投资指导

另外，不同投资产品对投资者的精力投入和知识架构的要求也不同。总的来说，选择投资产品要做到风险匹配、时间匹配和知识匹配。

第12天 人生第一桶金

核心解读

投资理财最重要的目的，无非是追求财务自由，拥有足够的资金，便于自由运用，满足衣食住行方面的需求，而这一切都始于积累人生第一桶金。贫穷不会世袭，努力一定有收获，不过问题在于，一旦机会来临，你是否已经做好准备工作从而抓住投资机会呢？先要屈膝蹲下来，积累能量，等待机会，才有本事跳得高、跳得远。

要点提示

理财需要本钱，这毋庸置疑，除非上天让你做富二代或者赐你一笔意外之财，否则你都得脚踏实地一点一滴积累财富，成就人生第一桶金用于理财。

对于年轻人来说，积累人生第一桶金，通常是需要相当大的毅力的，即便下定决心每月必须固定存入多少钱，很多时候也会因为忙碌、遗忘、额外支出等原因让强制储蓄的愿望泡了汤。我们都明白，每个月的收入中抛开必要的生活开支，多花几百元和少花几百元对我们的生活基本没有影响，关键就是如何在我们还没有随意消费完之前，及时地将这些可花可不花的资金沉淀下来。

储蓄是理财计划的重要环节，当储蓄成为一种习惯，余钱再用于投资与消费，不要随便冒风险乱投资，才是积累第一桶金的基本原则。

投资指导

再好的投资机会，再漂亮的理财规划，缺乏资金当动力，都是纸上谈兵，必须努力积累人生的第一桶金。

第13天 鸡蛋到底要不要放进同一个篮子里

核心解读

主张分散投资的投资者认为，分散投资能够分散风险。也就是“不要把所有鸡蛋放在同一个篮子里。”为什么呢？因为若这篮子打翻了，所有鸡蛋都破了，但如果你预备多个篮子，各个篮子放一些，就算不幸打翻一个，也不会损失太大。另外分散投资可以把握更多的赚钱机会。只投资一个项目，若这个项目不赚钱，所有的资金和心血都会白费。

要点提示

关于投资，有人说要进行分散投资，而有人则认为要集中优势兵力各个击破，到底谁对谁错？其实赚钱才是硬道理。

而股神巴菲特则认为“把鸡蛋放在同一个篮子里，然后小心地看好它”，因为这样能集中资金，选择好投资方向后能获得巨大的收益。

两种说法皆有道理，其实“鸡蛋到底要不要放进同一个篮子里”取决于三个因素：

1．“鸡蛋”

“鸡蛋”也就是资金，如果资金量大，且资金的用途主要在于保值，那么应该选择分散投资，因为巨额的资金使得分散投资成为可能，且分散投资能有效地降低非系统性风险。而在投资金额较小的情况下，如果分散投资，不仅会将有限的资金再分散，而且还要付出较多的手续费，即使收益率再高也不会获得较大的收益。

2. “篮子”

“篮子”，可以将其理解为投资环境和投资产品，如果投资环境大好，且存在较高收益率的产品，则可以选择集中投资，其所能带来的收益会比分散投资大得多。反之，如何投资环境不明朗，则可以选择分散投资，以尽量减少风险。

投资指导

“不管是黑猫白猫，能抓住老鼠的就是好猫。”能挣钱的投资方法就是好的投资方法，投资者不必拘泥于某种具体的投资形式，根据不同情况选择合适的投资方法才是王道。

3. “放鸡蛋的人”

“放鸡蛋的人”即投资者的品质，包括投资偏好，投资精力，知识架构等。如果投资者可以参与投资的时间、精力比较充足，且对市场有充足的知识准备，能够较准确地判断市场并偏好集中投资，可以“把鸡蛋放进同一个篮子里”；反之结论则相反。

第14天 你离富翁有多远

核心解读

要点提示

20%的富人掌握了80%的财富，这是当今社会财富占有状况的真实写照。富人能在一生中积累如此巨大的财富的奥秘是什么？他们又有哪些特质呢？

1. 财商

尽管如今有更多的人认识了投资的重要意义，越来越多的人加入了投资者的大军中，但富人是越来越富，穷人依然贫穷。其原因在于虽然有越来越多的人参与了投资，却很少有人会去想怎样提高自己的财商，仅仅是单纯地为投资而投资，结果，投入了时间、精力和金钱却没有得到相应的回报。

富人能够聚敛很多财富是由于他们能够把自己的创造性变成财富。这个世界上很多人有很好的创意，然而却只有极少一部分有创意的人变富了。这是因为很少有人会用一个运行良好的企业把创意变成财富。

2. 金钱观

富人认为，人们花费一生的时间为金钱工作是愚蠢的，但认为钱不重要也同样是愚蠢的。富人会留下一部分足够用于日常所需的钱，而将其余的钱用于投资变成资产。富人认为金钱可以创造金钱。

如果你想拥有更多的钱，从现在开始改变你的旧观念，建立像富人一样的金钱观。也许你现在还是穷人，但你已经树立了一种正确的金钱观，你已经迈出了成为富人的第一步。

3. 对金钱的“野心”

无论做什么，没有“野心”是不可能成功的。缺少“野心”，你会在碰到一点点困难时就打退堂鼓。如果亿万富翁倾向于把金钱看成是万恶之源，把对金钱的追求看成是拜金主义，很难相信一个把金钱当做敌人的人会取得巨大的财富。为了获取财富，亿万富翁们确立了正确的金钱观。

财富对任何社会、任何个人都是重要的，它把人们从苦难中解脱出来，走向文明与幸福，从而推动了社会的发展。勇敢地走向通往富翁之路，排除恐惧，积极行动，发展你的金钱“野心”，你会获得成功的。

投资指导

了解并学习富翁的特质，你会觉得自己离富翁并不远。

第15天 理财与家庭

核心解读

1. 处理好夫妻和理财的关系

夫妻之间会存在思维逻辑的差异，对于财产的支配方式，多数时候会出现矛盾。讨论处理家庭财务的方式的时候，千万不要回避，应该追求彼此核心价值观和梦想的最大公约数，建立一个互相认可的支出和储蓄计划。

2. 处理好子女和理财的关系

加强孩子的理财教育，让孩子学会当金钱的主人。

(1) 树立钱非万能的意识。理财教育的精髓不在于让孩子变得很势利，而是让孩子树立起“钱是有价值的，但钱不是万能的”意识。让孩子懂得在生活中，什么是合理的消费。

(2) 视必要性给零用钱。孩子的零用钱多半是父母给的，目的是让

要点提示

理财最终要和家庭攀上关系，理财最终要考虑到夫妻、儿女，家庭快乐也是人生的目的之一，不能因理财而顾此失彼。

他们有机会学习自己管理金钱。但有些小朋友会认为父母给零用钱是天经地义的，所以最好不要孩子一伸手就给零用钱，应该视需求的必要性而定，否则孩子若发现要零用钱是容易的事，便会养成好逸恶劳的个性。

(3) 改变孩子的消费观。现在孩子们的生活中充斥着各种诱惑，很容易养成胡乱花钱的坏习惯，如果家长和教师能加以引导，孩子们的消费就会大有改观。

(4) 父母应以身作则。孩子的外在行为有很大成分来自父母的影响，所以当要求孩子应该怎么做或不能做什么时，要先想想自己的行为是不是影响到孩子的价值判断，要孩子做到的事情，自己得先做到才有说服力。

投资指导

理财应为家庭幸福作贡献，而不应以牺牲家庭幸福换取财产。家庭幸福和理财并不是对立的关系，良好的家庭关系、家庭其他成员的支持配合往往能为理财成功做出重要贡献。

第二章

投资知识——懂得才够味

投资理财不是买彩票，更不是赌博；投资理财不能靠运气，更不能把自己的命运交到别人的手中。盲目操作，可能会使你的资金瞬间灰飞烟灭而令你瞠目结舌，因此你需要为你的投资进行知识储备，基本的经济金融知识则是你迈入投资理财殿堂的金钥匙。

第16天 读懂GDP

要点提示

GDP（Gross Domestic Product）也就是国内生产总值，指一定时期内，一个国家或地区所生产的全部最终产品和提供服务的市场价值总值。通过这个指标不仅能了解各部门的生产活动，而且能分析消费、投资、出口等整个经济的动向，可以说是最集中表现经济水平的核心指标。

投资指导

GDP常被公认为衡量国家经济状况的最佳指标。但一定要注意到其局限性，不要把它作为衡量国家经济发展的唯一指标。

核心解读

使用GDP是为了衡量一个国家或地区的生产能力。这个社会是由收入和支出构成的，也是由投入和产出构成的。任何经济行为都可以用这两者来计算。到底一个国家或地区的生产能力有多强，需要一个统一的度量单位，以便国家与国家、地区与地区之间进行比较。而GDP就是这个统一的度量单位。

我国自1985年建立GDP核算制度，1992年之后逐步建立起一套新的国民经济核算体系，GDP成为核心指标。作为一个国家或地区一定时期内社会经济活动成果的集中体现，目前，这一指标已成为各级政府制订经济发展计划和战略目标的重要依据，并成为家喻户晓、世人关注的经济“晴雨表”。

一般来说，一个国家的GDP大幅增长，反映出该国经济发展蓬勃，国民收入增加，消费能力也随之增强，人民的生活水平提高。反过来说，如果一个国家的GDP出现负增长，显示该国经济处于衰退状态，消费能力降低，人民的生活水平下降。GDP的积极效应是多方面的，但也有其局限性。其一，GDP不能反映经济增长的准确情况。其二，GDP也不能够反映经济增长的成本。比方说，有些地方经济增长虽然比较快，但是资源消耗非常厉害，造成了严重的环境污染，GDP上去了，但是成本很高，破坏了生态平衡。这是非常不划算的。

第17天 读懂CPI

核心解读

2010 年 3 月，“蒜你狠”的菜价，让老百姓在掏银子买蔬菜时想了又想、算了又算，最后只能感慨：“什么都涨了。”国家统计局 2010 年 5 月 11 日公布了 4 月主要经济运行数据。4 月份，居民消费价格同比上涨 2.8%，涨幅比上月扩大了 0.4 个百分点。

CPI 背后贴着很大的民生标签，牵涉到老百姓的切身利益，它的一举一动，既影响政府的决策，也会影响我们的支出和实际收入。

CPI 的连续上涨，让人们感到很大的压力。人们感到的压力还并不仅仅在于日常消费品本身，更在于货币的加速贬值和资产价格的持续上升。医疗、住房、教育的价格高涨，使大家的实际收入迅速降低，CPI 的高涨，使大家存在银行的那点“养命钱”迅速贬值。

CPI 的变化还会对股市产生一定的影响。CPI 增幅过大，会导致通货膨胀，而央行为了抑制通胀会采取加息等紧缩策略，继而导致股市流动资金的减少而缩小股票的买盘。根据供求关系，股票买盘小的情况下其价格就会下跌。反之，如果 CPI 降低，则股市走热，股票上涨。

要点提示

CPI（Consumer Price Index），是居民消费指数，是对一个固定的消费品篮子价格的衡量，主要反映消费者支付商品和劳务的价格变化情况，是一种度量通货膨胀水平的工具。

投资指导

关注 CPI 数据，一方面，可以了解经济形势，掌握货币政策和财政政策的走向。另一方面，可以更加合理地配置我们的消费与储蓄，更加合理地安排我们的生活。

第18天 货币政策知多少

核心解读

货币政策分为紧缩性和扩张性两种。紧缩性的货币政策是通过削减货币供应的增长率来降低总需求水平，在这种政策下，取得信贷较为困难，利息率也随之提高。因此，在通货膨胀较严重时，采用紧缩性的货币政策较合适。扩张性的货币政策是通过提高货币供应增长速度来刺激

要点提示

货币政策是指中央银行为实现既定的经济目标（稳定物价，促进经济增长，实现充分就业和平衡国际收支）运用各种工具调节货币供给和利率，进而影响宏观经济的方针和措施的总和。

总需求，在这种政策下，取得信贷更为容易，利息率会降低。因此，当总需求与经济的生产能力相比很低时，使用扩张性的货币政策最合适。

投资指导

货币政策是国家经济发展的调节器，不断地校正着国家经济的方向，对经济会产生重大的影响。经济发展过快，实行紧缩性货币政策；经济出现下滑，实行扩张性货币政策。投资者应关注货币政策的变化，以确定自己的投资策略。

第19天 了解热钱

核心解读

热钱是投机资本，不分国际国内，哪里有暴利就往哪里钻。进行国际之间投机的，就叫“国际热钱”，在国内投机的，就叫“国内热钱”。

外汇储备短时间大规模的进出，就形成了广义的热钱。热钱是一个形象生动的比喻，既说明了外汇或货币当局对热钱有如对“烫手山芋”般的尴尬，也说明了这种热钱时时刻刻都有易主的可能，它造成的影响不可谓不大，在历次金融危机或者动荡中都有它的身影。同时正如索罗斯所说，这些钱能以小博大，关键是钻了金融系统或者制度的漏洞，在热钱背后往往有赚得盆满钵满的投资人，更有伤痕累累的国民经济。

热钱除了会像有些文章所讲的那样，在赌人民币升值预期的同时，乘机在其他市场不断寻找套利机会，对经济造成推波助澜的虚假繁荣，同时还会加大外汇占款规模，影响货币政策正常操作，扰乱金融体系的正常运行，加剧国内的通货膨胀压力，人为加大人民币对外升值的压力。我国现行的汇率体系以及美元持续贬值，才能吸引热钱进来。因此，只要人民币升值预期不变，随着流入热钱的增多，人民币升值的压力就会越大。热钱的流出，也同样会使经济剧烈波动。

要点提示

所谓“热钱”，就是无特定用途的流动资金，它们不参与物质财富的生产和经营，不以获取常规的商业利润为目的，而专注于暴利性的投机，诸如汇率、信贷、大宗商品、股市和楼市之类。其特点是短期行为，有了暴利预期便蜂拥而至，赚了快钱掉头就走。

投资指导

热钱确实是个惹祸的根，我们不能任其发展，一定要采取必要的措施，做好热钱危机的预防工作，更好地维持本国金融体系的稳定。保持经济的平衡增长而不追求过度的繁荣，始终是稳定国家货币和金融体系的根本。

第20天 金融危机离你有多远

核心解读

2008 年下半年，美国次贷危机引发了全球性金融危机，世界经济遭受重创，其特征是人们基于经济未来将更加悲观的预期，整个区域内货币币值出现幅度较大的贬值，经济总量与经济规模出现较大的损失，经济增长受到打击。企业大量倒闭，失业率提高，社会经济萧条。

从表面上看，美国金融危机是由住房按揭贷款衍生品中的问题引起的，其实有更深层的原因。中国人民银行研究员邹平座认为，美国金融危机发生的深层原因有两个：美国金融秩序与金融发展失衡、经济基本面出现问题。

(1) 金融秩序与金融发展、金融创新失衡，金融监管缺位，是美国金融危机的重要原因。一个国家在金融发展的同时要有相应的金融秩序与之均衡。美国在1933年大危机以后出台了帕拉斯—斯蒂格尔法，实行严格的分业监管和分业经营。1999年美国国会通过了《金融服务现代化法案》，推行金融自由化，放松了金融监管，并结束了银行、证券、保险分业经营的格局，结果造成金融活动逐渐失控。

(2) 美国经济基本面出现问题，从而加速了金融危机的爆发。20世纪末到21世纪初，世界经济格局发生了重大调整，世界原有的供需曲线断裂，出现了价格的上涨。美国采取了单边控制总需求的办法，使得原有的供给缺口不断扩大，物价持续上升，就业形势出现逆转，居民收入和购买力下降。

要点提示

金融危机又称金融风暴，是指一个国家或很多国家与地区的全部或大部分金融指标（如短期利率、货币资产、证券、房地产、土地价格、商业破产数和金融机构倒闭数）的急剧、短暂和超周期的恶化。

投资指导

这次金融危机不但重创了美国，更是对全球的经济造成了严重的冲击。在全球金融一体化的今天，作为世界风向标的美国打个喷嚏连全球都要跟着感冒，更不要说如此严重的金融危机。金融危机还远未结束，事态的发展仍需拭目以待。但有一点教训是肯定的，金融创新不是万能的，必须放到基本经济规律的显微镜下详加审视。

第21天 选择的机会成本

核心解读

机会成本是指在经济决策过程中，因选取某一方案而放弃另一方案所付出的代价或丧失的潜在利益。举一个简单的例子来说明，有一块土地，既可以用来种玉米，也可以用来种小麦。若种玉米的收益是100元，种小麦的收益是1000元，那么这块地用来种玉米时，你的机会成本就是1000元，当你用这块地种小麦时，你的机会成本则是100元。

比尔·盖茨的传奇经历，很形象地为我们诠释了机会成本。一开始

要点提示

选择是要付出代价的，当我们得到一个机会的时候，可能就会失去一个机会。这个失去的机会在经济学中被称为机会成本。专业地说，机会成本就是获得某样事物所必须放弃的其他事物。

投资指导

正因为选择的无处不在，机会成本为我们的选择提供了一个很好的参考条件，无论是个人还是单位、国家，在做出选择的时候，都要认真考虑权衡各方面的因素，充分估量机会成本，细心计算所得所失，最后做出理智的选择。利用我们仅有的资源，为我们实现最大的收益，获得最大的满足感。

比尔·盖茨进入哈佛大学的时候，学习的专业是法律，但是他对计算机兴趣浓厚，而对法律一直没有兴趣。19岁时，小盖茨就有了一个想法，那就是创办自己的软件公司，但那时他还没有完成哈佛大学的学业。到底是继续读书拿到哈佛大学的学位证书，还是马上离开学校着手开办自己的软件公司呢？经过反复的权衡之后，他毅然决定放弃学业，离开学校开办公司。

结果众所周知，在1999年美国《福布斯》杂志的世界富豪评选中，比尔·盖茨以净资产850亿美元登上了榜首。这足以证明当初比尔·盖茨选择的正确性。后来比尔·盖茨回母校参加募捐活动时，被记者问到是否愿意继续回哈佛上学，比尔·盖茨微微一笑，却没有做出任何回答。显而易见，比尔·盖茨不愿意为了哈佛的学位证书而放弃自己已有的事业。在这个例子中，比尔·盖茨放弃的哈佛法学学位就是他创业的机会成本，显然相对于他的事业而言，这点成本不算太高，付出也是值得的。

虽然机会成本听起来有些晦涩难懂，但是它广泛存在于我们的日常生活中，只要有选择，就有机会成本存在。简单地说，被放弃的就是被选择的机会成本。

第22天 信息不对称

要点提示

信息不对称理论是指在市场经济条件下，市场的买卖主体不可能完全占有对方的信息，这种信息不对称必定导致信息拥有方为谋取自身更大的利益而使另一方的利益受到损害。

核心解读

一般而言，在市场上，卖家比买家拥有更多关于交易物品的信息，但相反的情况也可能存在。不对称信息可能导致逆向选择。以二手车市场为例，在二手车市场上，假定有若干辆不同的二手车要卖，旧车主知道自己所卖车的质量，质量高的索价高些，质量低的索价低些。由于买主无法掌握旧车的准确信息，从而其出价并不区分旧车质量的好坏，这样质量好的旧车会退出市场，质量差的旧车则留在市场上。

一旦发生这样的情况，质量差的旧车比例增加，买主会进一步降低出价，使质量稍好的旧车也退出市场，如此循环下去，旧车市场就会逐渐萎缩，导致劣车驱逐良车，最终受损失的是消费者的利益。这种信息不对称现象在其他市场中也存在。

再比如说在劳动力市场上，对于雇主来说，面对大量的应聘者，他不可能在短时间内了解他们的全部信息，只能根据应聘者提供的信息，像学历、经历，是否做过学生干部等有限信息来选择人员。正是由于劳动力市场上雇主和雇员之间的信息不对称，雇主必须靠一种市场信号（比如学历要大学本科）来进行识别。但实际上所选的大学本科生能力并不一定都强，有的甚至不能胜任工作，这就是信息不对称造成的。

信息不对称会导致价格不能正确反映商品成本，不能正确反映市场供求状况，会使劣质商品逐渐取代或驱逐质量好的商品，以次充好，市场上劣质商品越来越多，好商品越来越少，容易破坏市场的竞争性，使得市场失灵。

投资指导

要减少信息不对称带来的决策失误，无论厂商还是消费者都要通过各种途径找到更好的传递信息和搜索信息的途径。优秀的厂商要通过例如广告等途径把自己的产品优势宣传出去，让消费者获得更多信息，自己的权利也得到充分维护，而消费者也应努力让自己获得更多信息，让自己在消费中更为明智和准确，防止自己因信息不对称而上当受骗。投资者要在投资中获得优势，一定要注意信息的获取。

第23天 市场供求

核心解读

需求指的是消费者在一定时期内的各种可能的价格下愿意而且能够购买的该商品的数量。需求不是自然和主观的愿望，而是有效的需要，它包括两个条件：消费者有欲望的购买和有能力的购买。

供给指的是生产者在一定时期内在各种可能的价格下愿意而且能够提供出售的该商品的数量。这种供给是指有效供给，必须满足两个条件：生产者有出售的愿望和供应的能力。在供给和需求两种相反力量的相互作用下，市场会逐步达到一个动态的均衡状态，对应的就是商品的均衡价格，一般来说就是我们购买商品所支付的价格。

相信很多人都听说过“谷贱伤农”的现象，但是，这究竟是为什么呢？似乎有些违背常理。本来，农业丰收了，农民的收入应该会更高些，应该高兴才对。可是，由于全体农业的丰收，造成了粮食总产量的增加，

要点提示

需求和供给是经济学家最常用的两个词，是使市场经济运行的力量，它们决定了每种物品的产量以及出售的价格，如果你想知道一件事情或一项政策将如何影响经济，你就应该先考虑它将如何影响需求和供给。

投资指导

需求和供给是经济学中最最基本的知识，当你真正弄清楚两者之间的关系和一些微妙的变化时，就会发现身边的奇怪事件原来只是自己之前没有接触过或者不知道而已，其实没什么可大惊小怪的。资产的价格也受供求影响，了解供求有助于对资产价格走势的判断。

供给急剧上升，超过了需求量。这样一来，粮食的价格就会下降，农民的收入反而减少了。这是由于农业生产的周期性造成的。

类似的还有“倒牛奶”现象。2007年，南京、成都等地相继发生了奶农和乳品企业指导把鲜牛奶倒掉的极端事件。对于“倒牛奶”现象，很多人会问：为什么不把牛奶分给那些还喝不上牛奶的地区和人们呢？其实，把牛奶倒掉是有一定的经济学道理的。试想，如果他们把牛奶无偿地分给居民，那么，有些人因为获得了牛奶，以后一段时间内，即使在牛奶供给相对平衡时，也许也不再买牛奶了，无形中降低了牛奶的需求。另外，如果他们现在无偿地得到了牛奶，那么明年呢？那些有“守株待兔”思想的人肯定会等着你的牛奶发生过剩，等着再次喝上“免费的牛奶”。

第24天　财富效应

要点提示

财富效应指由于金融资产价格上涨或下跌，导致金融资产持有人财富的增长或减少，同时影响人们对未来收入的预期，进而促进或抑制消费的增长，最终影响经济的繁荣或衰退。

投资指导

通过加快发展资本市场，可以让更多的人分享资本市场发展所带来的财产性收入。但是同时由于证券资产在民众财富中所占的比例上升，财富效应将会变得更加明显，当经济不景气或金融危机袭来的时候，老百姓可能会感到更多的寒意，经济波动的影响将会变得更加明显。

核心解读

对于我国来说，财富效应不是很明显，因为我国居民习惯上喜欢将钱存到银行，居民存款约占总收入的30%，而投资理财还不如欧美国家那么流行，所以当证券市场价格下跌时，我们没有感受到很明显的消费萎缩。

在美国情况就不同了，美国居民的储蓄率只有5%，但是居民拥有的金融资产却占总财富的三分之一左右，所以在美国财富效应很明显。当金融危机光临美国造成其资产价格下跌时，居民手中的财富就大大缩减了。

从2006年开始，我国的股市一路走牛，让不少人的财富迅速增加，尝到了财富增长的甜头。据美林和凯捷顾问公司发布的2007年《亚太区财富报告》显示，截至2006年年底，我国共有49．8万位拥有金融资产100万美元以上的富裕人士，较2005年增加了9.21%。相信伴随民众理财意识的觉醒，会有更多的人将证券资产作为自己资产组合的一部分。

第25天　蝴蝶效应

核心解读

有这样一首民谣：

丢失一个钉子，坏了一只蹄铁；

坏了一只蹄铁，折了一匹战马；

折了一匹战马，伤了一位骑士；

伤了一位骑士，输了一场战斗；

输了一场战斗，亡了一个帝国。

马蹄铁上一个钉子是否会丢失，本是初始条件十分微小的变化，但其“长期”效应却是一个帝国存与亡的根本差别。一个明智的领导人一定要防微杜渐，看似一些极微小的事情却有可能造成集体内部的分崩离析。一个明智的人一定是一个善于从微小的细节关注生活的人，是一个善于未雨绸缪、眼光长远的人。

今天的我们同样会受到“蝴蝶效应”的影响，从全球来看，2008年的经济危机就是受到美国次贷危机的影响爆发的。对某个企业而言，现在消费者越来越相信感觉，所以品牌消费、购物环境、服务态度等，这些无形的价值都会成为人们选择的因素。

今天，蝴蝶效应的影响不仅仅限于企事业单位、国家层面，个人也越来越受到蝴蝶效应的影响。精简机构、官员下岗、取消福利房等措施，让越来越多的人远离传统的保障，随之而来的是依靠自己来改变命运。而组织和个人自由组合的结果就是：谁能捕捉到对生命有益的“蝴蝶”，谁就不会被社会抛弃。我们需要关注国家的政策动向，未雨绸缪，尽量避免灾难降临在自己身上，避免自身利益受到损害。

要点提示

澳大利亚蝴蝶翅膀的震动，将掀起太平洋的飓风，这是一个用来说明蝴蝶效应的形象比喻。蝴蝶效应是指在一个动力系统中，初始条件微小的变化能带动整个系统长期巨大的连锁反应，是一种混沌现象。

投资指导

“蝴蝶效应”之所以令人着迷、令人激动、发人深省，不但在于其大胆的想象力和迷人的美学色彩，更在于其深刻的科学内涵和内在的哲学魅力。混沌理论认为在混沌系统中，初始条件十分微小的变化经过不断放大，对未来状态会造成极其巨大的影响。

第26天 财务杠杆

要点提示

财务杠杆是指企业利用负债来调节权益资本收益的手段。合理运用财务杠杆可给企业权益资本带来的额外收益，即财务杠杆利益。通俗一点讲就是"借鸡生蛋"，然后把"鸡"还掉，剩下属于自己的"蛋"。财务杠杆虽然是用在企业中的，但如果将企业细化为个人，道理是一样的。

核心解读

高杠杆率是当今资本市场金融交易的重要特点。所谓杠杆率是指金融机构的资产对其自有资本金的倍数。例如，如果杠杆率是 10，则对应于 1 元的资本金，银行将能提供 10 元的贷款。对于给定资本金，杠杆率越高，金融机构所能运作的资产越多，盈利也就越高。当然，杠杆率越高，风险也就越大。

但千万别高兴得太早，凡事有一利就有一弊，甘蔗没有两头甜，财务杠杆也不例外。财务杠杆可以把回报放大，同样也可以把损失放大。以 100 万元的房子为例，如果房价跌了 10%，那么 5 倍的财务杠杆损失就是 50%，10 倍的财务杠杆损失就是你的本钱尽失，血本无归……现在美国很多房子被强行拍卖，其主要原因就是以前使用的财务杠杆的倍数太大。

曾为美国五大投资银行之一的雷曼兄弟可谓尽人皆知，可就在一夜之间，雷曼兄弟破产了，其原因之一就是雷曼兄弟整个公司的财务杠杆高达 33 倍……这个例子是不是更能说明财务杠杆所带来的风险呢？

现在很多年轻人喜欢冒险，对有这种心态的人来说，利用财务杠杆为自己赚钱，不失为一种好方法。但也要注意衡量自己的实力，如对股票市场是否有很精准的把握，对当前投资的大环境是否有很深的了解，对自己的还债能力是否很有信心……这些因素在利用财务杠杆进行投资前一定要考虑清楚，千万不要被财务杠杆的高收益所诱惑。别忘了，在财务杠杆中，有多大的收益就有多大的风险。

投资指导

财务杠杆是一把双刃剑，在没有万分把握的情况下，还是要谨慎使用，否则，非但无法"借鸡生蛋"，还有可能倒蚀一把"米"。

第27天 投资成本和收益

核心解读

1. 投资成本

投资成本包括两个部分，一个是投资容易感知的投资费用，另一个是经济学意义上的、容易被忽视的机会成本，两者都应是投资考虑的因素。

(1) 投资费用：以基金为例，投资费用一般可分为两大类：一类是净值外的显现费用，如认购费、申购费、赎回费、基金转换费等，即投资者交易时自行额外负担的成本；另一类是隐含的费用，即基金净值内费用，如管理费、托管费、基金运作费等，这些费用往往在基金公司公布基金净值时已被扣除。

(2) 机会成本：机会成本指为了投资于某个项目而放弃的其他项目的收益。投资中的机会成本指因投资而失去的资产的其他潜在收益。

2. 投资收益

进行投资是为了获得投资收益，投资者需要了解投资收益率的计算。一般来说，计算投资收益率的方法有如下两种：

(1) 每月的投资收益率：月投资收益率 =（本月月末卖出价 − 上月月末卖出价）／上月月末卖出价。

(2) 某一期间的投资收益率：期间投资收益率 =（本期期末卖出价 − 上期期末卖出价）／上期期末卖出价。

要点提示

投资者的净收益是账面收益和投资成本之差。投资者要合理控制投资成本，扩大账面收益，实现投资净收益的最大化。

投资指导

一项投资是否值得去实施应结合投资产出比进行考虑，即投资的成本和收益。

第28天 资产负债表

要点提示

资产负债表是指反映企业在某一特定日期的财务状况的报表。资产负债表主要反映资产、负债和所有者权益三方面的内容，并满足"资产＝负债＋所有者权益"的平衡式。

投资指导

资产负债表还可以提供进行财务分析所需的基本资料，如将流动资产与流动负债进行比较，可计算出流动比率，可以表明企业的变现能力、偿债能力和资金周转能力，从而有助于会计报表使用者做出经济决策。

核心解读

资产负债表利用会计平衡原则，将合乎会计原则的资产、负债等交易科目分为"资产"和"负债"两大区块，在经过分录、转账、分类账、试算、调整等会计程序后，以特定日期的静态情况为基准，浓缩成一张报表。资产负债表主要提供有关财务状况方面的信息：

(1) 可以提供企业在某一日期资产的总额及其结构，表明企业拥有或控制的资源及其分布情况，即有多少资源是流动资产、有多少资源是长期投资、有多少资源是固定资产，等等。

(2) 可以提供某一日期的负债总额及其结构，表明未来需要用多少资产或劳务清偿债务以及清偿时间。

(3) 可以反映所有者所拥有的权益，据以判断资本保值、增值的情况以及对负债的保障程度。

第29天 现金流量表

要点提示

现金流量表是反映一定期间内现金和现金等价物流入和流出的报表。

核心解读

企业的现金流量由经营活动产生的现金流量、投资活动产生的现金流量和筹资活动产生的现金流量三部分构成。分析现金流量及其结构，可以了解企业现金的来龙去脉和现金收支构成，评价企业经营状况、创现能力、筹资能力和资金实力。

1. 经营活动产生的现金流量分析

(1) 将销售商品、提供劳务收到的现金与购进商品、接受劳务付出的现金进行比较。在企业经营正常、购销平衡的情况下，将两者进行比较是有意义的。比率大，说明企业的销售利润大，销售回款良好，创现能力强。

(2) 将销售商品、提供劳务收到的现金与经营活动流入的现金总额比较，可大致说明企业产品销售现款占经营活动流入的现金的比重有多大。比重大，说明企业主营业务突出，营销状况良好。

(3) 将本期经营活动现金净流量与上期比较，增长率越高，说明企业成长性越好。

2. 投资活动产生的现金流量分析

当企业扩大规模或开发新的利润增长点时，需要大量的现金投入，投资活动产生的现金流入量补偿不了流出量，投资活动现金净流量为负数，但如果企业投资有效，将会在未来产生现金净流入用于偿还债务，创造收益，企业不会有偿债困难。因此，分析投资活动现金流量，应结合企业目前的投资项目进行，不能简单地以现金净流入还是净流出来论优劣。

3. 筹资活动产生的现金流量分析

一般来说，筹资活动产生的现金净流量越大，企业面临的偿债压力也越大，但如果现金净流入量主要来自于企业吸收的权益性资本，则不仅不会面临偿债压力，资金实力反而增强。因此，在分析时，可将吸收权益性资本收到的现金与筹资活动现金总流入进行比较，所占比重大，说明企业资金实力增强，财务风险降低。

4. 现金流量构成分析

首先，分别计算经营活动现金流入、投资活动现金流入和筹资活动现金流入占现金总流入的比重，了解现金的主要来源。一般来说，经营活动现金流入占现金总流入比重大的企业，经营状况较好，财务风险较低，现金流入结构较为合理。其次，分别计算经营活动现金支出、投资活动现金支出和筹资活动现金支出占现金总流出的比重，它能具体反映企业的现金用于哪些方面。一般来说，经营活动现金支出比重大的企业，其生产经营状况正常，现金支出结构较为合理。

投资指导

在日益崇尚"现金为王"的现代理财环境中，现金流量表分析对信息使用者来说显得尤为重要。这是因为，现金流量表可清楚地反映出企业创造净现金流量的能力，更为清晰地揭示资产的流动性和财务状况。

要点提示

利润表是指反映一定会计期间内企业经营成果的报表。利润表依据"收入－费用＝利润"来编制，主要反映一定时期内的营业收入减去营业支出之后的净收益，便于会计报表使用者判断企业未来的发展趋势，做出经济决策。

投资指导

在利润表中，企业通常按各项收入、费用以及构成利润的各个项目分类分项列示。也就是说收入按其重要性进行列示，主要包括主营业务收入、其他业务收入、投资收益、补贴收入、营业外收入；费用按其性质进行列示，主要包括主营业务成本、主营业务税金及附加、营业费用、管理费用、财务费用、其他业务支出营业外支出、所得税等；利润按营业利润、利润总额和净利润等利润构成分类分项列示。

第30天 利润表

核心解读

利润表分项列示了企业在一定会计期间因销售商品、提供劳务、对外投资等所取得的各种收入以及与各种收入相对应的费用、损失，并将收入与费用、损失加以对比结出当期的净利润。其目的是为了衡量企业在特定时期或特定业务中所取得的成果，以及为取得这些成果所付出的代价，为考核经营效益和效果提供数据。配比是一项重要的会计原则，在利润表中得到了充分体现。通常，利润表主要反映以下几方面的内容：

(1) 构成主营业务利润的各项要素。从主营业务收入出发，减去为取得主营业务收入而发生的相关费用、税金后得出主营业务利润。

(2) 构成营业利润的各项要素。营业利润在主营业务利润的基础上，加其他业务利润，减营业费用、管理费用、财务费用后得出。

(3) 构成利润总额（或亏损总额）的各项要素。利润总额（或亏损总额）在营业利润的基础上加（减）投资收益（损失）、补贴收入、营业外收支后得出。

(4) 构成净利润（或净亏损）的各项要素。净利润（或净亏损）在利润总额（或亏损总额）的基础上，减去本期计入损益的所得税费用后得出。

第31天 投资税务筹划

核心解读

"税后盈余"对投资人来说才是真正落袋的资产，我们务必在合法的基础上，尽量节省不必要的税务支出。普遍来说，合法的节税原则有以下几条：

1. 诚实申报

诚实申报每一笔所得并缴纳应纳之税款，才有资格进一步研究如何正确合法地节税。如果在缴纳税款时有所疏漏、隐瞒，只会换来惩罚，而不可能得到退税或达到节税的目的。

2. 保存完整的相关凭证

关于免税额或各项扣除额所应检附的证明及凭证，应该妥善保存，以作为申报纳税时，证明可以减税的证据，避免因为证据保全不齐而造成损失。

3. 熟悉税法及相关税务最新消息

税务法规烦琐复杂，若非专业人士，想要全盘了解实属不易，一般纳税人仅需了解与自己相关性较高的税法，并随时注意报纸杂志上有关税务消息的报道，就可以掌握较多的节税规定。

4. 善用投资理财工具以达到节税目的

有些国家或地区的所得税法规定，个人的包括利息等各项资本利得，于课税年度内未超过一定金额可以免税，由此可知，适当运用投资理财工具，不仅可以为自己增加财富收入，更可以借此达到节税的目的。

要点提示

对很多拥有巨额资产的人，他们最关心的话题不外乎稳固资产水平以及节税，对于小康阶层的我们来说，在积累财富的同时，更不可以忽略税务规划的重要性。如何做好税务规划，减少无谓的税金支出，是每个人都应该了解的课程。

投资指导

做好投资税务筹划，可以在合法的范围内缴更少的税，省下来的钱其实也算是赚的。

第三章

股票
——极具生命力的投资产品

你知道时下最热门的投资产品是什么吗？答案是股票！那么你知道时下最最热门的投资产品又是什么吗？答案还是股票！高灵活性和高收益性的魅力正是众多投资者青睐股票的原因。可是为什么有人赚得发疯而有人却亏得离奇呢？怎样才能在股海中捕到大鱼？这就要看你和股票熟不熟了。

第32天 了解股票分类及特殊股种

要点提示

介入股市首先需要对自己的投资目标，即各种股票的含义和特殊性有所了解，进而具体确定适合自己投资的股票种类，孙子有云："知己知彼，百战不殆。"了解股票基本分类和特殊股种是"知彼"的一个重要环节。

核心解读

1. 股票基本分类

股票基本分类按上市地点的不同，可以分为 A 股、B 股、H 股、N 股、S 股等。

(1) A 股：A 股的正式名称是人民币普通股票。它是由我国境内的公司发行，供境内机构、组织或个人（不含台、港、澳投资者）以人民币认购和交易的普通股股票。A 股市场是初入股市者操作的重点。

(2) B 股：B 股的正式名称是人民币特种股票。它是以人民币标明面值，以外币认购和买卖，在境内（上海、深圳）证券交易所上市交易的。它的投资人限于：外国的自然人、法人和其他组织，中国香港、澳门、台湾地区的自然人、法人和其他组织，定居在国外的中国公民，中国证监会规定的其他投资人。

(3) H 股：即注册地在内地、上市地是香港的外资股。香港的英文是 HongKong，取其字首，在港上市外资股就叫做 H 股。

依此类推，纽约的第一个英文字母是 N，新加坡的第一个英文字母是 S，纽约和新加坡上市的股票就分别叫做 N 股和 S 股。

目前，A 股股票与大多数股民的日常投资最为密切相关，在股民投资中相对于其他类型股票应得到更多关注。

2. 股票性质分类

股票根据性质的不同，可以分为成长股、价值股、白马股、黑马股、龙头股、蓝筹股、垃圾股和冷门股等。

(1) 成长股：成长股通常是指那些销售额和利润的增长速度明显快于其他同类公司和整体经济的公司股票。通常，高预期成长股或者是那些备受众人关注的股票收益都较差，而低预期成长股却有很优秀的业绩。

(2) 价值股：价值股通常是指收益稳定、价值被低估、安全性较高的股票。发行这些股票的公司，通常收益稳定、较为成熟，市盈率和市净率相对较低。与成长股相比，风险较低，但在牛市时，其收益要比成长股低。

(3) 白马股：白马股一般是指其有关的信息已经公开的股票，它具备较高的投资价值，往往为投资者所看好。

(4) 黑马股：黑马股指价格可能脱离过去的价位而在短期内大幅上涨的股票。黑马股是可遇而不可求的。

(5) 龙头股：龙头股指的是某一时期在股票市场的炒作中对同行业板块的其他股票具有影响和号召力的股票，它的涨跌往往对其他同行业板块股票的涨跌起引导和示范作用。

(6) 蓝筹股：蓝筹股指具有稳定的盈余记录，能定期分派较优厚的股息，被公认为业绩优良的公司的普通股票。其特点是收益稳定、股本规模大、红利优厚、股价走势稳健、市场形象良好，筹码通常具有较高的货币价值。

(7) 垃圾股：垃圾股指的是业绩较差的公司的股票。与绩优股相对应，垃圾股市场表现萎靡不振，股价走低，交投不活跃，年终分红也差。垃圾股中也有可能诞生“大黑马”。

(8) 冷门股：冷门股一般是那些交易量小、周转率低、流通性差、股价变动幅度小，因而较少人问津的股票。但冷门股也不是绝对“冷”，有时碰上机遇，“爆出冷门”的情况也是有的。

投资指导

了解股票的分类和特殊股种后，投资者可以根据自己的投资偏好和风险承受能力以及股票自身对投资者的限制来选择自己所需要的股票了。同时，了解具有较强回报率的优秀股种的特性，有助于在股市中发现并抓住这种股票，实现高盈利。

第33天　了解股票指数

核心解读

由于股票价格起伏无常，投资者必然时时面临市场价格风险。然而，对于具体某一种股票的价格变化，投资者容易了解，而对于多种股票的价格变化，要逐一了解，既不容易，也不胜其烦。要适应这种情况，投资者就需要通过股票指数来了解市场整体状况。

要点提示

股票价格指数是描述股票市场总的价格水平变化的指标。它是证券交易所或金融服务机构利用自己的业务知识和熟悉市场的优势，通过选取有代表性的一组股票，把它们的价格进行加权平均，通过一定的计算得到并用以反映整个股票市场上各种股票市场价格的总体水平及其变动情况的工具。

股票指数是指数投资组合市值的正比例函数，其涨跌幅度是这一投资组合的收益率。但在股票指数的计算中，并未将股票的交易成本扣除，故股民的实际收益将小于股票指数的涨跌幅度，股票指数的涨跌幅度是指数投资组合的最大投资收益率。

股票价格平均数反映一定时点上市股票价格的绝对水平，人们可以通过对不同时点股价平均数的比较，看出股票价格的变动情况及趋势。股票指数与股价平均数是基本等同的，但两者对股市的实际作用仍存在一定差别：股价平均数是反映多种股票价格变动的一般水平，通常以算术平均数表示。而股票指数是反映不同时期的股价变动情况的相对指标，也就是将第一时期的股价平均数作为另一时期股价平均数的基准的百分数。

通过股票指数，人们可以了解计算期的股价比基期的股价上升或下降的百分比率。就一个较长的时期来说，股票指数作为一个相对指标，能够比股价平均数更为精确地衡量股价的变动，因而在计算时也往往将两者区分开来。

投资指导

股票指数既是反映股价变动总体水平的重要尺度，也是分析、预测发展趋势进而决定投资行为的主要依据。通常来说，某时股票指数的大幅上升，表明股市股票大部分处于上涨的状态，股市整体涨势良好，此时介入股市具有较大概率的获利可能性；反之，若股票指数大幅下降，则表明股市整体处于下降态势，不宜介入股市。不过，股票指数的变动只是提供了一个可供参考的股市变动方向指引系，需知每只单个股票都会有它的特殊性，因而不可一概而论。

第34天 了解股票价格

核心解读

1. 股票的发行价格和理论价格

股票的市场价格即股票在股票市场上买卖的价格。股票的理论价格，是指股票持有者为获得股息、红利收入的请求权而付出的代价，是股息资本化的表现。

按照等量资本获得等量收入的理论，如果股息率高于利息率，人们对股票的需求就会增加，股票价格就会上涨，从而股息率就会下降，一直降到股息率与市场利率大体一致为止，反之亦然。按照这种分析，可以得出股票的理论价格公式：股票理论价格＝股息红利收益／市场利率。股票的理论价格不等于股票的市场价格，两者甚至有相当大的差距。但

要点提示

股票投资，无非就是股票的低买高卖、获取扣除手续费和税收后的差价，那么如何判断某时的股票相对价格是高还是低呢？那就必须了解股票价格的形成及其影响因素。

是，股票的理论价格为预测股票市场价格的变动趋势提供了重要的依据，也是股票市场价格形成的一个基础性因素。

2．股票价格决定及其影响因素

股票的市场价格主要是由其价值决定的，股票的净值就是股票的价值。股票的净值又称为账面价值，也称为每股净资产，是用会计统计的方法计算出来的每股股票所包含的资产净值。它是资本公积金、资本公益金、法定公积金、任意公积金、未分配盈余等项目的合计，代表全体股东共同享有的权益，也称净资产。

股票的实际价格围绕其净值变动，但同时还要受到其他多种因素的影响，因此在研究股价变动时，要综合考虑多方面因素，以正确预测股价走势。宏观方面有经济政治、社会法律等因素；微观方面公司本身和市场作用较大；而产业和区域的因素也必须考虑。

投资指导

通过理论价格和实际价格的比较，可以基本判断实际价格的相对高低。同时，根据股票价格影响因素的变化状况来判断股价的未来走势，从而可以确定股票的买卖策略。例如，当判断股票实际价格相对理论价格很低（或称股票价格严重低估）并且宏微观或产业区域等因素方面出现促进股票价格强烈上涨的信号时，可以及时买进股票，坐等股价上升获利。当上述影响因素中出现促使股票价格下跌的强烈信号时，则应适时抛出股票，防止既得利益的损失。

第35天 学会看开盘价

核心解读

开盘价格是买卖双方当日较量的第一个回合，是双方经过一夜的深思熟虑后做出的选择。它表示双方当天所坚持的立场。因而可以根据不同的开盘价把握市场走势并制订相应策略。

1．昨日收阳线的操作策略

(1) 开盘价格高于昨日K线的最高点，这表示买方实力强大，此时若股价已经历过缓慢地上升，则可以大胆跟进。但要注意的是，这里的缓慢上升称为庄股的蓄势阶段，没有蓄势阶段的暴涨股票一般为“假突破”，它们持续的时间很短，一般只有两天时间。

(2) 开盘价格位于收盘价格与最高点之间，这表示买方依然强势但力量有限，股市要看卖方的实力后再采取下一步的行动。

(3) 股市的开盘价格在昨日K线以内，这表示买方已不占绝对优势，卖方随时可能反击。此时应该密切注意股市的动向，稍有不测风云，股

要点提示

开盘价又称开市价，是指某种证券在证券交易所每个交易日开市后的第一笔买卖成交价格。世界上大多数证券交易所都采用成交额最大原则来确定开盘价。开盘价是一天的起点，每一根K线的组成，虽然没有太多的内涵，但通过观察开盘价的一些非正常现象，也可以得到一些重要信息。

投资指导

开盘价就像一个人早起时的精神面貌，高开说明斗志昂扬，平开是还算端庄，低开则是精神委靡，一个好的精神状态甚至可以一天都表现良好，事半功倍。联系昨日的收盘价，关注今日的开盘价，运用我们教给您的知识并结合自己的理解和变通，就可以基本把握股票一天的走势，从而实施相应的投资策略。

市就有反转的可能。

(4) 开盘价格在昨日开盘或者最低点和开盘价格之间，是卖方对买方的一次考验，如果买方进行有力的反击，则可以继续看好，否则，股市有发生不测的可能。

(5) 开盘价格在昨日最低点下方，这表明卖方实力渐强，开始反攻，买方很有可能招架无力。显然股市会发生大的碰撞，此时多方应改为空方，空方则应继续观望。

2. 昨日收带上下影线阴线的操作策略

(1) 开盘价格比最高价格还要高时，说明股市是在特别条件下发生了重大的利于股市上涨的条件，在这种条件下，股市的暴涨是必然趋势，而且有持续增长的可能性，它是决定股市止跌的一种形式而不是救命草。

(2) 开盘价格在最高点和昨日开盘价格之间时，多是买方在试探卖方，卖方抛压的大小决定了价格下调过程中股市今后的操作过程。如果抛压太重，股市必然要经过更长时间的调整期，然后再决定去向。

(3) 开盘价格在昨日 K 线的实体内，一般买方是继昨日收盘前的上扬而高开一点，说明买卖双方的实力与昨日没有太大的变化，还需要进一步观察后再采取措施。

(4) 开盘价格在昨日收盘价格或者低于昨日收盘并且高于昨日最低点时，表明卖方实力强势，买方处于下风，市场很可能仍将继续走低。

(5) 开盘价格低于昨日最低点时，表明买方全线溃退，卖方占据了绝对优势，股市下跌的速度将要加速。

第36天 学会看收盘价

核心解读

收盘价是当日行情的标准，又是下一个交易日开盘价的依据，也是投资者据以预测未来证券市场行情的重要计算依据。此外，收盘价的盘面反馈，即收盘以后停留在盘面上的挂盘状况，包括 10 个买卖价位及相应的挂盘数量，也可以告诉我们不少信息，包括盘中主力也许并不想透露的信息。

股价走势的对比可以根据收盘价与同一交易日中的开盘价、最高价和最低价的对比来判断：如果收盘价高于开盘价，表明该股具有一定的抵抗意义。其中，如果是在下跌中低开高走，表明有抄底资金介入，但如果是高开高走，则表明该股处于强势上涨过程当中；如果收盘价低于开盘价，往往意味着该股面临市场的压力，有调整的要求。

几种典型的收盘价操作策略：

(1) 收盘价等于最高价：表明该股处于一种盘中推动上涨的形势，第二天很可能还会有更高的价格出现，短线操作者可在第二天以较高价出局。

(2) 收盘价接近当日最低价：意味着尾市出现了打压的力量，下一个交易日一般还会出现更低的价格，所以当天一般应该出局。

(3) 收盘价等于开盘价：即该天结束交易时以一种十字星状态，说明多空力量平衡，股价很可能即将进入一个转折期，如果此时是在较低的位置往往是止跌信号，反之则是见顶信号，配合长的上影线或者下影线则更具有指标性意义。

(4) 收盘价与最高价、最低价以及开盘价相等：这是一个极端的现象，表明个股股价以一个价格横盘运行，往往是全天跌停或者涨停，说明市场处于一种单边的市场当中，投资者需要顺势而为。

一般来说，收盘价对于短线投资者有较大的指导意义，尤其是在尾市，如果股价出现了放量上涨的态势，以当天较高的价格收盘，次日往往会有更突出的表现，因此此类个股有短线机会。对于中长线投资者来说，关注收盘价可以更好地判断趋势变化。当出现带长下影线的十字星时，一般意味着个股底部的来临，对于市场个股判断有积极的技术意义，反之则可以判断为个股走势的头部。

要点提示

收盘价是指某种证券在证券交易所一天交易活动结束前最后一笔交易的成交价格。收盘价作为市场参与者们共同认可的价格，对其研判具有重要意义。无论当天股市如何震荡，最终都会定格在收盘价上。

投资指导

作为一个交易日中具有观察意义的价位，收盘价格的高低往往反映出市场资金对某只个股的关注程度，有预示下一个交易日演绎方向的功能，作为一种重要的价格表现，收盘价的高低是市场投资者特别是短线投资者必须重视的一个技术数值。当然，收盘价要发挥作用还要结合其他的价格表现以及成交情况进行综合分析判断。

第37天 股市风险及其规避

要点提示

天下没有免费的午餐，炒股也是一样，既然想获得炒股的收益，那必然要面临和承受股市的诸多风险。但通过一些科学的风险规避方法，我们可以在一定程度上实现同等收益下的风险最小化。

投资指导

投资不是投机，更不是碰运气，投资与它们根本的不同在于对风险的掌控和规避，了解股市的风险后，通过对整体市场的把握规避系统性风险，通过分散投资规避非系统性风险，从而在一定程度上保持正的收益，而不至于亏本。

核心解读

1．股市中的风险

股市中的风险主要包括系统性风险和非系统性风险。其中，系统性风险是指由于某种因素的影响和变化，导致股市上所有股票价格的下跌，从而可能给股票持有人带来损失。具体来看，系统性风险包括：

(1) 市场风险：投资者对股票看法（主要是对股票收益的预期）的变化所引起的大多数普通股票收益的易变性，即为市场风险。

(2) 利率风险：利率是经济运行过程中的一个重要杠杆，它会经常发生变动，从而给股票收益带来风险。当利率上升时人们考虑到储蓄存款的安全性要高于股票，减少对证券的投资需求，从而使得股票价格下跌。另一方面，贷款利率上升，企业利息成本提高，生产盈利能力减弱，也会使股票价格下降。

(3) 购买力风险：购买力风险，又称通货膨胀风险，是指由于物价上涨，货币购买力下降而引起的投资者实际收益率的不确定。严重的通货膨胀会使投资者持有的股票贬值，抛售股票得到的货币收入的实际购买力下降。

(4) 政策风险：国家有关部门对与股市直接相关的一些法规政策的出台或调整，会对股市产生影响，甚至引起股市的巨大波动。

非系统性风险一般是指对某一个股或某一类股票发生影响的不确定因素。如上市公司的谋划治理、财务状况、市场销售、重大投资等因素，它们的变化都会对公司的股价产生影响。此类风险主要影响某一种股票，与市场的其他股票没有直接联系。

2．股市风险的规避

只要涉足股市，便不可能完全规避其风险。我们所能做的就是要尽力找到一个合适的点，使得风险相对较小，收益相对较大。具体来说：

(1) 要掌握必要的证券专业知识，使自己的收益有知识做保障。

(2) 身在股市，要随时、及时、准确地掌握股市上股票所反映出来的各种信息。

(3) 在具体操作上，要控制合理的仓位，严格的止损、止盈位，并学会逆向思维与操作，以最大限度地减小风险，增加收益。

最后，对于非系统性风险，分散投资方法可以有效减少该类风险。

第38天　做好入市前的准备

核心解读

入市前需要做好以下准备：

(1) 仔细研读个股招股说明书。特别要注意以下事项：筹集资金的运用、股利分配政策、经营业绩、股本等。

(2) 关注个股上市公告书。上市公告书是发行人于股票上市前，向公众公告发行与上市有关事项的信息披露文件，内容应当概括招股说明书的基本内容和公司近期的重要资料。在看公告书时要关注投资项目是否与招股说明书中的相吻合，看其是否改变了募集资金的投向。

(3) 熟练掌握K线图。K线图是记录股价走势的特殊语言，精通K线图的人能够从图表上读出“看涨语句”、“看跌语句”，从而做出正确的入市或观望选择。

(4) 懂得股市成交原则。证券交易所内的证券交易按时间优先、价格优先原则竞价成交。价格优先是指价格较高的买进申报优先于价格较低的买进申报，价格较低的卖出申报优先于价格较高的卖出申报。时间优先是指同价位申报，依照申报时序决定优先顺序。相同委托价格，以时间先后顺序成交；相同时间，则以最低的卖出价或最高的买入价优先成交。

(5) 学会进行个股分析。渗透一只股票，要对其进行全方位的研究分析。主要包括：分析公司业绩、股票市场表现、利润率同比增长率、

要点提示

有些人优柔寡断，迟迟不敢入市，最终与好的股市行情失之交臂；还有些人盲目入市，甚至不知道股市的成交规则，结果是不断地交出巨额“学费”。这些人的问题终究还是在于没有做好入市前的准备，以至于手足无措。赚钱机会总是青睐于那些有准备的人，入市前必须要有准备。

投资指导

如果你有了入市前的充分准备，那就大胆入市吧。有了这样的准备，可以使你牛市多赚钱，熊市少亏钱甚至不亏钱。

每股收益和净资产值、净资产收盈率、股票市盈率等。

(6) 了解自身的财力以及风险承受能力。对于投资股市，我们不提倡借贷炒股，而是鼓励在有一定的闲置财力和精力的情况下进行股市投资，这样有助于减少压力和发挥出最好的水平。

第39天 把握入市时机

要点提示

机会往往就在那一刹那间，选错了入市的时机可能会造成巨额的收益差异，而且有时不仅仅造成少赚钱的结果，更使人遭受一种心理上的“摧残”，这种“摧残”循环往复，让人受累不已。

核心解读

1．从股市整体走势把握入市时机

选择入市时机首先要分析股市未来的大趋势，这就要对国际国内政治经济环境、财政金融政策等多方面进行研究和展望。一般来说，国家宏观经济调整阶段即将结束而新一轮快速发展有迹象开始时为入市的最佳时机。

2．从个股走势把握入市时机

单从个股来说要注意以下两点：

(1) 探底：股价见底一般要经历狂跌后反弹再跌、低价波动、见底回升三个阶段。能够在股价见底之后的回升阶段投资入市是最好的选择。

(2) 寻峰：股价见顶一般也分为三个阶段：一是股价狂升后大跌，但成交量骤增，随即继续上升，到达峰值但成交量减少；二是势均力敌阶段，成交量和股价此起彼伏，稍呈落势但波动不大；三是骤然下跌，虽有反弹也于事无补。在峰值时卖出是离市的最佳时机，最迟也要在第三阶段反弹时离市。

在见底和到顶之间的时段是投资者最常遇到的情况，所以更为重要，需要审时度势，在充分利用自己所掌握的技术手段进行分析判断的基础上，力争在较低价时购入，在较高价时抛出。

投资指导

“选择入市时机比选择股票更为关键”，这是股市广泛流传的经验。一般的步骤是首先把握大势行情，因为这是比较容易判断的，并且大势行情也是具有很强代表性的，若大势表现良好，则继续寻找合适的个股果断介入。不过，也存在这样的情形，个股表现出强烈的上涨形态，单就个股走势就能判断入市时机，这时也可以果断介入。

第40天　判断股市形态及其周期

核心解读

股市周期是指股票市场长期升势与长期跌势更替出现、不断循环反复的过程，通俗地说，是股票上涨下跌的一个循环，即熊市与牛市不断更替的现象。股市周期不是指个别股票或板块短期内的局部反弹或回调，而是指股市长期基本大势的趋势更替。具体来说，可以分为：

（1）低迷期：行情持续屡创低价，主力或散户亏损较多，人们对市场看法悲观，投资意愿低，多采取抛售或观望态度，此期的成交量往往最低。低迷期为真正具有实力的大户默默进货的时期，少数较具长期投资眼光的精明投资者多在此时按计划买入。

（2）青年涨升期：此期成交量多于低迷期大约一半以上，呈现不规则递增状态，股票价格也呈现上涨趋势。大部分内行人及半内行人开始较积极地买进股票进行短线操作，该期多数股票上涨的速度虽嫌缓慢，但却是真正可买进作长期投资的时期，即为一般所称的初升段。

（3）反动期：此期即为一般所称多头市场的回档期。此时股价经历过持续上涨的末期，长期空头者在略有获益后多采取观望态度，多数股价盘软，空头再次活跃。反动期是大户真正进货的时期，也是真正买卖股票的精明投资人所乐于大量介入投资的时期。

（4）壮年涨升期：此期即为一般所称的主升段。此时股市步入繁荣阶段，大户持股多，浮动筹码少，有心人会利用各种手段将股价炒高，股价上涨形成抢购风潮，抢购风潮又再次推动股价上涨，买股获利极为容易，股市形势一片大好，即便外行人也难耐诱惑。

（5）老年涨升期：此期即一般所称的末升段。此时股市依然表现繁荣，人气旺盛，成交量经常暴增，但也经常出现暴涨暴跌的情景。原来的冷门股价格上涨，而原有的热门股反而表现得步履沉重。

（6）下跌幼年期：此期即为K线理论上的渐落期，也称初跌期。此

要点提示

股市总体形态是所有个股的综合表现，股市总体形态的上升或下跌代表了随机购买一只个股其价格继续上升或下降的概率，也代表了挣钱或赔钱的概率。对股市总体形态有了正确的判断后，可以增加我们入市的底气或发现离市的信号，其意义重大。

时股价普遍偏高，欲涨乏力，某些投资者开始反省，而大部分被套牢的中散户仍心存侥幸，期待下一轮涨升期，甚至买进摊平的实例也到处可见。冷门股开始大幅下跌，此为该段行情的重要指标之一。

（7）中间反弹期：此期即称新多头进场或术语上所称的逃命期。该期成交量暴减，部分浮额赔本抛售，使得股价跌幅渐深。

（8）下跌的壮年期：此期一般称为主跌段。此时股价大跌，曾经套牢持股不卖的人也失去信心，不少多头卖光股票赔本退场，而做多的中散户也已逐渐试着做点小空。

（9）下跌的老年期：此期即称末跌段，又称沉衰期。此时股价跌幅已深，高价套牢要卖的已经卖光了，未卖的也因赔得太多而宁愿抱股等待。成交量很少是该阶段的特色之一。

投资指导

通过判断股市整体形态确定大势，然后适时将现阶段的行情性质予以分析，明确现阶段属于哪一时期，并预测其周期的下一个阶段，再确立做多、做空、长线、短线等操作原则，获利机会便可增加许多。

第41天 牛市操作技巧1：牛市必知的知识

要点提示

提到牛市，疯狂的股民也许只会想到股市的暴涨、股票市值的猛增，觉得牛市一定会赚钱。然而，对于何为真正的牛市，牛市又有什么特征却知之甚少。处在牛市之中，若能懂得牛市知识，才真可谓如虎添翼，赚得真金。

核心解读

1. 牛市并不必赚

由于实际收益等于股指涨跌幅度扣除交易成本，所以我国股市上流传的“牛赚熊赔”的格言并不十分准确，在牛市中股民同样有可能亏损。

首先，在一个可逆的牛市中，不管是在哪一个点位上交易，股民都需交纳交易税和手续费。其次，即使是在大牛市，股民也不一定盈利。由于我国股民在股票投资时的频繁倒手，使得交易成本过高，根据股票指数的涨跌幅度计算出的投资收益率在扣除交易成本后，很可能得出的收益是一个负数。

2. 牛市也有熊期

道·琼斯根据美国股市的经验数据，认为牛市可分为三个不同期间。

牛市第一期，与熊市第三期的一部分重合，往往是在市场最悲观的情况下出现的。在此时期大部分投资者对市场失去信心，甚至会不计损失地大量抛售股票。部分有远见的投资者则通过对各类经济指标和形势的分析，预期到市场情况即将发生变化，开始逐步选择优质股买入。

牛市第二期，这时期虽然投资者仍未能完全摆脱熊市惨跌的阴影，使股市出现一种非升非跌的僵持局面，但总体来说市况明显好转，股市基调良好，股价有望上升。这段时间可维持数月甚至超过一年，主要视上次熊市造成的心理打击的严重程度而定。

牛市第三期，经过一段时间的徘徊后，股市成交量不断增加，越来越多的投资人进入市场。大市的每次回落不但不会使投资人退出市场，反而吸引更多的投资人加入。投机氛围日趋浓厚，消息不分好坏皆可成为炒作热点。这一高涨氛围到达极点便为股市的下一次转折埋下伏笔。

投资指导

在牛市中也不能大意，同样需要谨慎行事，不可盲目乐观，因为任何时候的股市都是危机四伏的，用“小心驶得万年船”来指导股市的操作是最合适不过的了。

第42天　牛市操作技巧2：选股、持股与抛股

核心解读

1. 牛市选股

在牛市强势运行的整个过程中，选股是至关重要的一环。在强势起始阶段，优质股一般会首先上升，若是投机性的低价小股轮番跳升而优质股表现不佳，则说明当前行情升势很可能只是投机性的，此时应做好出货离场的准备。

在牛市中间阶段，股本较小的二线优质股特别是有利好题材的小盘绩优股一般升势最为凌厉。因此，在市场进入主升段后，可以购入并持有这一类的小盘绩优股，但也应尽量选择受比价关系制约较小的股票。否则前后比价关系固定，升势通常不够凌厉。

在牛市末期会进入疯狂的投机热潮阶段，三线低价股乱跳是主要的行情特征。这个阶段当然可以参与这种投机游戏，但千万不可追入已被炒得热火朝天的三线股，另一方面，这个阶段应随时考虑抛股套现，离开市场了。

要点提示

选股、持股与抛股是股票投资中古老的话题，然而在牛市中，这显得尤为重要，因为这时候的每一个动作造成的对真金白银的影响相对其他行市来说都是巨大的。换句话说，操作好了，你赚的钱就会多得多。

2. 牛市的持股与抛股

牛市中基本的投资策略是持股。只要还没有确认股市也脱离市场多

头状态，就不要轻易抛出股票。股价上升时不必过多费心，而下降时则要意识到每一次回落对于买入而言都是宝贵的机会。

当股价不断高升，成交量不断增加的走势持续了一段时间之后，就需要随时注意升势到顶的一些预兆了。典型的顶部征兆除一线股比指数上升慢很多之外，还有就是成交量持续保持在高额状态，但大市的上升已出现了停顿，这期间尤其需要留意日线图的形态，如果图表上有走出典型的反转形态如“M头”、“头肩顶”的迹象时，就当特别小心了，万万不可被市场气氛所迷惑。

投资指导

选好股票、捂好股票并在适当的时候抛出股票，炒股其实就是这么一回事。牛市中可更得做好了，“激流勇进”往往能跑得更远。

一般来说，强势形成初期不必太担心股价会下跌，当市场上几乎百分之百的人都处于获利状态时才会出现跌势，并且最初的下跌往往是很猛烈的，但随之而来则可能是一个极好的短线反弹机会，反弹做完之后就真正的不可恋战了。

第43天　牛市操作技巧3：牛市的思维定势

核心解读

要点提示

牛市有一些“思维定势”，这是前人丰富炒股经验的总结。世界上已有的路都是前人走出来的，沿着前人的路走，往往能事半功倍。

（1）牛市行情爆发，大量资金涌入之时，必须敢于重仓跟进，若仍畏首畏尾，只采用三分之一仓位或半仓操作者，获利必定有限。

（2）重仓介入之后，要摒弃熊市中“五分钱万岁”的思维，不能股价稍有上涨或下跌就抛股走人，要做到坚定持股。

（3）牛市操作，必须敢追领涨股，不怕连涨3个涨停板，只怕你不敢在“涨停板”上排队。

（4）牛市操作，强者恒强，不能孤立等待回挡再介入，而是要顺应时势，该追的坚决追，该观望时则观望。

（5）牛市操作，散户不应再作为为打一点差价而忙碌的小投资者，而要将自己当做主力，以主力思维预测资金动向。

（6）牛市操作，不可见异思迁，频追热点，结果顾此失彼，赚指数不赚钱。要认识到个股都有机会，慎重专一持股。

(7) 牛市操作，人气是股价的翅膀，人气愈旺，股价越高，若过于注重理性分析，则很可能会痛失“大黑马”。

(8) 牛市操作，热点多，转换快，技术指标近于“失灵”，一天几十只个股涨停是正常现象，领涨股不翻番，坚决不松手。

(9) 牛市操作升幅大而快，“一天等于两个月”，不轻言见顶，不轻言调整。

投资指导

经验是宝贵的，能在迷茫的时候雪中送炭，提供指导。但经验毕竟是经验，股市中没有恒常不变的真理，因而经验的运用必须要结合实际情况的变化。

第44天　猴市操作技巧

核心解读

(1) 不追涨杀跌。猴市中炒股一定要掌握猴市的市场特征，猴市中大盘如同是一只猴子，爬树爬得太高，自然会下来饮水；在树下待得过久，自然又会爬回树上。所以，在猴市中过度追涨和恐慌杀跌都是不合时宜的。

(2) 顺势而为。这里要顺应两个方面的“势”：既要顺应市场整体趋势，又要顺应个股趋势。就整体而言：待股指回调企稳后，坚决入市做多；等股指上行受阻时，坚决获利了结。就个股而言：要准确把握猴市的热点切换，切不可在市场已经形成主流热点的情况下逆势运作。

(3) 稳定心态。猴市中行情起伏不定，投资者的心态极易受到干扰，往往随着行情好转而欣喜若狂，随着行情低迷又陷入悲观，从而导致投资行为缺乏完整的规划，投资水平起伏不定。在猴市中，投资者一定要认清“涨有度、跌有限”的市场本质，保持平和的心态，才更有利于对猴市波段机会的把握。

(4) 精选个股。猴市中，虽然没有大幅上涨的行情，却不缺具有获利机会的个股，这些个股往往集中于少数几个热点板块中，并表现出强者恒强的特点。投资者要加强对这少数强势品种进行基本面的研究和股价运行规律的分析，赚取其在猴市中的价差。

(5) 转变理念，正确认识猴市。投资者在评价股市时，通常喜欢用

要点提示

猴市的形成情况比较复杂，就个股而言，当庄家洗盘时会形成震仓猴市；庄家高位清仓时会形成出货猴市。就大盘股指而言，当各种对证券市场影响重大的消息或政策密集出台时，会导致股指猴性大发；当指数经历过长时间、大幅度的上涨或下跌后，也容易形成猴市。

牛市或熊市来形容市场的走势。其实，股市并非仅仅只有牛熊之分。猴市行情在股市中并不鲜见，投资者有必要突破"牛"、"熊"的框框，开拓新的视野。

(6) 猴市行情中要跌时看涨、涨时看跌。惯性思维使得投资者和市场人士在对行情进行研判分析时，容易错误地认为股指稍一大涨就是突破性行情，股指稍有暴跌，就是踏上了漫漫熊途。这种思维并不适合猴市，猴市中的投资者要正确地运用跌市看涨、涨市看跌的反向思维。

投资指导

在猴市中，总是憧憬着大牛市的投资者，往往屡次被套在阶段性顶部；而念念不忘熊市的投资者，也常常错失一次次波段行情的机会。只有适应猴市行情，掌握猴市操作技巧，才可避免亏损，获取收益。

(7) 猴市行情中跌时要买、涨时要卖。许多投资者往往在跌市中一味看空，匆匆忙忙地斩仓割肉，或袖手旁观，不敢逢低买入；等到大盘强势上涨时，往往又一味看多，不惜高价追涨，结果，很容易导致踏空和套牢。参与猴市行情最稳健的投资方法就是：跌时要买、涨时要卖。不要过多地受指数变动的影响。

(8) 猴市行情中要跌有钱买、涨有股卖。猴市中股价总是涨跌不定，投资环境也是瞬息万变，各种不确定因素相互交织、错综复杂。投资者无论多么看好后市行情或看好个股潜力，也不能一次性地全仓买卖。

第45天　熊市操作技巧1：熊市必知的知识

要点提示

熊市可以分为几个阶段，要想在熊市上不翻船，就必须知道熊市中的"激流"与"缓坡"。

核心解读

熊市第一期，即牛市的末期。这一阶段，市场上真真假假的各种利好消息到处都是，公司的业绩和盈利达到不正常的高峰。不少企业在这段时期内加速扩张，收购合并的消息频传。此时是熊市中的顶部阶段，投资气氛最为高涨，投资者多是有信心、无戒心，沉迷于股市升势之中，但少数明智的投资者和个别投资大户已开始将资金逐步撤离。因此，市场的交投虽然十分炽热，但已有逐渐降温的迹象。

熊市第二期，即恐慌阶段。这一阶段，股市一有风吹草动，就容易触发"恐慌性抛售"。一方面市场上热点太多，有意投资者难以抉择，选择观望。另一方面，很多人开始急于抛售，特别是背负偿还融入资金压力的从事卖空交易的投机者，股价越跌越急，难以收拾。经过一轮疯狂的抛售和股价急跌以后，市场会出现一次较大的回升和反弹，可能维持几个星期甚至几个月，升幅一般为跌幅的三分之一至二分之一。之后形势会继续恶化，公司业绩下降，利空消息纷至沓来却真假难辨，再次打击投机者的信心，市场充斥着悲观气氛，股价再次大幅下挫。

熊市第三期，即底部阶段。此时股价继续下跌，但跌幅没有加剧，下跌主要集中体现在业绩良好的蓝筹股和优质股上，很多质量差的股票经过前两期已经跌无可跌。这一阶段正好与牛市第一阶段的初段吻合，有远见和理智的投资者会认为这是最佳的吸纳机会，这时购入低价优质股，待大市回升后可获得丰厚回报。

投资指导

一般来说，熊市经历的时间要比牛市短，大约只占牛市的三分之一至二分之一。市场和经济环境的差异也会导致熊市持续不同的时间。弄清楚了熊市持续时间和经历的不同阶段后，就会感觉熊市其实也并非想象中可怕了，反而觉得熊市中存在着很多机会。

第46天 熊市操作技巧2：熊市应有的心态

核心解读

（1）不要盲目杀跌。股市暴跌时想要止损，应选择那些目前浅套而且后市反弹上升空间不大的个股，而不能盲目斩仓。对于目前下跌过急的个股，不妨等待其出现反弹行情后再择机卖出。

（2）不要急于挽回损失。熊市中有些投资者为挽回巨大损失而随意增加操作频率或投入更多的资金，这不仅是徒劳无功的，还会造成亏损程度的加重。

（3）不要过于急躁。在暴跌市中，有些新股民容易出现自暴自弃，甚至是破罐破摔的赌气式操作。但不要忘记，人无论怎么生气，过段时间都可以平息下来，而如果资金出现巨额亏损，则是很难弥补回来的。所以，投资者无论在什么情况下，都不能拿自己的资金账户出气。

（4）不要过于恐慌。股市暴跌，恐慌情绪在所难免，但要意识到股市涨跌是其自身运动的规律，有跌就有涨，只要股市始终存在，它就不会永远跌下去，最终会有上涨的时候。股市低迷期，正是投资者可以平静心绪，反思自身，认真学习，积极选股的时期，利用好这一时期，可以更好地为迎接牛市做准备。

要点提示

往往困难不是通过物质上的力量来战胜的，而是由于精神、信念力量的增强而克服的。熊市中的危险往往也不是来自股票的频繁下跌，而是源自投资者的恐惧与慌乱。

(5) 不要过于后悔。后悔心理常常会使投资者陷入一种连续操作失误的恶性循环中。身处熊市，投资者要做的不是将自己禁锢在后悔的枷锁中，而应该吸取教训，提高自身的心理素质。

投资指导

摆正心态，保持乐观的精神，熊市的艰苦环境往往会因此而转化为有利的赚钱机会。

(6) 不要急于抢反弹。在跌势未尽的行情里，抢反弹如同是“火中取栗”，稍有不慎，就有可能引火上身。在市场环境仍不明朗之时，投资者千万不要因为贪图反弹的蝇头小利而冒被深套的风险。

第47天 熊市操作技巧3：熊市股票操作策略

核心解读

要点提示

有了好的心态，还需要有好的操作方法，方法是心态的物质载体，心态通过方法发挥作用。

1．熊市一般操作策略

强市中可以赚钱，弱市中同样可以赚钱，只要投资者精心设计，用心去做，掌握操作股票的方法，就会发现熊市并不可怕。

熊市中的主导策略是抱住资金，勇于割肉。即对于高价买进的股票，在弱市中要果断尽早地抛出，看准反弹做短线，迅速平仓离场，以减小损失。不要期望股市会有大的反弹或是已跌到最低，宁可错失短线机会，也要避免被越套越牢。

2．熊市长短线投资策略

对于短期投资者来说，交易热闹时进场，才有希望获得短期差价收益，而在交易清淡的熊市则最好选择袖手旁观。而从长期投资者的角度来看，交易热闹时股价较高，此时进场建仓，投入成本偏高，即使所购的股票为业绩优良的投资股，能够获得不错的收益，较高的成本还是会使投资回报率下降。而在熊市，交易清淡，虽然短期内难以获取收益，但长远来看，由于投资成本低廉，与将来得到的收益相比，投资回报率还是可以令人满意的。因此，此时是长期投资者入市建仓的好时机。

投资指导

好的投资策略结合良好的心态，就可以成功摆脱失败阴影，在逆势中获得成功。

主张长线投资者在交易清淡时进场收购，并不是说在交易开始清淡的时候就立即买进。一般来讲，淡季的末期才是最佳的买入时机，而何时是淡季的尾声则应准确判断，否则以为淡季已到尾声，行情却开始疲软，而加倍谨慎又痛失了良机。

第48天　平衡市操作技巧

核心解读

平衡市行情出现的情况不同，则相应的应对策略也就不同。

(1) 平衡市出现在股价相对高位时的情形。一般来说，在相对高价位区，股价横向盘整是盘不住的。尤其是在人气逐日消散、成交渐渐疏落的情况下，走势非常危险，后市很可能在连续几天的阴跌之后出现向下的加速运动。所以，这时的操作策略应当是坚决离场。

有一种情况例外，那就是大多头市场中的强势调整，在强势调整中也会出现股价的高位横盘和成交量的萎缩，但调整之后股价却会继续上升，这期间显然不能采用“坚决离场”的策略。

(2) 在中间价位出现平衡市时。中间位的横盘，向上突破与向下突破的可能性都有，因此，应当在看到明确的有效突破之后再顺势跟进。要区分反弹与向上有效突破，则要注意观察成交量的分布。反弹行情中成交量多分布于低价位投机股，而有效向上突破则体现在一线股远远超过二三线股的价升量增上。

(3) 在低价区出现平衡市时，是大额投资者可以趁机吸纳的大好时机。因此，在此期间斩仓操作是不明智的。推荐的做法是每次见低时分批次地少量吸纳，见高不追，也就是说可以当成短线来做，如短线因无出货机会而被暂时套住则可越跌越买。吸纳的对象宜以优质股为主，手中如还有长期被套的投机股也最好将其换成一线优质股。

总而言之，在高价区出现平衡市时勿存幻想，在低价区出现平衡市时要有信心，并需要一点耐性和警觉，这样基本上就能处理好这一类行情的操作了。

要点提示

平衡市，即通常所说的“牛皮偏软行情”，是一种股价在盘整中逐渐下沉的低迷市道，一般相伴的成交量都很小。平衡市的特点主要是：

(1) 一般在平衡市中，涨跌幅度较小，成交量较低，市场观望气氛浓重。

(2) 在平衡市中一般很难出现龙头板块领涨，出现反复拉涨情况的主要是一些前期的强庄股。

(3) 大盘不会永远在平衡市中维持。早晚会出现方向性选择，在选择时常常会伴随利好或者利空的消息出台。

投资指导

对于股票投资者来说，出现这种平衡市市况期间是招兵买马、整顿旗鼓的大好时机。也就是说，在股价盘软、交易清淡的时候，不宜一味沉迷于市场，而应该抓住时机，细致地学习研究，例如分析宏观经济大环境，调差微观个体经营情况，研究大市历程的详细图表等，以使自已更清楚地了解大市所处阶段及日后可能走势，发现一些具有良好潜质的股票，准确地抓住下一次战机。

第49天 新股操作技巧1：新股申购

要点提示

股市行情中，经常能看到某个新股出现百分之百的涨势，相信股民朋友们心中一定羡慕不已，但却对此一无所知，只能眼睁睁看着别人涨满了腰包，自己只有望洋兴叹的份。了解新股申购，新股不再神秘。

投资指导

了解了新股申购的相关知识后，股民朋友们就可以放手去尝试了。揭开了神秘的面纱，你会发现原来你也可以。

核心解读

股市中签是针对新股而言，即中了新股申购的签。一般来说，新发行的股票成本较低，上市后获利机会很大，因而购买新股的人也较多，往往超过其发行数量。在这种情况下，新股申购就要采用摇号的办法，中签者才可以购得新股。中签概率通常极低，大资金（比如 1000 万元）中签还相对比较容易，资金太少则基本没有可能。新股申购技巧主要有：

（1）集中力量，全仓出击一只新股，提高中签率。

（2）盯紧大盘股，避重就轻。大盘股发行量大，相对而言中签率就高。另外，大家都紧盯业绩好的公司申购，此时如果选择申购一些冷门股，虽然日后涨幅可能稍逊，但中签率会提高。

（3）选择发行时间靠后的新股。一般来说，在连续几天都有新股发行的条件下，大家多会把资金用于前两天的申购中，而对于发行靠后的股票，其申购资金相对较少，因而中签概率也较大。

（4）合理选择下单时间。根据历史经验，刚开盘或快收盘时下单申购，中签的概率小，下单时最好避开高峰期，选择中间时间段来申购。

（5）集中力量网大鱼。为了提高新股申购的中签机会，投资者也可以结成“新股申购联盟”，将资金集中起来，联起手来申购新股。

（6）对拟发行的新股进行大致定位研究。例如在新股发行上市前，研读招股说明书，比较同行业上市公司，并结合大盘状况，估算出该股大概的二级市场定位。

（7）不断坚持。不要因为连续几次没有申购到就放弃。

第50天 新股操作技巧2：新股买进

核心解读

（1）当大盘处于下跌的末端，进入筑底阶段时，市场人气低迷，新股开盘价较低，一般在50%以下，甚至一些股票接近发行价，此时是最佳的买入时期，一旦大盘反弹，该类股票会领涨。

（2）当大盘处在上升阶段，此时新股为平开高走，投资者可积极参与炒作。

（3）当大盘处在上涨末端，市场人气高涨，新股开盘价位很高，有的甚至一步到位，达到200%以上，此时风险最大，一旦大盘从高位下跌，该类股票跌幅最大。

（4）当大盘处于下跌阶段时，新股为平开低走，此时，大盘还未调整结束，参与者获利机会极小，尽量不要参与。真正的买点多出现在大盘筑底阶段，待股价最后一跌之后买入才易获得高于大盘的收益。

（5）还可以根据换手率来判断刚上市的新股是否值得参与。一般来说，上市首日换手率最好在65%以上，震幅不大，定位较为合理。这表明该股有主力资金看好，并且主力没有故意拉台出货。若定位太离谱，则其投资价值就值得怀疑。

要点提示

也许迫于新股申购的诸多限制，你最终没有中签，但是新股上市后你依然可以参与新股的购买，但是需要判断某新股是否值得购买。

投资指导

天无绝人之路，总有赚钱的办法。新股即使申购不到，但总是能买到的，有了合理的判断之后，买入新股同样可以获利。

第51天 新股操作技巧3：新股卖出

核心解读

（1）重新阅读新股招股说明书。中签后有必要再进一步了解公司状况，以决定是否一上市就出手。一般来讲，新股都含权、含息、含滚存利润，主板关照的机会大，留存比较好。

要点提示

申购中签困难，新股来之不易。但持股并不是炒股目的，卖出盈利才是王道，但如何卖出这来之不易的新股获取最大收益呢？投资者应冷静考虑，谨慎操作。

投资指导

成功卖出所持新股，新股操作过程才算真正完成了，买好还需卖好，否则就会前功尽弃。

（2）随时注意新股上市公告书。为把握机会，随时决定是否卖出，投资者应关注上市公告书，记住上市日期以及股票代码等有价值的信息，不错失任何时机。

（3）把握新股股价走势规律。一开盘，新股一般会瞬间冲高。若是高开低走或平走，那么股价多半会在尾市拉高或第二天高走。掌握这个规律，股民即可根据股价走势决定卖出行为。一般高开高走时最好卖掉，高开平走或低走，则可持筹一天再说。

（4）随大盘行情而动。大盘行情不好，新股纵有高额盈利也难以续阳。因此股民要根据大盘态势，决定卖出行为。大盘强，可持新股几天，大盘弱，不如当天就卖掉。

（5）集合竞价中找信息。如果新股在集合竞价最后一分钟出现资金连续抬价抢筹现象，则说明很有可能有主力想坐庄，那么该股首日短线上涨的可能性就较大。相对于大盘股，这种方法更适用于做短线中小板新股。

第52天 新股操作技巧4：选择“打新股”机构

要点提示

面对低得可怜的中签率，越来越多的投资者选择投资银行和券商的“打新股”产品，以分享新股发行带来的盛宴。但是，同样是专业机构，优劣却各不相同，需要加以区分。

核心解读

选择“打新股”机构应注意以下几点：

（1）看收益。银行多以网上“打新股”为主，券商则可以网上网下同时“打新股”，网下申购的高中签率，使得在收益率方面，券商的产品较之银行更有优势。但券商系产品的风险也高过银行系，当其持有的不超过20%比例的股票下跌时，也会给投资者带来损失。

（2）看手续费。一般情况下，机构会从投资收益中扣取1%左右的管理费；有些产品并不设手续费，而是从收益中提成。这在一定程度上会影响到投资收益。因此，投资者应关注费用的多少，以免出现亏损。

（3）看流动性。券商系产品的流动性相对较差，周期相对较长。银行系产品流动性较高，投资期限一般不会超过1年，有些甚至只有几个交易日。但流动性较好的新股，由于交易日短，受时间限制无法进行网下申购，影响了产品的收益率；而部分周期长、流动性差的产品，收益率反而高点。

投资指导

收益率和流动性往往存在反比关系，在收益和流动性之间如何进行选择，则需要投资者分析自身条件，根据自身情况来选择最适合自己的方式。

第53天　炒股策略1：选择黑马股

核心解读

1．黑马股启动前的大盘表现

（1）市场的浮动筹码减少，股价震幅趋窄，如果主力今天休息，则盘口的交易非常清淡，启动之前往往有连续多个交易日的阶段性地量交易过程。

要点提示

黑马股是指价格可能脱离过去的价位而在短期内大幅上涨的股票。

（2）股价的30日均线连续多个交易日走平或者开始缓慢上移，30日均线代表着市场平均成本，如果一个股票的30日均线走平则意味着多空双方进入平衡阶段，30天之前买进股票的投资者已经处于保本状态，只要股价向上攻击，投资者就迅速进入赢利状态，由于市场平均成本处于解套状态，该股向上的套牢盘压力比较轻，并且刚启动时市场平均成本处于微利状态，相应的兑现压力也比较轻，因此行情启动之初主力运作将相对轻松。

（3）周线指标及月线指标全部处于低位。由于主力依靠资金实力可以比较轻松地将日线指标尤其是广大投资者都熟悉的技术指标如KDJ、RSI等指标做到低位，因而仅日线指标处于低位并不能说明什么，只有与周线指标同时处于低位，该股才真正具备黑马股的潜在素质。

2．黑马股的选择

在大牛市中，虽然黑马满街跑，但中途介入，往往会感到烈马难驯，无法掌控。要避免这种情况，最好是在黑马还在起跑阶段就及时上马，这时选黑马的技巧就很重要。

投资指导

黑马股通常可遇不可求，遇上后还得骑好，如果你都做到了，那么就可以享受股价猛增甚至翻倍带来的丰厚利润了。

首先要把握黑马股共同具有的特征：

（1）大部分股价起点低，但也不排除少数高起跑点的个股。

（2）要具备远景材料，而且这背后的题材最好具有曲折性、爆炸性，并能给人以较大的想象空间。

(3) 要有动力，有动力出现，才不会等太久而失去耐心，尤其从周线上观察，底部出了大量的个股，隔不了多久，就会暴出大行情。

第54天 炒股策略2：选择白马股

要点提示

白马股一般是指其有关信息已经公开的股票，由于业绩较为明朗，很少存在埋地雷的风险，内幕交易、暗箱操作的可能性大大降低，同时又兼有业绩优良、高成长、低风险的特点，因而具备较高的投资价值，往往为投资者所看好。

投资指导

白马股也是一匹好"马"，但由于这类股票比较透明，实际上它的短期成长性不会太好，如果你愿意长期持有且害怕风险的话，白马股当然是一种理想的选择。

核心解读

目前看来，市场上较为通行的衡量白马股的指标主要有以下几种：

(1) 每股收益。该指标突出了分摊到每一份股票上的盈利数额，是股票市场上按市盈率定价的基础。

(2) 每股净资产。这是股东持有每股股票所拥有的权益，表明股票的"含金量"，是支持股票价格的重要基础。该指标值越大，表明公司财力越雄厚，创利能力和抗风险能力越强。

(3) 净资产收益率。该指标可用于衡量公司的资本利用效率和获利能力，通常是10%的生命线。

(4) 主营业务收入增长率。这是衡量一个公司经营业绩是否稳定的重要因素，也是企业的主要利润来源。

(5) 净利润增长率。能否维持较高的利润增长率是上市公司业绩增长的根本。

(6) 市盈率。市盈率的高低表明其后市的潜力如何。

第55天 炒股策略3：捕捉龙头股

要点提示

龙头股指的是某一时期在股票市场的炒作中对同行业板块的其他股票具有影响和号召力的股票，它的涨跌往往对其他同行业板块股票的涨跌起引导和示范作用。

核心解读

1. 捕捉龙头股的技巧

(1) 认真做好准备工作。首先要选择在未来行情中可能形成热点的板块，且热点持续性不能太短，板块容量也不能过大，以便于有的放矢地选择介入。其次要精选个股，遵守选股宜精不宜多的规则。最后还要有耐心，对所选板块和个股跟踪观察，把握最佳介入时机。

(2) 掌握龙头股操作技巧。根据板块个股选龙头股时，密切关注板块中大部分个股的资金动向，当某一板块中的大部分个股有资金增仓现象时，要根据个股的品质特别留意有可能成为领头羊的品种，“擒贼先擒王”。

(3) 敢于介入。一只龙头股从诞生到被确认，其股价一般均已上升30%以上。即便如此，该股依然还有70%的升幅，而且还会因主力的竭力呵护而使人气持续高涨。因此龙头股表面上看升幅已大，但其仍有较大的获利空间，一旦确认了龙头股，就应勇敢介入。

(4) 分散资金。龙头股虽表现出色，但同样有较好收益的股票依然很多，有些甚至会超过龙头股。因此可适当分配部分资金参与这些个股的炒作，以取得较佳的收益。

2. 龙头股操作注意事项

(1) 弱市中的机会极难把握，涨停后一般进入整理的居多，若没有绝对把握宁可放弃。

(2) 龙头股涨停第2日并非全都涨停，甚至可能留下较长的上影线，这并不一定意味着行情已经结束。

(3) 弱市或平衡市中，强势股的行情比较短暂，不可有过高预期。这一点与其在强市中的表现差别较大。

(4) 强势股若在3个涨停板后出现长上影线或反复震荡，说明已到行情尾声，这时要掌握好高抛的机会，并严格执行止损（盈）纪律。

投资指导

龙是比较难以驾驭的，因而对这类股票需要时刻关注并小心操作。

第56天 炒股策略4：选择蓝筹股

核心解读

蓝筹股不一定是一流的、最好的股票，但却肯定有着稳定的盈利纪

要点提示

蓝筹股是指具有稳定的盈余记录，能定期分派较优厚的股息，被公认为业绩优良的公司的普通股票。很多情况下，蓝筹股与绩优股是等同的，但二者还是存在一定差别的。绩优股，更多的是强调历史业绩的优良，而蓝筹股，不仅要回顾历史，更要展望未来。没有未来业绩的稳定增长，抬高股价就变成了在沙滩上建高楼，终有倒塌的一天。因此，蓝筹股更要强调未来的成长。

录和红利增长、优良的管理素质和产品品质，把握住蓝筹股的特点才有利于更好地进行选择。

首先，大型公司的股票不一定是蓝筹股，蓝筹股却一定是大型公司的股票。规模大是成为蓝筹公司的必要条件。蓝筹公司在资本市场上受到大宗资本和主流资本的长期关注和青睐，以资产规模、营业收入和公司市值等指标来衡量，企业规模是巨大的，甚至说蓝筹公司富可敌国也不为过。

其次，国民经济支柱行业里的公司股票不一定是蓝筹股，蓝筹股却一定不会诞生在边缘行业里。蓝筹股要承载得起“产业与民生”甚至“国家的光荣与梦想”，所以多出现在国民经济支柱产业中。

此外，蓝筹公司也一定担当着产业领袖的角色，是产业价值链和产业配套分工体系的主干和统摄力量。不仅在规模上，而且在技术水平、管理水平上都是这个行业的代表。

投资指导

蓝筹股的投资价值和白马股类似，有较好的前景，但是需要漫长的等待。长期投资具有良好的保值增值功效。

第57天 炒股策略5：炒作垃圾股

要点提示

垃圾股指的是业绩较差的公司的股票。但垃圾股并非真的“垃圾”，而是一种有一定价值的“可再生资源”，特别值得一提的是，就像垃圾淘金一样，垃圾股中也包含着黄金股。

投资指导

垃圾股价位低，容易受主力控制，涨跌都很快，如果资金及止损等制定不好的话，很容易造成损失，因此对投资垃圾股应控制好风险，慎之又慎。

核心解读

(1) 炒作垃圾股重点是看其有没有被“资产重组”的可能。一般来说，一家上市公司的股票之所以沦落为垃圾股，与企业的现有状况有很大的关系。因而不能指望依靠企业自身力量改变垃圾股的状况，只能依靠企业重组，虽然不是“一组就灵”，但只要可以重组，就有“丑小鸭变天鹅”的机会。

(2) 要细究股票沦为垃圾股的原因。并不是所有垃圾股都可以转变为优质股，对于有以下情况的上市公司，其垃圾股要少碰：公司没有明确主业，管理不善，品牌太老，市场占有率不佳，背负巨额债务等。这些公司即便重组也难以翻身，只有动了“大手术”后才可关注。

(3) 关注大行情的尾段。市场主流热点结束后，一些游资或从主流热点上撤下来的资金，会在垃圾股上炒作一把，因此垃圾股往往具有补涨效应。此时，可重点介入一些垃圾股进行运作，也会有不菲的收益。

第58天　炒股策略6：炒作冷门股

核心解读

操作冷门股，首先要注意品种选择、总量控制。一般情况下，要选择那些基本面较好、调整幅度较大、未被市场爆炒过、自己长期跟踪、股性较为熟悉的股票。操作时，可采取逢低分批的买入方式。买入数量要控制在持仓量的三分之一至五分之一，以防出现个股风险而使自己处于被动。第二要注意快进快出、见好就收。由于买入了冷门股，操作策略定位的是短线，目的是赚差价，因此要特别注意防止“由短变长”造成被动。第三要防止患得患失、追涨杀跌。散户操作时一个共性的弱点是患得患失，涨时怕再涨不敢卖，跌时怕还跌不敢买，如此只能一而再再而三地错过良机。弱点之二是追涨杀跌，即已卖出的股票仍在涨就再以高价买入，已买入的股票持续跌就又以低价卖出，白白为自己制造损失。

要点提示

冷门股一般是那些交易量小、周转率低、流通性差、股价变动幅度小，因而较少人问津的股票。作为普通散户，热点难以把握，“黑马”不易驾驭，经常处于弱势被动的地位。要改变这种情况，可以选择操作冷门股。只要把握得当，冷门股也可以变“金矿”。

投资指导

即使技术再老道的高手，在操作“冷门股”时也不可能有百分之百的胜算。不过，这样的“冷门股”由于本身已在低位，长期深套的可能性不大，如果买入后不幸被套，可以暂时放上一段时间，如有低位出现还可适量补仓，只需将期望的差价区间、波动中轴适当下移即可，并不影响“高抛低吸”做差价。

第59天　炒股策略7：关注“大小非”

核心解读

“大小非”解禁即指股改使非流通股可以流通，增加了市场的流通股数。解禁后通常会出现减持现象，即股东将股票抛出套现，这可能造成股票贬值。但假如“大小非”解禁之后，其解禁的股份不一定会立刻抛出来，而且如果市场上的资金非常充裕，那么某只股票有大量解禁股票抛出，反而会吸引部分资金的关注，使该股连续放量上涨。

要点提示

“非”是指非流通股，即限售股，或叫限售A股。“小非，”即小部分禁止上市流通的股票。股改后，对股改前占比例较小的非流通股，限售流通股占总股本比例小于5%，在股改一年后方可流通，一年以后也不是大规模地抛售，而是有限度地抛售一小部分，为的是不对二级市场造成大的冲击。“大非”，即股改后，对股改前占比例较大的非流通股，限售流通股占总股本5%以上者在股改后两年以上方可流通，因为大非一般都是公司的大股东，战略投资者，他们一般不会抛出。

投资指导

关注"大小非"，尤其是关注"大小非"即将解禁和解禁时的状况，往往可以发现风险及时逃离或抓住机会点进入以获得利益。

虽然作为最大庄家的"大非"、"小非"对公司经营状况最为了解，但由于股改之前大股东及其他法人股东的股份不能流通，所以他们对公司股价既不关心，也无动力经营好上市公司。解禁后则可以通过观察大股东们是增持还是减持公司股票来分析公司的投资价值。

第60天 识破庄家动作1：洗盘

要点提示

庄家为达炒作目的，必须于途中让低价买进，意志不坚的散户抛出股票，以减轻上档压力，同时让持股者的平均价位升高，以利于施行做庄的手段，庄家为达到这一牟取暴利的目的而进行的操作称为洗盘。

投资指导

洗盘的基本目的无非是清理市场多余的浮动筹码，抬高市场整体持仓成本。同时通过垫高其他投资者的平均持股成本，把跟风客赶下马去，以减少进一步拉升股价的压力。在这一高抛低吸的过程中，庄家还可兼收一段差价，以弥补其在拉升阶段将付出的较高成本。识破庄家的洗盘伎俩以后，捂紧自己的筹码，在资金充足时，还可以逢低加码，之后就可以静待庄家的拉升了。

核心解读

很多投资者在买进某种股票以后，由于信心不足，常致杀低求售，被主力洗盘洗掉，为避免无故受损，事后懊悔，投资者有必要熟知庄家的洗盘技巧及其表现。

（1）开高杀低法：这种情况下，投资人可以看到股价一到高档（或开盘即涨停）就开始大幅下跌，但却不跌停，不然就是在跌停价位，不断产生大笔买盘，此时缺乏信心者乃低价求售，主力于是统统吃进，基本全部低价买进后再大幅拉升。所以当投资人看到某股低位大量成交时，应该勇于大量承接，必有收获。

（2）跌停挂出法：即主力一开盘就全数以跌停挂出，引起散户恐慌也以跌停杀出，待跌停杀出的股票到达一定程度而不再增加时，主力迅速将自己的跌停挂出单取消，吃光散户的跌停抛单，往上拉抬。此时散户应抓住低价买进的机会。

（3）固定价位区洗盘法：即主力选择某一较低限价开始大幅买进，阻止股价下跌，使其保持静止，同时成交量大幅增加。股价久盘不动，大部分人不耐烦会将股票抛出，主力持续买进，直至买入量足够大为止，然后主力便可决定涨幅，散户就只有追高或抢高的份了。

（4）上冲下洗法：即主力利用开高走低、拉高、掼低再拉高，将筹码集中在手上，造成股价忽高忽低，而成交量不断扩大，此时投资者应该设法在低价位买进股票。

第61天　识破庄家动作2：出货

要点提示

出货是主力（即庄家）抛售股票的行为，是账面利润的兑现。在某些情况下，主力还可以在拉升股价时完成出货。正确识别庄家出货可以预防损失，甚至从中获利。

投资指导

持有庄股时要警惕庄家出货，一旦发现庄家有出货迹象，一定要逢高卖出，切忌贪心。

核心解读

庄家出货的主要表现为：

（1）利用除权出货，股价表面降低。庄股经长期炒作，大部分筹码已被高度锁定，成交量十分稀少，很难吸引散户跟风，不易完成出货。但股价一旦经过除权之后，就会回到一个相对低位，虽然复权后股价仍然处于高位。因此，除权股的填权行情应考虑复权前情况，特别应谨慎介入除权前炒作相当充分的股票。

（2）成交量大幅放大。庄股特征之一就是其上涨并不需要成交量的配合，仅需较少的成交量就能支撑股价上行。因而一旦成交量出现异常放大，反而应引起关注。这种现象，不论出现在高位区还是填权行情中，都是放量出货的表现。

（3）股价突然出现急升。主力炒作一只个股，总是经过长期的重复运作，在上升初期，主力总会反复打压震仓，在上升中期，其走势总会显得不温不火，只有在上升末段才会出现连续暴涨。因此，对于庄家控盘个股，若突然出现脱离上升轨道的大幅拉升，就应引起投资者重视。

第62天　基本面分析和技术面分析

要点提示

基本面分析是对一般经济情况、公司经营管理状况以及行业动态等因素进行分析和评估，以考察股票质量，衡量股价高低。技术面分析是以股票市场的图形、图表、形态、指标为手段，使用数学、统计学原理研究股票市场行为的价格预测方法。

投资指导

投资者在做投资决策时，既要做基本面分析，又要利用技术面分析，以基本面分析了解应购买何种股票，以技术面分析把握买卖时机。

核心解读

从方法上来看，基本面分析主要关注经济政治等外部因素，而技术面分析只关心证券市场本身的变化；从目的上来说，基本面分析是为了判断现行股价是否合理并描绘其长远发展空间，技术面分析则主要预测短期内股价涨跌趋势；从时间上看，基本面分析注重预测长期趋势，技术面分析更适合短期使用。

要点提示

有的投资者喜欢做长线，因为长线稳健，需要投入的精力少；有的投资者喜欢做短线，因为他们喜欢短线的刺激与获利的快速。有的投资者比较保守，在行情不明朗时不敢贸然介入；而有的投资者则敢于在任何行情下进入股市，他们是激进的投资者。不同类型投资有不同的投资性格和偏好。

投资指导

投资者必须综合评价分析自身的素质、能力、条件，明确自己属何种投资者并采取相应的投资策略。

第63天 不同类型股民的操作策略

核心解读

1．长线投资者

一般来说，长线投资者适合的人群主要是中青年者，他们肩负现在又要谋划未来，做长线，短期内虽然不能获得大量收益，但也不会有资产损失的风险，待将来股票升值后出售，就可以获得不菲的收入。从性格方面来说，做长线者要有耐心、信心和恒心，性格平和、沉稳、不张扬，不在乎一时得失的人更适合做长线投资。

选股时，采取排除法的“十不选”原则者较多。所谓“十不选”是指在上市公司有以下十种情况时不可选择其股票：有信用污点的公司不选；结合宏观形势，整体不景气行业的公司慎选；母公司经营不善的公司不选；主业不突出，搞多元化经营的公司不选；企业规模过小的公司不选；3年内业绩大幅波动的公司不选；无稳定现金分配的公司不选；涨幅巨大的公司不选；ST公司原则上不应该选；绩差绩平的公司不选。

但是，任何事情都并非绝对的，以上“十不选”原则只是长线投资者的普遍投资原则。在瞬息万变的股市里，投资者应该在借鉴这些原则的基础上分析形势，随即应变，不要固守教条，方能股海淘金。

2．短线投资者

短期市场上，需要较多时间与精力关注行情，把握时机，需要对市场反应敏感，及时跟踪，更需要有胆有略，速战速决。因而短期市场更适合那些空余时间多、精力富足、敏感、应变力和决断能力较强的人。

要提高短线操作成功率，就要遵循短线投资规律，选择适合做短线的股票。如走势强健、紧跟大盘的股票。在时间上，选择两点半后介入，一旦情形不妙及早抽身离场。

第64天　股市忠告1：摒弃错误心理

要点提示

股市中常有一些错误的心理，诚然，任何人面对股市都难以做到心平气和，不理性想法的出现不可避免，但是有一些错误心理的危害相对来说是比较大的，直接关系到投资的盈亏。

核心解读

以下是股市常见的错误心理：

(1) 初学者往往想一蹴而就，不学习不研究，仅凭运气赚大钱。

(2) 贪小便宜，跌时买进便宜货，却不考虑“便宜没好货”。

(3) 偏信内幕消息、小道新闻和顾问意见，却懒得自己寻找方法。

(4) 死守亏损，不愿砍单，致使亏损不断扩大；赚钱股票又很快卖掉，难以收获可观利益。

(5) 股票买卖时举棋不定，左右为难，既无计划，又无准则。

(6) 忽视市场信号，主观意识过强，又容易受配股分红、咨询建议等不紧要事件的影响。

(7) 必须要在谷底买进，最高点卖出，不能亏损，只买绩优股、市盈率低股、息高股。诸如此类。

(8) 过分依赖内幕、专家、经纪人。或者走另一个极端，完全不相信他们。

(9) 有比较心理，一定要做得比某人好，急切想做出成果让人尊敬。

(10) 存在“绝不可能发生……”或者“一定会……”的心理。

投资指导

对照上述错误心理，看看自己是否也有相关问题，如果有，就请及时纠正，以免一错再错，一赔再赔。

第65天　股市忠告2：保持良好心态

要点提示

股市总是涨跌不定，变幻莫测的，既有高收益又有高风险，一夜暴富和瞬间破产都是有可能的。只有保持好的心态，才能在这个风起云涌之地占据一片净土，进行冷静思考，播下最终成功的种子。

核心解读

股市中应保持以下心态：

(1) 独立思考，切忌盲从。理性的投资者应该冷静分析原因，独立思考，杜绝盲目跟风，免做牺牲品。

(2) 广采信息，谨慎判断。消息闭塞，武断投资，很容易落得人仰马翻，信息灵通，情报及时准确，是投资者取得成功的重要条件。

(3) 被套不惊，冷静化解。股市阴晴叵测，任何人都有被套的可能。被套后不要魂不守舍，犹豫不决，而要冷静果断，理性思维，提高心理承受力，在教训中学会降低和化解损失的应急智慧。

(4) 卖高买低，适可而止。投资的目的是获利，但对利益的追求要有尺度。贪得无厌是投资者最大的心理障碍，也是股市的最大陷阱。

(5) 当机立断，遇事不慌。犹豫不决，举棋不定很容易错失良机，要看准市场，高价时敢于买进，舍得卖出，低价时能够及时止损，等待东山再起，这才是真正成熟的投资者。

(6) 专家意见，仅供参考。专家经验丰富，学识渊博，可以提供宝贵的指导经验作为参考，但专家并不是万能的，投资者不可过分依赖专家，要相信最可靠的还是自己的学识和独立判断。

投资指导

良好的心态，一方面能让自己身心愉悦，不至于为物所累；另一方面，良好的心态能使人保持良好的状态，在处理事情时能发挥出自己较高的水平。换句话说，良好的心态是有价值的，尤其在股市中，心态直接与真金白银挂钩，如果你能保持良好的心态，那么你已经成功了一半。

第四章

基金
——稳健省心的投资产品

基金可不是“鸡精”，别人在讨论基金的时候你千万别以为他们在研究炒菜。不过基金还真是一盘“菜”——基金管理人炒的大杂烩，其配料则是各种投资理财产品。想吃饭又不想自己做，那就找基金吧，然而并不是每盘基金“菜”都能符合你的口味，想吃好吃的，就得看看下面这个“菜谱”了。

第66天 基金投资必知1：基金的特点、种类和重要概念

要点提示

投资基金是由银行或非银行机构设立的一种信托投资基金。如果想投资基金，必须先要了解基金的特点，给自己一个投资基金的理由，同时，要了解基金的种类，以确定选择何种基金作为自己的投资目标。再次，对基金中的一些重要概念要有所了解，这有助于增加对基金的进一步理解，促进正确投资。

核心解读

1. 基金的特点

基金投资之所以备受投资者的信赖与认可，与基金本身独有的优势与特点是分不开的。投资基金的特点主要有：

(1) 投资额小，费用低廉。投资基金是将零星闲散钱财汇集成巨额资金进行规模投资，从而降低了投资成本。

(2) 多元化经营，分散风险。投资基金具有雄厚的资金实力，在投资中能够在品种、地域、行业、期限等多方面进行选择，形成优良的投资组合，实现投资多样化，分散风险。

(3) 专家管理。投资基金由经理部门聘请具有专门知识和丰富经验的专家进行分析研究，担当顾问，专家可以最大限度地避免投资决策的失误。

(4) 投资灵活，满足多种不同需要。现在的基金投资结构多样，品种丰富，有利于投资者根据自己的认识和需要进行不同的选择。

(5) 流动性强。投资基金手续简单，买入卖出比较方便，变现能力极强。

2. 基金投资中的重要概念

投资指导

基金投资具有很多优点，并且可供选择的基金种类也非常多，因而基金是一种良好的投资产品。掌握了基金投资的重要概念，就可以通过基金周报、季报等，及时了解基金的阶段性业绩并评判其总体表现情况。

要想了解基金的资金动向与业绩，必须要仔细阅读基金的公开披露信息，这就需要投资者掌握几个重要概念：

(1) 基金单位净值：基金单位净值即计算日基金资产净值除以计算日基金单位总数后的价值，它揭示了每一单位基金实际的含金量。

(2) 基金单位初值：基金单位初值即基金在上一个会计年度最后一个交易日的单位净值减去其每单位实际派发的红利金额。

(3) 调整后单位净值和调整后单位初值：这是专门针对拟进行分红

派息的基金而言的，是在原有的净值和初值的基础上扣除单位拟分配收益后的余额。

(4) 累计净值：累计净值即基金目前的单位净值加上基金自设立以来累计派发的红利金额，它反映了基金从设立之日起，一个连续时段上的资产增值情况。

第67天　基金投资必知2：基金的风险防范

核心解读

基金投资虽然可以通过多元化经营分散风险，通过专业管理降低风险，但却不可能完全消除风险。基金投资中所面临的风险主要有市场、管理、道德和利率风险。

基金投资风险的防范措施有以下几点：

(1) 认真学习基金基础知识，树立正确的基金投资理念。只有及时学习各项基金基础知识，更新知识结构，树立长期投资基金的正确理念，才能防患于未然。

(2) 根据自身风险偏好选择投资基金。投资者应该在对各类基金风险有明确认识的基础上，选择适合自己的投资基金。

(3) 密切关注基金净值，理性投资。基金净值代表了基金的真实价值，投资者无论投资哪种基金都应该密切关注基金净值的变化，理性投资，回避风险。

(4) 仔细阅读基金公告，全面了解基金信息。基金公告信息包括招募说明书、上市交易公告书、定期公告以及分红公告等临时公告，投资者应该通过指定证券报刊或网站认真阅读基金公告，全面获取信息，谨慎投资。

要点提示

收益和风险是公认的一对形影不离的兄弟，有收益的地方总是能看到风险的身影。但这对兄弟的母亲还是伟大和智慧的，能给他们设计出适合的外衣。穿上这种外衣以后，收益扩大了，风险缩小了。

投资指导

了解风险，权衡利弊，决定投资，规避风险，获得收益。

第68天　基金投资必知3：基金的投资目标及其特征

要点提示

基金的投资目标就是基金成立的宗旨，体现了该基金投资所具有的投资理念与风格，也能够体现基金所具有的风险收益特征。

投资指导

基金募集时为方便投资者选择，在基金招募说明书中通常会对投资目标加以明确。投资者应结合自己的投资需求选择合适的基金。

核心解读

1. 基金的投资目标及其特征

按投资目标的不同，基金可以分为成长型、平衡型和收入型。追求长期资本增值的成长型基金只注重长期的资本利得，主要投资于具有高成长性的公司股票，预期收益和风险都比较高。追求当期高收入的收入型基金主要投资于债券、优先股、可转换债券等具有稳定收入的投资工具，所具备的预期收益和风险较低。介于前两者之间，平衡型基金主要投资于债券和股利稳定的具有稳定成长性的公司股票，在获得利息和股利的同时也能够实现一定的资本利得，收益水平和风险状况处于中等水平。

2. 基金表现评估

根据现代资产组合理论，对基金投资绩效的评价，实际上就是对基金经理决策水平的评价。对于基金管理业务来说，建立良好的绩效评估体系是非常必要的。对基金表现进行评估可以通过对基金的投资组合管理的表现进行评价来实现，主要方法有资产净值、投资报酬率以及夏普指数等一些专门的评估指标。同时还可以通过对基金投资时机选择能力的评价来实现。

第69天　基金投资必知4：基金投资的收益来源

核心解读

1. 基金投资的收益

(1) 利息收益：这主要包括两个方面，一个是将为满足流动性要求而保留的现金存入银行所获得的利息收入，另一个是基金投资国债、企业债券、可转换债券等品种所获得的利息收入。

(2) 股利收入：股利收入即基金通过投资于不同的股票所获取的股票红利收入。

(3) 资本利得：投资基金通过专家的分析和买卖操作，可以在股票市场的波动中赚取差价，获得可观的利润。这部分获利的多少主要取决于基金的投资管理水平。

2. 基金投资者的收益

基金本身的收益来源并不等于基金投资者的收益来源。投资者的收益来源主要有：

(1) 基金分红：基金分红即将基金所获利息、股利、资本利得等各种基金的收益以利息的形式，在规定的时间内以规定的百分比分配给基金投资者。

(2) 资本增值：投资基金经营得好，基金净资产就会上升。资金净资产的增值部分最终也归投资者所有。封闭式基金因为是在证券交易所挂牌交易，基金净资产的增加会使交易价格上涨，从而使投资者获益。对于开放式基金，投资者可以依据基金净资产扣除一定的费用后赎回，从而获得资本增值收益。

要点提示

投资者既然选择基金，那么一定想知道基金运作的利润来源。这里要提醒注意的是，基金投资的收益决定和影响着基金投资者的收益，但二者并不是等同的关系。

投资指导

了解收入来源，做到心中有数。

第70天 基金投资必知5：基金投资方法

核心解读

1. 平均成本投资法

所谓平均成本是指每次认购基金单位的平均价格。具体做法是：每隔一段固定时期，就以固定金额购买某种基金份额。按这种方法，每次购买到的基金份额会因基金价格的高低不同而有所差异，但总体来说每个基金单位的价格要比一次性大笔购买到的基金的单位价格低。只要市场长期呈现上升趋势，就有机会获得丰厚的获利。

要点提示

基金投资也要讲究方法，不同的方法有不同的特点，适用于不同的投资者。基金投资方法包括：平均成本投资法、固定比例投资法及其他投资方法。

采用平均成本投资法，投资者可以不必担心进场时机。对于行情的上上下下、涨涨跌跌可以不加理会，少费心思，投资者甚至可以通过银行按固定时间从指定账户中扣除一定款项投资于指定基金，省心省力。因而这种方法比较适合有定期资金来源特征的投资者。

此外，采用平均成本投资法还可获得良好的投资效果，长期的投资报酬率远比存款高，变现性也很好，随时可赎回，还有完备的法律保护，安全性较好。

2. 固定比例投资法

这种投资策略的做法是将资金按固定比例进行多元化投资，可以分别投资于股票基金、债券基金或货币市场基金等。不同的基金品种，风险收益特征状况是不同的，针对不同的风险收益特征，可以形成优化的投资比例。

使用这种投资方式的优点在于能够使投资者获得优化的风险收益特征，有效地抵御风险。

3. 其他投资方法

更换操作投资法，也叫换股操作策略，具体做法是：随时随地追随强势基金，割舍弱势基金，类似于股票投资中的追涨杀跌。这种方式较多地运用于多头市场。

另一种方式为适时进出投资法，重点就是看准市场行情，后市看好时投入资金，反转之际及时撤出。采用这种方法的投资者要有一定的投资经验及较强的风险承担能力，并能对市场行情准确判断。

投资指导

不论采取何种方法投资，都要遵循两个基本原则，一是不要过分贪心，二是要量力而行，时刻保持冷静和从容不迫。

第71天 基金投资必知6：基金管理公司和招募书

核心解读

1. 考察基金管理公司时的步骤

(1) 公司背景。投资人应选择信誉良好、无违法违规记录、内部管理及控制完善的基金管理公司。

要点提示

基金管理公司的水平直接影响到基金的收益，因而选择信誉卓越的基金管理公司是投资过程中的重要一环。

(2) 基金总体。一般来说，管理资产规模较大，管理的基金在多数时间相对同业及大盘有较好表现的基金管理公司更值得选择。

(3) 程序和经验。在挑选管理公司时要优先考虑那些投资程序科学先进，投资经验丰富老练的基金管理公司。

(4) 团队阵容。基金管理公司的研究人员应具有丰富的行业及公司研究经验、较好的证券分析素养和较高的职业操守。

(5) 客户服务。能够提供完善的客户服务也是一个好的基金管理公司的必备条件。

2. 看招募说明书的注意事项

投资者和新基金的第一次亲密接触就是阅读招募说明书，因而看好招募说明书至关重要，看招募说明书时，要多问几个为什么：投资团队如何？过往业绩怎样？投资有何特点？费用成本、投资策略明确还是模糊？

投资指导

既然涉及金钱投资，并期日后获得丰厚收益，那必然要对基金管理公司、相关说明和成本费用有足够的了解，这是对自己负责、对金钱负责的一个表现。同时，如果投资人对基金管理公司有严格的要求的话，基金管理公司必然有压力和动力来提升自己的管理水平以适应客户需求，从而提升自身在基金行业的竞争力。

第72天　基金投资必知7：基金投资一般法则

核心解读

1. 基金投资原则

基金投资有以下原则需要坚持：

(1) 谨记骄兵必败。

(2) 分散投资，永远不要孤注一掷。

(3) 长期持有、耐心等待、获取长期收益才是投资基金应有的心态。

(4) 放眼未来，过去发生的一切，只能是从中吸取和借鉴经验。

(5) 避免感情用事，盲目迷恋某只基金常常会导致失望的结果。

2. 避免基金选择误区

基金选择需要避免以下误区：

(1) 基金不用选，买哪只都差不多。不管是在牛市还是在熊市中，即使是同一公司旗下的同种类基金差别仍然相当大。对基金一定要综合

要点提示

基金投资存在一般法则，主要是提醒投资者坚持一定的投资原则，避免进入投资误区。

考虑公司、过往业绩等多方面因素，精挑细选。

(2) 过于关注基金排名。基金排名只代表了过去，而投资时要更注重未来。基金的短中长期绩效，风险调整后的收益状况等都应重点关注。

(3) 买老基金不如买新基金。一般情况下，老基金有过往业绩做参考，更容易挑选，且股市持续上涨时的收益较新基金也更好些。

(4) 买低净值基金划算。实际上投资基金收益的高低与买入时基金净值高低并无直接关系，真正影响投资者收益的是该基金管理人的投资管理能力。

(5) 只购买明星基金经理管理的基金。基金业绩的好坏与基金经理的投资风格和能力固然是密不可分的，但是基金的投资不仅仅是基金经理一个人决定的，所以更要考虑基金背后整个团队的质量。

(6) 无视基金类型，以基金涨幅为标准选购基金。不同类型的基金股票持仓比例不同，风险不同，收益也不同。因而不能片面关注基金净值增长而忽略了对收益同样有影响的基金类型。

投资指导

投资者可以按照上述法则对号入座，看自己是否存在没有坚持的原则，或是进入了某种误区，若有请立即改正。

第73天 基金投资必知8：选择基金投资组合

核心解读

评判一个基金组合的好坏，不在于数量，而要看组合中每只基金的差异程度。投资者要有目的地选择几只类型风格各异的基金才能组成有效的投资组合。基金组合一要看基金类别的配置，主要是货币市场基金、债券基金、混合基金和股票基金的比例，这决定了基金组合预期收益率的高低；二要看核心组合，主要是股票基金和混合基金的配置，这决定了基金组合长期的收益表现。

要点提示

证券基金种类多样，且每种基金又有不同的收益和风险程度，投资者应在详细分析各种基金风险收益水平的基础上根据自身的风险承受能力选择适合自己的投资品种。

例如，货币市场基金、债券基金的流动性较高，收益低但较为稳定，可以作为现金替代品进行管理；股票基金风险、收益程度较高，可以使基金组合有较高的收益；而混合基金则兼具灵活配置、股债兼得的特点，风险稍低，收益相对稳定。此外，即使同为股票型基金，在偏重大盘类股还是小盘类股、关注增值还是分红、注重稳健还是收益等整体风格上也各有不同，投资者应根据自己的风险承受能力先确定一个比较明确的投资目标，然后慎选不同类型的基金构建一个有效的组合。

此外，基金组合并不是数量越多越好，适度才有利于分散风险，并且根据市场的变化，基金组合也要及时调整。

投资指导

一般而言，能承受较高风险的投资者可采用较积极的投资组合，投资组合中可以选择较高的比例投资风险偏高的资产，如股票型基金；风险承受能力较低的投资人在投资组合中应以风险较低、风格稳健的资产为主，如债券型基金和货币型基金等。

第74天　基金投资必知9：基金买卖时机

核心解读

1．基金入市时机

（1）买基金尽量“买跌不买涨”。在股市向大牛市过渡的情况下，任何时候买入都不算错过时机，买涨买跌都赚钱，但在股市震荡幅度增大的情况下，就不可随意购买。考虑到未知价原则，即在交易时间内买入的基金是以收盘后公布的基金净值来计算，所以，选择股市连续阴跌或者某天股市大跌，基金净值跌幅较大时买入是较好时机。

（2）选好操作时间。股市是变幻莫测的，波动很大，开盘时大跌，收盘前可能会迅速拉升，因而购买基金最好在下午收盘前那段时间做出决定，以免造成错误操作。

要点提示

同股票一样，基金投资也是一个买卖过程，只不过基金卖出叫做“赎回”而已。既然是买卖，同样需要讲究时机。

2．基金赎回时机

投资者在考虑赎回之前，最好先确定几个问题，然后再选择是否赎回以及何时赎回。

首先要看是否有更好的投资方式，如果没有一个更好的投资渠道，不如继续持有基金以保持较高的投资效率。其次要看持有的基金是否发生了变化。一般来说，在选择基金时投资者都是经过深思熟虑的，对基金的公司经理、品牌、净值增长都有了了解和信任，若是这些曾经吸引人的条件变质了，就可以考虑赎回。最后要看市场是否发生了变化。例如，股市下跌就最好把股票型基金转换为较保守型的基金。

投资指导

时间就是金钱，时机更是如此，投资者需要掌握发现买卖时机的方法，仔细研判方能运用自如。

第75天 基金定投1：优点及适合人群

要点提示

基金定投是定期定额投资基金的简称，是指在固定的时间（如每月8日）以固定的金额（如500元）投资到指定的开放式基金中，类似于银行的零存整取方式。这样投资可以平均成本、分散风险，比较适合进行长期投资。

投资指导

如果你是适合基金定投的投资人群的话，那就赶紧行动吧，但是在行动之前有必要进一步了解基金定投的相关知识。

核心解读

华尔街流传着这样一句话："要在市场中准确地踩点入市，比在空中接住一把飞刀更难。"而基金定投通过采取分批买入法，克服了只选择一个时点进行买进和沽出的缺陷，同时还可以均衡成本，有利于使自己在投资中立于不败之地。此外，基金定投还有起点低、方式简单的特点，因而素有"小额投资计划"或"懒人理财"之称。

1．基金定投的优点

(1) 平均成本，分散风险。

(2) 不必考虑投资时点。

(3) 自动扣款，省时省事。

(4) 复利效果，长期可观。

2．基金定投的适合人群

(1) 年轻的月光族。刚工作的年轻人时间和投资知识都很少，而基金定投办理方便，管理专业，对于年轻人来说，可以培养理财习惯，而且还可以积累财富。

(2) 领固定薪水的上班族。大部分的上班族薪资所得在应付日常生活开销后，结余金额往往不多，小额的定期定额投资方式最为适合。并且基金定投可以弥补上班族投资水平不高的缺陷，能够实现资产稳步增值。

(3) 在未来某一时点有特殊（或较大）资金需求的。例如日后需要付房款首付，或者要储存子女教育费、退休养老金等，在已知未来将有大额资金需求时，提早以定期小额投资方式来筹集，不但不会造成自己日常经济上的负担，更能让每月的小钱在未来轻松演变成大钱。

(4) 不喜欢承担过大投资风险者。由于定期定额投资有投资成本加权平均的优点，能有效降低整体投资成本，使得价格波动的风险下降，进而稳步获利，是长期投资者对市场长期看好的最佳选择工具。

第76天 基金定投2：定投误区和注意事项

核心解读

1. 基金定投的误区

基金定期定额投资虽然优势显著，但作为一项新生业务，很多投资者对其认识仍存在一定误区：

(1) 认为任何基金都适合定投。一般来说，股票型基金波动大，用定投来均衡成本效果显著，而债券型基金收益一般较稳定，定投和一次性投资效果差距不是太大。

(2) 认为定投只能用于长期投资。虽然定投更适合在长期中获利避险，但在后市不看好的情况下，可以及时抽身，获利了结，不必一味等待计划到期。

(3) 定投金额过大。定期定额投资一定要量力而行，要适合自己的收支状况才能做得轻松、没负担。

2. 基金定投的注意事项

在投资市场上，很多投资者选择用基金定投的方式来理财，适用人群比较广泛。但是基金定投并不意味着定期定额买进就不用管了，其中也有一定的注意事项值得投资者关注。

基金定投需要注意以下信息：扣款日、定投期限、漏存或误存的后果、定投金额变更、基金赎回等。

要点提示

如果有意向参与基金定投，那就需要纠正一下对基金定投的认识误区，并需了解一下有关的注意事项。

投资指导

了解基金定投的误区和注意事项后，可以在今后的基金定投中避免过失的发生。

第77天 基金定投3：基金定投的策略和方式

核心解读

1. 基金定投策略

基金定投要讲究一定的策略，以下提供几点基金定投的建议：

要点提示

基金定投只有用对地方，用对产品，才能高效率地发挥其优势。同时基金定投也要讲究一定的方式，不同的方式优劣不同。

投资指导

投资者根据自己的需要选择合适的基金定投方式，同时在选择好合适的投资方式后依据上述投资策略进行操作可事半功倍。

（1）在基金选择方面，定期定额投资最好选股票型基金或者是配置型基金。投资者还可以根据投资期限选择投资对象。波动较大的基金长期报酬率较高，而绩效平稳的基金平均成本相对低，获利有限，更适合5年以内的短期投资。

（2）要活用各种弹性的投资策略，例如，投资者可以根据长短期理财目标搭配各种不同特色的基金，通过灵活运用各种策略来提高投资效率。

（3）掌握解约时间，善用部分解约。当面临资金需求或后市行情可能进入空头循环时，投资者可考虑解约，及早获利了结。若对后市行情不确定，可选择部分赎回，当市场趋势改为上升后再继续定投。

（4）要持之以恒。长期投资是定期定额积累财富最重要的原则，这种方式最好持续5年以上，才能得到好的效果，并且长期投资更能发挥定期定额的复利效果。

2. 基金定投方式

基金定投的方式有两种：通过签订定投协议进行定投、自主手动操作。这两种方式各有优点和缺陷：

（1）定投协议：可以通过签订协议，由销售机构扣款，省心方便，操作简单。签订协议的渠道有三：一是到银行柜台，二是通过网上银行，三是直接到基金公司主页办理。推荐采用第三种方式。

（2）手动操作：灵活性强，能自主决定每次的投资份额与时间，把握市场机遇，控制市场风险。缺陷是需要自己费心，牢记定期进行操作，并且操作的有效性受投资者自身能力影响。

要点提示

开放式基金在国外又称共同基金，它和封闭式基金共同构成了基金的两种运作方式。开放式基金是指基金发起人在设立基金时，基金份额总规模不固定，可视投资者的需求随时向投资者出售基金份额，并可应投资者要求赎回发行在外的基金份额的一种基金运作方式。投资者既可以通过基金销售机构购买基金使基金资产和规模由此相应增加，也可以将所持有的基金份额卖出收回现金，使得基金资产和规模相应减少。

第78天 开放式基金1：优点及适合人群

核心解读

开放式基金是世界各国基金运作的基本形式之一。开放式基金具有发行数量没有限制、买卖价格以资产净值为准、在柜台上买卖和风险相对较小等特点，特别适合于中小投资者进行投资。

1．开放式基金的优点

开放式基金存在以下优点：

（1）市场选择性强。开放式基金运营过程中可以改变份额，增减资产，从而可以使投资者不断转向业绩优良的基金。

（2）流动性好。开放式基金中为应付随时可能出现的基金申购赎回，基金管理人必须保持基金资产充分的流动性，而不会集中持有大量难以变现的资产，减少了基金的流动性风险。

（3）透明度高。开放式基金一般每日公布资产净值，随时准确地体现出基金管理人在市场上运作、驾驭资金的能力，对于能力、资金、经验均不足的小投资者有特别的吸引力。

（4）便于投资。申购赎回开放式基金可以随时在各销售场所进行，十分便利。

（5）有良好的激励约束机制。开放式基金良好的激励约束机制促使管理人更加注重服务质量，也能更好地调动投资者的热情。

2．开放式基金的适合人群

开放式基金适合以下人群：

（1）没有足够时间理财的投资者。

（2）想投资又缺乏投资知识的投资者。

（3）风险承受能力较低的投资者。

（4）期望获取较为长期稳定收益、不追求暴富的投资者。

投资指导

如果你是开放式基金的适合人群，并想尝试这一投资方式的话，你可以继续加深对它的了解。

第79天　开放式基金2：注意事项

核心解读

1．开放式基金的计价基础

我国开放式基金的买卖都是基于次日公布的基金单位资产净值来计价的，又被称为“未知价法”。基金市场上每日公布的基金单位资产净值实际上反映的是前一日基金管理人的运作结果。

要点提示

投资开放式基金有一些需要注意的地方，如开放式基金的计价基础，以及开放式基金可以自行封闭的特征、巨额赎回时的风险等。

投资指导

了解这些注意事项后，投资者会对开放式基金有更进一步的了解。

2．开放式基金的自行封闭

开放式基金虽然不限规模和份额，在投资期内可自由申购赎回，但如果基金增长过快，导致规模过大，那么基金经理就不得不把超额的资金投向其不熟悉的股票和投资区域，这会对基金的业绩产生不利的影响。而且，基金规模过大，在实际操作中也难以维持良好的盈利表现。

3．开放式基金的巨额赎回

巨额赎回是指基金单个交易日的净赎回申请超过基金总份额的 10%。巨额赎回发生时，在当日接受赎回比例不低于基金总份额 10% 的前提下，投资管理人可以申请延期办理。对于当日的赎回申请，应按单个账户赎回申请量占赎回总量的比例确定当日受理的赎回份额。当基金连续发生巨额赎回时，基金管理人可按基金契约及招募说明书的规定，暂停接受赎回申请。上述情况一旦发生，投资者需要承担不能及时收回投资资金的流动性风险。

第80天　开放式基金3：操作策略

要点提示

开放式基金的操作策略主要指开放式基金的选择、交易方式等。

核心解读

1．开放式基金的选择

在选择开放式基金时，要注意以下几点：

(1) 基金过往是否一直保持良好的业绩。

(2) 基金管理公司是否值得信赖。

(3) 基金的投资目标是否与自己的投资目标相符。

(4) 基金的投资期限是否与自己的需求相符。

(5) 投资者所能承受的风险大小。

(6) 基金的费用水平是否适当。

2．开放式基金的交易方式

买卖是开放式基金的基本交易方式，但对于开放式基金来说，投资人除了可以买卖基金单位外，还可以申请基金转换、非交易过户、红利再投资等。

基金转换的对象是同一家管理公司同时管理的多只开放式基金，基金投资者可以将持有的一只基金转换为另一只基金。

非交易过户是指在继承、赠予、破产支付等非交易原因情况下发生的基金单位所有权转移的行为。

红利再投资是指投资者将投资基金所得分红直接再用于购买该基金。

投资指导

这些操作策略有助于投资者选择良好的开放式基金，同时还提醒开放式基金投资者可以按照自身需要施行基金买卖以外的交易方式。

第81天 封闭式基金1：基金特点

核心解读

封闭式基金在市场上流通的股票的数量是固定的，需要购买封闭式基金的投资者只能在股票交易所中从其他投资者那里买入基金股票，封闭式基金股票的持有者也不能将股票卖给基金公司，只能在市场上以市场价格转手给其他投资者，因此，封闭式基金的价格由供求关系决定。它与开放式基金主要存在以下不同：

（1）基金规模可变性不同。封闭式基金在存续期限内不可赎回，仅在严格的法定条件下才可扩募，基金规模通常不变。而开放式基金可随意申购。

（2）基金份额的买卖价格形成方式不同。封闭式基金的价格受供求关系影响较大，而开放式基金的买卖价格是以基金份额的资产净值为基础计算的。

（3）买卖费用不同。购买封闭式基金在价格之外还要付出一定比例的证券交易税和手续费，而开放式基金的相关费用（如首次认购费、赎回费）则包含于基金价格之中。一般而言，买卖封闭式基金的费用要高于开放式基金。

（4）管理要求不同。开放式基金为便于投资者随时赎回，必须保留一部分现金，多投资于变现能力强的资产。而封闭式基金募集到的资金则可以尽数用于投资，取得长期经营绩效。

要点提示

封闭式基金是指基金的发起人在设立基金时，限定了基金单位的发行总额，筹足总额后，基金即宣告成立，并进行封闭，在规定期限内不再接受申购赎回。

投资指导

封闭式基金同开放式基金不同，但是封闭式基金能像股票一样在网上自行操作买卖，这是非常方便和自由的。

(5) 上市交易不同。封闭式基金在证券交易场所上市交易，而开放式基金在销售机构的营业场所销售及赎回，不上市交易。

第82天 封闭式基金2：注意事项

要点提示

投资封闭式基金有一些规定和一些特殊的情形需要注意。

核心解读

1．相关规定

(1) 基金单位的买卖委托采用“公开、公平、公正”的原则和“价格优先、时间优先”的原则。

(2) 基金交易委托以标准手数为单位进行。

(3) 基金单位的交易价格以基金单位资产净值为基础，受市场供求关系的影响而波动。

(4) 在证券市场的营业厅可以随时委托买卖基金单位。

2．关于“封转开”

封闭式基金有固定封闭期，一般为5～15年。“封转开”是指封闭式基金在约定的年限到达后，可根据相关的证券法律法规和基金契约、合同的约定经召开持有人大会投票表决，一旦参会的2/3持有人同意，就可以转换成开放式基金。

封闭式基金持有人也可以要求更改契约，提前封转开，但要通过以下几个法律程序：

第一，要召集持有人大会；第二，公告会议事项；第三，大会审议事项表决；第四，大会通过事项须经证监会依法核准。

当封闭式基金存在折价现象时，实行封转开会使基金价格迅速向净值靠拢，使投资者享受套利和净值增长的双重收益。

投资指导

以上是投资封闭式基金必须了解的注意事项，在不了解的情况下盲目投资可能会有意外的损失。

第83天　封闭式基金3：操作策略

核心解读

1．封闭式基金的选择

选择封闭式基金投资时可以从以下几个方面考虑：

（1）市净率。一般来说，市净率与基金规模有着较强的负相关关系，因此投资者在以市净率为依据选择基金时，需要考虑的是该基金市净率的相对上升空间，而非折价情况。

（2）中期分红。有中期分红可能性的基金更适合封闭式投资。

（3）净值运营力。从市场运行的形势与规则来看，短期内一般总是会呈现强者恒强的趋势，因此在同样的情况下，我们选择基金时有必要优先考虑那些单位净值增长良好的基金。

2．投资策略

一个投资者是否应该及如何投资封闭式基金不仅取决于他的投资期限、资金用途、风险承受力等约束条件，而且还取决于他对基金市场回报的预期。如果投资者不认为基金会提前封转开，那么他可以比照固定收益证券的投资方法，在确定最低隐含年收益率的前提下将资金分散在不同到期期限的基金上。反之，如果投资者认为封闭式基金可能提前转成开放式，那么他应该将资金集中在折价率最高的基金上，以获取最大的价格回归收益率。

由于我国封闭式基金的存续期限不长，且以目前实际操作来看在封闭期结束时都会转为开放式基金，基金的折价必然会在存续期结束或者封转开时以价值回归的形式消失。如果投资者能够购入深度折扣的封闭式基金并持有到期，既能在大市下跌时提供相当于折价的保护，又能在大市上升时提供相当于折价的额外收益。

要点提示

投资封闭式基金，实际操作时需要一些策略和技巧。

投资指导

掌握这些操作策略，会使你在投资封闭式基金时得心应手，取得良好的收益。

要点提示

基金的类型存在公司型基金和契约型基金之分。公司型基金指基金本身为一家股份有限公司，它是依照公司法的规定组建的，以营利为目的，主要投资于有价证券的投资机构。公司通过发行股票或受益凭证的方式来筹集资金。契约型基金又称单位信托基金，是指把投资者、管理人、托管人三者作为当事人，通过签订基金契约的形式发行受益凭证而设立的一种基金。

投资指导

了解公司型基金和契约型基金及它们之间的区别，有助于我们考察基金的背景并加以选择。

第84天 公司型基金和契约型基金

核心解读

公司型基金分为自营式公司型基金和他营式公司型基金。自营式基金是指对所募集到的资本集合体由公司本身进行经营管理，他营式是指基金公司委托基金管理公司或投资顾问公司运营管理基金，目前世界上绝大部分公司型基金属于他营式基金。公司型基金的主要特点有：

(1) 公司型基金是形态与结构和股份公司相同的共同基金，其业务集中于从事证券投资信托。

(2) 共同基金的资金为公司法人的资本，即股份。

(3) 依据公司章程，董事会对基金资产负有安全增值之责任。

契约型基金在具体运作中，首先由基金管理人发行基金份额募集基金，然后基金管理公司依据法律、法规和基金合同的规定负责基金的经营和管理运作，基金托管人负责保管基金资产，执行管理人则负责基金资产，办理基金名下的资金往来，投资者通过购买基金份额，享有基金投资收益。

要点提示

指数基金，顾名思义就是以指数成分股为投资对象的基金，即通过购买一部分或全部某指数所包含的股票，来构建指数基金的投资组合，目的就是使这个投资组合的变动趋势与该指数相一致，以取得与指数大致相同的收益率。

第85天 指数基金1：基金特点

核心解读

1．指数基金的分类

(1) 指数基金按复制方式可以分为完全复制型指数基金和增强型指数基金。其中前者力求按照基准指数的成分和权重进行配置，以最大限度地减小跟踪误差为目标。后者则在将大部分资产按照基准指数权重配置的基础上，用一部分资产进行积极的投资，其目标为在紧密跟踪基准指数的同时获得高于基准指数的收益。

(2) 按交易机制划分，指数基金有可在二级市场交易但不能申购赎回的封闭式指数基金；不可在二级市场交易但可申购赎回的开放式指数基金；可在二级市场交易并采用组合证券形式申购赎回的指数型ETF；既可在二级市场交易也可申购赎回的指数型LOF等。

2. 指数基金的特点

(1) 费用低廉。费用主要包括管理费用、交易成本和销售费用三个方面。指数基金不必经常换股而采取持有策略，因而其费用要低于积极管理的基金，这一差异通过复利效应在较长时期内的累积效果会十分显著，这是指数基金最突出的优势。

(2) 分散和防范风险。指数基金的分散投资有利于分散风险，如果某指数具有较长历史，则可以追踪该指数的历史走势，预测其未来变动，从而防范风险。

(3) 延迟纳税。由于指数基金所持股票的换手率很低，不轻易实现资本利得，因而每年所交纳的资本利得税也很少，再加上复利效应，延迟纳税会给投资者带来很多好处。

(4) 监控较少。由于运作指数基金不用进行主动的投资决策，因而基金管理人只需重点监控对应指数的变化而不需要对基金的表现进行监控。

投资指导

指数基金是一种投资方式灵活、成本低廉、风险较小、收益相对稳定的基金类型。

第86天 指数基金2：注意事项

核心解读

1. 指数基金的编制原理和设立原则

指数基金以拟合目标指数、跟踪目标指数变化为原则，实现与市场同步成长。它的投资采取拟合目标指数收益率的投资策略，分散投资于目标指数的成分股，力求股票组合的收益率拟合该目标指数所代表的资本市场的平均收益率。

要点提示

指数基金投资者需要了解编制原理、设立原则以及是否需要专家管理等。

指数基金一般不会进行市场投机，而保持全额投资，其投资业绩长期来看要优于其他基金。

2. 指数基金的专家管理

从理论上讲，进行指数基金投资只要选准某一种市场指数，根据构成该指数的每一种证券在指数中所占的比例购买相应比例的证券，长期持有即可，操作方法简单，管理成本低廉，似乎投资者自己就可以处理而不需要专家管理。

但事实上指数基金并不能直接购买指数，而是要在实际市场条件下通过购买相应的证券来实现。由于交易成本及时间差等因素，指数基金的表现与其所追踪的指数会不可避免地存在一定差异，基于这一点，指数基金同样需要基金管理人进行专业的管理以提高投资效益。

投资指导

指数基金是一种长期收益较高的基金品种。指数基金的原理虽然简单易懂，但是普通投资者仍需要通过基金管理人进行相应的投资，而不可直接购买指数。

第87天 指数基金3：操作策略

核心解读

1. 指数基金的选择

市场指数种类繁多，在设计指数基金的投资方案时如何选择基金所追踪的市场指数呢？可以从以下几方面考虑：

(1) 所选市场指数的广泛性及代表性，即要使所覆盖的行业领域广泛，代表性强。

(2) 指数所包含证券数量的适中性，股票数量不能太多，以免交易成本过大。

(3) 指数本身的相对稳定性。

(4) 构成指数的证券的流动性。

指数的相对稳定性与组成指数证券的流动性可以适当降低交易成本。

2. 指数基金的投资管理

指数基金的投资管理过程主要包括构建指数基金初始证券组合、现金红利再投资、证券权重调整及基金绩效监控等几个过程。

要点提示

指数基金种类繁多，投资该基金时也涉及如何选择的问题，另外选择好指数基金品种后投资基金的管理也不是千篇一律的，存在多种管理方式。

投资指导

指数基金的选择主要考虑到所选指数的代表性，证券含量的适中性、稳定性和所含证券的流动性等因素。随着投资管理手段的进步，指数基金的投资更加科学，从而更加有利于增加投资人的利益。

指数基金主要是在复制指数的准确度与可能发生的交易成本之间进行综合权衡，目前指数基金的做法已不再仅是一般意义上的被动型投资，与积极型投资管理的界线也越来越模糊。我国的优化指数基金就可以根据市场形势对指数化投资部分的仓位进行相应的调整。

第88天　货币基金1：基金特点

核心解读

货币基金有以下基本特征：

(1) 本金安全。这是货币基金最显著的优点。其高安全系数的投资品种决定了货币基金在各类基金中风险是最低的，在事实上保证了本金的安全。

(2) 流动性强。货币基金买卖方便，资金到账时间短，流动性很高，可与活期存款媲美。

(3) 收益率较高。多数货币市场基金一般具有国债投资的收益水平。同时由于货币市场基金可以及时把握利率变化及通货膨胀，因而还可以预防通货膨胀风险，避免隐性损失。

(4) 投资成本低。买卖货币市场基金一般都免收手续费，认购费、申购费、赎回费都为0，极大地降低了投资成本。

(5) 分红免税。货币基金在面值保持1的情况下，收益天天算，并且投资者在享受复利的同时还可以免交分红所得税。

(6) 转换方便。货币市场基金还可以与该基金管理公司旗下的其他开放式基金进行转换，高效灵活、成本低，有利于投资者及时把握股市、债市和货币市场的各种机会。

(7) 货币基金的“易支付”。货币市场基金本质上是一种现金管理工具，因而投资者的注意力更多地放在其收益率上，但随着市场监管力度的加强和货币市场收益率的下调，货币市场基金正在逐渐回归现金管理工具的本色。具体来说，“易支付”实际上是指民生银行与融通基金公司

要点提示

货币基金是聚集社会闲散资金，由基金管理人运作，基金托管人保管资金的一种开放式基金，专门投向无风险的货币市场工具，区别于其他类型的开放式基金，具有高安全性、高流动性、稳定收益性，具有“准储蓄”的特征。货币基金资产主要投资于短期货币工具（一般期限在一年以内，平均期限120天），如国债、央行票据、商业票据、银行定期存单、政府短期债券、企业债券（信用等级较高）、同业存款等短期有价证券。

投资指导

货币市场基金投资的范围是一些高安全系数和稳定收益的品种，这使得投资者可以在保障安全的同时获得高于存款利息的收益，为风险厌恶型投资者营造了一个避风港。

在共同合作开发的技术平台上，将基金账户、借记卡账户和信用卡账户无缝链接而实现的一种个人金融理财服务。

第89天 货币基金2：注意事项

要点提示

关于货币基金，这里有些地方有必要向投资者解释并希望大家加以重视。

核心解读

货币基金收益计提相关事项：

(1) 货币基金虽有“准储蓄”之称，但与储蓄还是存在一定差别的。货币基金没有固定利率，随每天市场利率变化，按日计算复利，所获收入不必缴纳相关税费，可在保持高流动性的同时获取较高收益。

(2) 货币基金采用摊余成本法进行估值，因此周六、周日仍将计提持有期收益。周六、周日的收益将与周一的收益累加，在周一的“基金日收益”中体现。如遇节假日，同理。

(3) 货币市场基金每日计算收益，并将投资者账户中的收益累计在“未结转收益”子账户中，未结转收益被视同为基金份额进行再投资并享受收益，这也就是日日复利的概念。

(4) 由于货币基金在T日申购，T+1日才可确认并享受收益，因而投资者应避免在法定节假日前一天申购基金，以免损失几天的投资收益。

(5) 投资者如在T日认购新货币市场基金的话，在剩余募集期间到正式成立这段时间，只能从T+2工作日起享受同业存款利率，这一利率远低于货币市场基金平均收益水平。

(6) 银行加息后投资者不需办理任何手续，货币基金收益率会随之自动升高。

投资指导

了解以上注意点，可以使货币基金投资更加便捷和放心。

第90天 货币基金3：操作策略

核心解读

（1）货币市场基金的最低保留份额为1000份，在赎回时若剩余份额不够1000，投资者就要全部赎回。

（2）货币基金流动性很好，赎回后资金可以很快到账。但货币基金对于大额赎回有一定限制，规定每天只能赎回基金总额的10%。要规避这种问题可以购买规模大的货币基金。

（3）货币市场基金并没有明确的投资时间限制，可以投资几年，也可以只投资几天，因此不会像银行存款那样，出现提前支取收益降低的现象，即使提前赎回收益率也不会变低。

（4）货币基金天天有收益，只不过每月只结算入账一次，若在结转日前赎回，已计收益也会自动结转，而不会出现收益损失的情况。

（5）货币基金申购时不享受当日分红权益，而在赎回时享有当日分红权益。

要点提示

关于货币基金的操作，由于货币基金的买进比较简便，这里主要讲解货币基金赎回的一些要点。

投资指导

总之，货币基金的操作相对其他基金来说是比较简单的。

第91天 债券基金

核心解读

在国内，债券基金的投资对象主要是国债、金融债和企业债。通常，债券为投资人提供固定的回报和到期还本，风险低于股票，所以相比较股票基金，债券基金具有收益稳定、风险较低的特点。具体来说，债券基金有以下优缺点：

优点：银行间债券、企业债、可转债等产品不便于小资金投资，购买债券基金则可以突破这种限制，使投资者更方便地参与其中。债券基金收益稳定，即使股市低迷时也可避免市场波动的影响。债券基金手续

要点提示

债券基金，又称为债券型基金，是指专门投资于债券的基金，它通过集中众多投资者的资金，对债券进行组合投资，寻求较为稳定的收益。根据中国证监会对基金类别的分类标准，基金资产80%以上投资于债券的为债券基金。债券基金也可以有一小部分资金投资于股票市场，另外，投资于可转债和打新股也是债券基金获得收益的重要渠道。

投资指导

影响债券基金收益的因素主要有利率风险和信用风险。在进行债券基金投资时，一定要了解所选基金对利率变动的敏感程度及其信用素质，以了解其风险承受能力，选择出适合自己投资需求的基金。

费低廉，降低了投资成本。债券基金运作透明，流动性高，强于银行人民币理财产品。

缺点：低风险必然面对低收益。受债券利率的限制，债券基金收益有限，只有在较长时间持有的情况下，才能获得相对满意的收益。股票市场高涨时，收益不如股票基金，证券市场波动时又有亏损的风险。

第92天 保本基金1：基金特点

核心解读

保本基金经常使用一种动态投资组合保险技术（CPPI）实现保本。这种技术的基本思路是将大部分资产（保险底线）投入固定收益证券，同时将剩余的小部分资金（安全垫）乘以一个放大倍数投入股票市场，这样，在保证能够安全收回本金的同时还可以博取股票市场的高收益。具体来说，当股市上涨，CPPI按照放大倍数计算出的投资股票市场的资金会增加，从而增加了基金的投资收益；相反，当股票市场下降时，CPPI计算出的投资于股票市场的资金量会减少，转而投资一些风险较小的债券市场，一定程度上规避了风险，使基金总资产保持在安全线之上。

此外，拥有信用良好的保证人也是基金"保本"的一个途径。保证人的主要职责是：当基金持有人在到期时所获本金收益低于其投资金额的情况发生时，保证人应保证向持有人承担差额部分的偿付；但如基金持有人未持有到期而赎回导致发生差额的，则赎回部分不适用此担保条款。

要点提示

保本基金就是在一定期间内，对所投资的本金提供一定比例的保证。保本基金利用孳息或是极小比例的资产从事高风险投资来提高回报潜力，而将大部分的资产投资于固定收益债券，从事固定收益投资，使得即使市场大幅波动，基金期限届满时支付投资者的本金也绝对不会低于其所担保的价格，达到所谓的"保本"。在国际上，保本基金可分为保证和护本基金两种类型，其中护本基金不需要第三方提供担保。

投资指导

在保本期限内，投资者可以拿回原始投入本金，但若提前赎回，将不享受优待。这类基金对于风险承受能力比较弱的投资者或是在未来股市走势不确定的情形下，是一个很好的投资品种，既可以保障所投资本金的安全，又可以参与股市上涨的获利，具有其特定的优势。

投资者应在满足自身短期流动性需求的前提下，使用保本基金作为长期投资工具或避险工具。

第93天　保本基金2：风险及其控制

核心解读

1．保本基金的风险

保本基金的投资风险主要来自于三个方面：

(1) 市场短期内突然巨幅下跌，且下跌过程中流动性极度丧失，以至于放大了的风险暴露部分来不及变现就击穿了净值保本线。

(2) 投资标的市场波动剧烈频繁，引起投资者恐慌，赎回大量发生，基金将不得不频繁地调整风险资产与固定收益资产间的比例，使得运作成本增加，影响了保本目标的实现。

(3) 基金管理人风险监控与内控管理不严，未能严格执行策略，导致基金投资到期不能保本。

2．保本基金的风险控制

(1) 对于市场动荡引起的风险可以通过设定有效的平仓线来防范，使股票投资部分能以一定范围内的冲击成本及时平仓，保留足够的安全空间以减少赔付的出现。可以设定专门人员每日测算，极端情况下，可以用收取的管理费进行补贴。

(2) 为避免大量赎回的情况，基金公司可以采取收取较高的赎回费，或者对提前赎回处以罚金，以弥补基金流动频率增大的冲击成本。当市场波动过大，使得费率调控的力度难以控制资金流动时，还可以设置缓冲区，超过缓冲区的赎回将引发动态平衡的运作，从而对投资比例做出有效微调，确保保本目标的实现。

(3) 风险控制核心部分是建立风险监控管理的制度安排并严格执行。风险控制一般主要由风险监控人员完成。多重监控防火墙的安全设计将有效保证保本投资机制的顺利运行。

要点提示

保本基金的投资同样存在风险，需要投资者加以明确并进行相应的控制。

投资指导

明确保本基金的风险，掌握风险控制的方法，做到心中有数。

第94天 保本基金3：操作策略

要点提示

保本基金的操作策略主要涉及基金的选择与买卖时机的确定。

核心解读

1. 选择新发行保本基金

一般保本基金成立以后即进入“半封闭”状态，不鼓励投资者在此期间进行赎回。这是因为保本基金的主要任务就是保证在保本期结束时基金资产的安全垫不受损失，最大限度地保证保本周期内固定收益证券投资部分具有稳定的现金流入，而投资者在此期间的赎回行为会影响现金流的稳定性。为避免赎回，通常采用的做法是增加保本期内的赎回费用，以及对提前赎回部分不做本金担保。从这一角度考虑，投资者认购新发行的保本基金可以免受该条款限制。

投资指导

慧眼挑选保本基金。不同保本基金具有不同的保本底线、投资产品比例、风险程度等，投资者要根据自身风险承受能力和财力做出最适合自己的选择。另外，要尽量把握好买卖时机。

2. 选择正确的购买赎回时机

保本基金的保本是有条件的，不但要求投资者持有到期，不可中途赎回，而且多数基金申购不保本，认购才保本。因此，购买、赎回的时点是关键。在认购期认购的投资者即使亏损，到期本金亏损的情况一般也不会发生，但如果中途赎回，则可能发生本金亏损。对于在申购期内申购的投资者，则现有的亏损已成为实际的亏损，即使持有至到期也不一定保本。

第95天 ETF1：基金特点

要点提示

ETF（Exchange Traded Fund）即交易型开放式指数基金，又称交易所交易基金，是一种在交易所上市交易的开放式证券投资基金产品，交易手续与股票完全相同。

核心解读

ETF 存在以下特点，这也是它的优势所在：

(1) ETF 采用指数化投资策略。ETF 与标的指数偏离度小，投资 ETF 能获得与标的指数相近的收益；可以让投资者以较低成本投资于标的指数，使得投资者投资指数像投资一只股票一样简单。此外，这种做法投资透明度很高，并有利于充分分散投资，可以让投资者以较低的成本投资于“一篮子”标的指数中的成分股票，相对于股票投资，可以有效地规避非系统性风险。

(2) ETF 可以上市交易。ETF 能够随时申购赎回，可以如股票一样方便地交易，投资者可根据即时揭示的交易价格进行买卖，这有利于投资者更好地把握成交价格和交易时机。

(3) ETF 费用低廉。通过复制指数和实物申赎机制，ETF 大大节省了研究费用、交易费用等运作费用。ETF 管理费和托管费不仅远低于积极管理的股票基金，而且低于跟踪同一指数的传统指数基金。ETF 二级市场交易费用类似股票，大大降低了投资者的交易成本。

(4) 用途广泛。在投资领域，ETF 已经不再仅仅是一个投资产品，而是一个越来越工具化的产品。投资者可以通过投资 ETF 来进行股票再投资、资产配置、长期投资、套利交易、时机选择和短线投资等。

投资指导

ETF 同时具备开放式基金能够申购和赎回的特性以及封闭式基金的交易特性，被认为是过去十几年中最伟大的金融创新之一。同时，ETF 的上述优势使其在国际市场中迅速崛起，成为投资者追捧的投资工具。

第96天 ETF2：注意事项

核心解读

ETF 的购买可以在证券市场收盘之后，按照当天的基金净值向基金管理者购买（和普通的开放式共同基金一样）；也可以在证券市场上直接从其他投资者那里购买，购买的价格由买卖双方共同决定，这个价格往往与基金当时的净值有一定差距（和普通的封闭式基金一样）。此外，为开拓 ETF 销售渠道而开发的 ETF 连结基金实质上也是开放基金的一种，其特点在于它的投资标的绝大多数都是标的 ETF 基金，因而此类基金亦称为“影子基金”、“复制基金”。

要点提示

投资者可以通过两种方式购买 ETF，并且 ETF 的市价紧贴净值，并不会像封闭式基金一样出现大幅折溢价。

ETF 有独特的申购赎回机制。具体来说：当 ETF 的次级市场基金交易价格相对其资产净值发生溢价情况时，机构投资人往往会先买进与 ETF 指数组成结构一致的“实物股票组合”，然后在初级市场申购 ETF，再将ETF在次级市场以高于资产净值的价格卖出以赚取中间利差；反之，当ETF的价格相对于其资产净值产生折价时，机构投资者就会在次级市场以低于资产净值的价格大量买进ETF，然后在初级市场赎回ETF，换回股票组合，再在次级市场将股票卖出而获利。

投资指导

ETF市价相对稳定，难以有大幅折溢价。

第97天 LOF1：基金特点

核心解读

1. LOF的特点

LOF的主要特点有以下三点：

(1) 上市开放式基金本质上仍是开放式基金，基金份额总额不固定，基金份额可以在基金合同约定的时间和场所申购、赎回。

(2) 上市开放式基金发售结合了银行等代销机构与深交所交易网络二者的销售优势。银行等代销机构网点仍沿用现行的营业柜台销售方式，深交所交易系统则采用通行的新股上网定价发行方式。

(3) 上市开放式基金获准在深交所上市交易后，投资者既可以选择在银行等代销机构按当日收市的基金份额净值申购、赎回基金份额，也可以选择在深交所各会员证券营业部按撮合成交价买卖基金份额。

要点提示

LOF (Listed Open-Ended Fund) 即上市型开放式基金。上市型开放式基金发行结束后，投资者既可以在指定网点申购与赎回基金份额，也可以在交易所买卖该基金。

2. LOF与ETF的区别

LOF与ETF同为开放式基金的一种，可以随时申购赎回，并且二者还同时具备场内场外两种交易方式，相同点颇多，因而比较容易混淆。但实际上二者存在本质区别，主要表现在：

(1) 本质不同。ETF本质上是指数型的开放式基金，是被动管理型基金，而LOF则是普通的开放式基金，增加了交易所的交易方式，它可能是指数型基金，也可能是主动管理型基金。

(2) 投资者不同。在一级市场上，即申购赎回时，ETF的投资者一般是资金规模较大的投资者，如机构投资者和规模较大的个人投资者，而LOF则没有限定。

投资指导

LOF的出现为“封转开”提供了技术手段，增加了投资者退出方式的解决方案，不仅是基金交易方式的合理转型，也是开放式基金对封闭式基金的合理继承。此外，LOF的场内交易可以减少赎回压力，并可增加销售渠道，缓解了银行销售的瓶颈期。从这个意义上来说，LOF是对开放式基金交易方式的创新，具有重要的现实意义。

(3) 申购赎回时与投资者交换对象不同。ETF 与投资者交换的是基金份额和“一篮子”股票，而 LOF 则是与投资者交换现金。

(4) 报价间隔不同。在二级市场的净值报价上，ETF 每 15 秒钟提供一个基金净值报价，而 LOF 则是一天提供一个基金净值报价。

第98天　LOF2：注意事项

核心解读

1. LOF申购赎回手续的相关事项

投资者如果是在指定网点申购的基金份额，想要上网抛出，须办理一定的转托管手续；同样，如果是在交易所网上买进的基金份额，想要在指定网点赎回，也要办理一定的转托管手续。根据深圳证券交易所已经开通的基金场内申购赎回业务，在场内认购的 LOF 不需办理转托管手续，可直接抛出。

2. LOF套利机会的产生

LOF 的问世为投资者带来了在银行和交易所之间进行跨市场套利的机会。由于 LOF 在交易所上市，又可以办理申购赎回，所以二级市场的交易价格与一级市场的申购赎回价格会产生背离，由此产生套利的可能。具体来说，当 LOF 的网上交易价格高于基金份额净值、认购费、网上交易佣金费和转托管费用之和时，投资者可以在网下买入，然后在网上卖出以实现套利。同理，当某日基金的份额净值高于网上买入价格、网上买入佣金费、网下赎回费和转托管费用之和时，就产生了网上买入网下赎回的套利机会。

要点提示

投资者需要对 LOF 的申购赎回手续、套利机会及其他相关内容加以了解。

投资指导

投资者需要了解网点和交易所的一些限制和区别，以免在具体操作中产生差错和损失。另外，熟悉 LOF 的套利机会可以获得额外的收入。

第99天 基金分红

核心解读

1. 基金分红的条件

按有关规定，基金分红需要满足以下原则：一是基金当年收益要先弥补以前年度亏损，然后方可进行当期收益分配；二是基金收益分配后，单位净值不能低于面值；三是基金投资当期出现净亏损则不能进行分配。此外，招募说明书中也有可能对基金分红做出相关规定，如一年中最少、最多的分派次数，或当可分配收益达到一定标准时就分红等。

2. 基金分红的方式

基金在取得投资收益后，一般有两种方式分配给基金投资者，即现金分红或红利再投资。

投资者选择现金分红，红利将于分红实施日从基金托管账户向投资者的指定银行存款账户划出。而红利再投资则是基金管理公司向投资者提供的，在分红除息的当天直接将所获红利按当日价格转换为相应份额，再投资于该基金，并且基金公司对红利再投资的部分不收取手续费，相当于上市公司以股票股利形式分配收益。

3. 基金分红的结果

基金分红后净值就会相应下跌。其实分红是实现收益的一种方式，如果分红方式为现金分红，那红利就是由账面资产的一部分转化而来的，资金账户会增值，而账面资产则相应减小（账面资产＝基金最新净值 × 基金份额）。如果分红方式为红利转投资，那么分红就相当于将基金净值转化为基金份额，账面资产没有变动。基金分红并不是凭空增加价值。分红前投资者申购基金净值较高，但可以享受分红的权益，事实上是将投资的成本马上以分红的形式返回投资者账上罢了。而分红后申购则基金份额净值较低。基金作为一种中长期的投资理财方式，只要你看好某只基金未来的增长趋势，就可以考虑适时购入。

要点提示

基金收益扣除按照有关规定可以在基金收益中扣除的费用后的余额就得到基金净收益，将基金净收益非配给投资人的行为就是基金分红，包括基金投资所得红利、股息、债券利息、买卖证券差价、银行存款利息及其他收益。基金管理人进行红利分配时，需要定出某一天，这一天登记在册的持有人可以参加分红，这一天就是权益登记日。一般来说，权益登记日登记在册的基金份额持有人享受基金当次分红权益。按照《证券投资基金管理暂行办法》的规定：基金管理公司必须以现金形式分配至少90%的基金净收益，并且每年至少一次。

投资指导

基金分红并不是衡量基金业绩的最大标准，衡量基金业绩的最大标准是基金净值的增长，而分红只不过是基金净值增长的兑现而已。

此外，分红并不是越多越好，对于开放式基金，通过部分赎回可以起到与分红相同的效果，而封闭式基金由于其单位价格和净值不同，因而不是任何时候都可以通过赎回实现收益，此时只能依靠分红。投资者在选择封闭式基金时，应更多地考虑分红的因素。

第100天 基金转换1：基金特点

核心解读

基金转换有以下特点：

(1) 利于把握时机。市场低迷时适合投资于货币型基金，当行情看好时则可转持股票型基金。基金转换使投资者可免受市场波动的影响，获得相对丰富稳定的收益。

(2) 费率低廉。基金为挽留投资者，收取的转换费率较低，同时选择转换还可免于支付较高的赎回和收购费，为投资者大大节省了开支。

(3) 便于选择。部分投资者在购买基金的时候，可能对自己所购买的基金并不是特别了解，导致明明是风险承受能力较高的投资者，结果买了混合型基金；而有的投资者不喜欢净值波动较高的基金，却在购买的时候误买了股票型基金。此时，基金转换的存在可以免去投资者赎回的麻烦，方便地将自己现有的基金转换成适合自己的基金产品。

(4) 节省时间。赎回基金的款项一般至少需要4个工作日才可以到账，申购也需要2个工作日才能确认，而基金转换一般在2个工作日就可以完成，节省了投资时间。

要点提示

基金转换是指投资者在持有本公司发行的任一开放式基金后，可将其持有的基金份额直接转换成本公司管理的其他开放式基金的基金份额，而不需要先赎回已持有的基金单位，这是再申购目标基金的一种业务模式。

投资指导

基金转换具有转换及时、节省费用的优势。投资者可在任一同时代理拟转出基金及转入目标基金销售的销售机构处办理基金转换。转换的两只基金必须都是该销售人代理的同一基金管理人管理的、在同一注册登记人处注册的基金。

第101天 基金转换2：条件和费用

核心解读

1. 基金转换的条件

基金转换的条件有：

(1) 封闭式基金之间以及其和开放式基金间均不能相互转换，只有开放式基金可以转换。

(2) 转换的基金要满足是在同一家销售机构销售的，且为同一注册

要点提示

基金转换需要一定的条件和费用。

登记人的两只开放式基金。

(3) 除货币基金可转换成其他股票基金外，一般来说，目前市场上可转换的多是系列基金（即旗下设立多只子基金）的子基金，如果希望把一只股票型基金换成其他基金，那么只能先办理赎回再进行申购。

(4) 前端收费模式的开放式基金只能转换到前端收费模式的其他基金，申购费为零的基金默认为前端收费模式。

(5) 后端收费模式的基金可以转换到前端或后端收费模式的其他基金。

2. 基金转换费用

不同收费方式的基金间进行转换，其费用计算方式也有所差别：

(1) 对于两只前收费基金之间的转换，按照转出金额分别计算转换申请日的转出基金和转入基金的申购费，由申购费低的基金转到申购费高的基金时，收取申购费差价；由申购费高的基金转到申购费率低的基金时，不收取差价。

(2) 对于两只后收费基金之间的转换，基于每份转出基金份额在转换申请日的适用后申购费率，计算转换申请日的转出基金后收申购费；基于转入基金的零持有时间的适用后申购费率，计算转换申请日的同等金额转入基金后收申购费。由后收申购费高的转到后收申购费低的基金时，收取后收申购费差价；由后收申购费低的转到后收申购费高的基金时，不收取差价。

(3) 对于后端收费基金往前端收费基金的转换，基于每份转出基金份额在转换申请日的适用后申购费率，计算转出基金的后收申购费；基于转出金额计算转换申请日转入基金的前收申购费。除收取基金的后收申购费外，当后收申购费低于前收申购费时，收取申购费差价，否则不另外收取差价。

投资指导

明确基金转换的条件和费用等要求，权衡利弊，做出转换的决定。

第102天　基金转换3：操作策略

核心解读

1．把握转换时机

（1）根据宏观经济形势把握转换时机。经济复苏期，股市逐渐转好，此时可以选择股票型基金；经济高涨时，股市也已涨到一定高位，此时投资者应逐步转换到混合型基金；当经济过热即将转衰之际，则是转换为债券基金或货币基金的适当时机。

（2）根据证券市场走势选择转换时机。股票市场经过长期下跌后开始中长期回升时，适宜将货币型、债券型基金转换为股票型基金，以充分享受股票市场上涨带来的收益；当股票市场经过长期上涨后开始下跌时，适宜将股票型基金转换为货币型或债券型基金，以回避风险。

（3）根据具体基金的盈利能力选择转换时机。大公司的基金规模较大，风格各异，表现有差异也是必然的，当目标基金的投资能力突出，基金净值增长潜力大的时候，就可以考虑将手中表现相对较差的基金转出。

2．其他基金转换技巧

现在很多基金公司为了吸引投资者，纷纷推出基金申购、转换方面的优惠措施，不过这些优惠在不同的基金公司是不一样的，而且基金公司也可以根据不同的情况随时变化，具体要看基金公告。因而投资者在进行基金转换前要查询相关费率及优惠情况，在不与选择的时机冲突的情况下最大限度地节约成本。

要点提示

从总体上来说，要成功进行基金转换就要把握好时机，慎选转换品种。同时，也可从一些细节方面着手，增加转换成功的筹码。

投资指导

基金转换要结合宏观经济形势的演进，也要把握微观经济即公司的变化，同时结合自身情况。

第五章

债券
——安全可靠的投资产品

想体验一下做债主的感觉吗？购买债券就能轻松实现你的愿望。国债、企业债、实物债、电子债等各种债券应有尽有。投资债券，让你的钱替你打工，真正让你睡着就能把钱给挣了。

第103天 债券投资必知1：债券的特点

要点提示

债券是国家或地区政府、金融机构、企业等机构直接向社会借债筹措资金时，向投资者发行，并且承诺按特定利率支付利息并按约定条件偿还本金的债权债务凭证。

投资指导

债券收益相对稳定，风险小于股票，适合于长期稳健型投资者。

核心解读

（1）收益性。债券利率较高，利息较为稳定。其收益性除了表现在可给持有者带来定期或不定期的收入外，还表现在通过债券价格变动，投资者可以买卖债券，赚取差额。

（2）安全性。债券有固定利率，其收益不因发行人经营效益不佳而发生变化。国债有绝对可靠的信用，企业债的发行也经过严格审查，且债券持有者对企业剩余资产的索取权优先于股票持有者。

（3）流通性。债券一般可在流通市场上随时自由转让，收回本金与利息。但我国通过银行发行的凭证式国债是不能转让的，投资者可以去银行按规定提前支取利息。

（4）偿还性。债券具有偿还期限，发行人在到期时必须按约定条件偿还本金并支付利息。

第104天 债券投资必知2：构成要素和种类

要点提示

债券作为一种有价证券，它有多个构成因素，同时由于这些因素的差别形成了不同的债券种类。

核心解读

1．债券构成要素

（1）债券面值。债券面值即债券上所印金额。面值量要为整数且要标明币种，即债券的货币种类，作为债券货币单位的标准。

（2）计息方式与利率。计息方式即载明债券是采用单利、复利还是贴现计息的。此外，每种债券还要有确定的年利率或利率浮动标准。

（3）偿还期限。偿还期限即归还本金的期限。三年以上为长期债券，短期债券多为一年以下。

（4）债权人与债务人。债务人即债券发行人，承担举债的义务和风险，要定期还本付息。债权人即债券持有者，有依法取得利息及到期收回本金的权利。

此外，债券还有提前赎回规定、税收待遇、拖欠的可能性、流通性等方面的规定。

2．债券种类

债券按照不同的分类标准，可以分为很多种类：

(1) 按照发行主体的不同可以分为：由中央政府发行的国债，由地方政府及地方公共机构发行的地方政府债券，由公司发行的公司债券，由银行和非银行金融机构发行的金融债券，由一国政府、金融机构、工商企业或国际组织在国外金融市场上发行的以外币为面值的国际债券。

(2) 按照利息支付形式的不同可分为：附息债券，即按票面载明方式支付利息的债券，利率可固定也可浮动；贴现债券，指按低于面额价格发行，等于面额价格兑付的债券；可转换债券，即一定条件下可转换为该发行公司股票权利的一种公司债券；零息债券，又称一次还本付息债券，即到期一次性支付本息的债券。

(3) 按照募集方式的不同可以分为：公募债券，该种债券广泛地以不特定的多数投资者为募集对象；私募债券，该种债券仅以与发行人有特定关系的投资者为募集对象。

(4) 按照偿还期限的不同可分为：一年以下的短期债券，一年到五或七年的中期债券，五或七年之上的长期债券。

投资指导

债券的上述要素，体现了债券发行人与持有人之间的经济关系，并确保了债券持有人即债券投资者的合法利益。同时，债券的诸多种类满足了债券投资人的多样性需求。

第105天 债券投资必知3：债券市场

核心解读

1．债券的一级市场

债券一级市场的构成因素主要有：

(1) 发行人，主要是中央及地方各级政府、财务良好业务稳定的企业等。

要点提示

债券市场主要包括债券的一级市场和债券的二级市场。债券的一级市场是债券发行的市场，在这里，债券从发行者手中转移到投资者手中。这是国家和企业筹集资金的重要渠道，是债券进行流通的基本环节。债券的二级市场是对已发行的债券进行转让、交易的市场。

(2) 投资人，主要有保险信托公司等机构投资者以及遍布各界的个人投资者。

(3) 中介人，主要指帮助债券发行人进行债券代销包销的债券承销人。

(4) 债券委托人，即受债券发行人委托，负责向投资者即债券持有人支付本金、利息的机构。

2. 债券的二级市场

二级市场按市场类型来分有两种类型：场内交易和场外交易。场内交易，即在证券交易所进行交易，场外交易，又称柜台或店头交易，是证券公司和其他金融机构设置柜台，进行债券买卖，这又可以分为自营买卖和代理买卖。要进入二级市场进行交易的投资者，可以按照自己的情况，选择不同类型的市场，进行债券买卖。一般来说，通过场内交易，即在证券交易所进行债券的买卖，操作简单，方便，而且买进卖出的手续费较低。但证券交易所流通的是一种无纸化证券，即记账式债券，要是你手上持有的是凭证债券，则无法在证券交易所进行场内交易。

二级市场的交易方式主要有期货交易和现货交易。期货交易是买卖双方成交后，马上进行交割清算，而现货交易是买卖双方成交后，约定在未来某一时期按预定价格进行交割清算。

投资指导

债券市场为债券投资提供了交易的平台，其中债券的一级市场是二级市场的基础：一级市场的存在是二级市场产生的必要条件，同时债券在一级市场的价格为债券二级市场的定价提供了参考条件。债券二级市场的产生增加了债券的流通性，为债券在一级市场的顺利发行提供了保障。

第106天 债券投资必知4：发行价格和投资价值

核心解读

1. 债券的发行价格

由于债券的票面利率与实际收益率不完全相等，所以债券发行价格的确定除了取决于债券期限、票面利率、票面额外，还决定于发行时的市场收益率水平。

债券发行价格的计算方式是：发行价格 =（票面额 + 票面额 × 票面利率 × 期限）/（1+ 市场收益率 × 期限）。当债券的票面利率与市场收益率不符时，债券的发行价格就要进行调整，采用高于或低于票面价

要点提示

债券的发行价格是债券在一级市场的买卖价格，即债券从发行人手中转移到初始投资人手中的价格。债券的投资价值受诸多因素影响。

格的发行价，即进行差价发行。当票面利率高于市场利率时，为降低筹资成本，就要使发行价格高于票面金额，这称做溢价或超价发行。若票面利率低于市场收益率，为吸引投资者购买，就要以低于票面金额的价格发行，这称为折价或低价发行。

2. 债券投资价值的影响因素

(1) 期限。一般来说，债券的期限越长，其市场变动的可能性就越大，其价格的易变性也就越大。

(2) 票面利率。市场利率升高时，票面利率较低的债券的价格下降较快，即具有较大的易变性。但是，当市场利率下降时，它们增值的潜力也较大。

(3) 提前赎回规定。债券提前赎回的可能性越大，其内在价值也就越低。

(4) 税收待遇。一般来说，免税债券的到期收益率比类似的应纳税债券的到期收益率低，低利附息债券比高利附息债券的内在价值要高。

(5) 流通性。债券流通性好，投资者可以迅速出售而不用承受时机价格损失风险，因而债券流通性与其内在价值是成正相关的。

(6) 发债主体的信用。发债主体的信用越高，则违约风险或信用风险越低，从而债券内在价值也越高。

(7) 利率。基础利率即无风险利率通过影响债券定价影响其内在价值。市场利率则通过影响债券收益率影响其内在价值。

此外，通货膨胀水平和外汇汇率风险等都会对债券的内在价值产生影响。

投资指导

投资价值越高，往往价格也越高，尤其在二级市场上，投资者倾向于投资高价值的债券，但是深入了解后发掘的高投资价值债券，往往关注的人较少，具有更大的升值空间。

第107天 债券投资必知5：风险及其控制

核心解读

1. 债券的风险

(1) 利率风险。债券利率是确定的，而市场利率却是变化的。当利

要点提示

债券的风险需要投资者加以明确，同时也应懂得一些基本的债券风险控制方法。

率发生变化时，债券的价格也会向反方向发生变化。

(2) 违约风险。这种可能性较小，但仍然存在，多发生在未实现预期收益，没有足够的钱偿还本息的企业身上。

(3) 时间风险。期限较长，市场不可预测的时间就多，也正因为这一点，市场上利率相近的债券，期限长的价格要低一些。

(4) 公司的经营风险。在持券期内，若发债企业由于经营管理不善和债务状况等原因造成企业的声誉和资信程度下降，就会影响二级市场债券的价格或不能按时支付本息，从而给投资者造成损失。

(5) 购买力风险。购买力风险即通货膨胀造成债券收益的实际值降低。

除了上面这四种常见的风险外，债券还有其他一些风险，如赎回风险、流动性风险等。每种风险都有自己的特性，投资者要采取相应的防范措施。

2. 债券风险的控制

(1) 要树立资产与负债期限匹配的理念，即投资债券的期限应与用于投资的资金来源的期限相匹配，从而锁定利差收益。这样，通过资产负债的匹配，即使持有期内发生利率调整，债券市值下跌对利差收益也不会有太大影响。

(2) 一定要合理控制债券组合久期。假如无法做到严格意义上的期限匹配，也应对错配的程度进行控制。投资者可先对市场利率进行一个大体判断，在此基础之上确定一个错配的投资组合久期，这有利于将风险水平控制在自身可以承受的范围之内。

(3) 在利率上升期应增持收益率与利率同向浮动的浮动利率产品，以抵消利率上升可能带来的损失。

(4) 运用掉期交易工具，根据利率上升或下降的趋势，合理调整固定利率和浮动利率的组合，规避利率风险。

(5) 可运用做空机制或债券期权对冲利率风险。当预测利率上升时做空债券，当预测利率下降时做多债券；或者在做多债券时买入看跌期权，在做空债券时买入看涨期权，这些都有利于对冲利率风险。

(6) 了解债券信用等级。在购买债券前，要通过债券信用等级来了解发行者的资信情况，以规避公司经营风险。

投资指导

明确债券投资风险，并有的放矢地采取一些风险控制措施，有利于保证一定的投资收益。另外，一些风险控制工具的使用对普通投资者来说显得较为专业，需要投资者加强这部分知识的学习。

第108天 国债1：国债特点

核心解读

国债是债的一种特殊形式，同一般债权债务关系相比具有以下特点：

(1) 从法律关系主体来看：国债的债权人既可以是国内外的公民、法人或其他组织，也可以是某一国家或地区的政府以及国际金融组织，而债务人一般只能是国家。

(2) 从法律关系的性质来看：国债法律关系的发生、变更和消灭较多地体现了国家单方面的意志，尽管与其他财政法律关系相比，国债法律关系属平等型法律关系，但与一般债权债务关系相比，则其体现出一定的隶属性，这在国家内债法律关系中表现得更加明显。

(3) 从法律关系实现来看：国债属信用等级最高、安全性最好的债权债务关系。

要点提示

国债，又称国家公债，是国家以其信用为基础，按照债的一般原则，通过向社会筹集资金所形成的债权债务关系。国债是由国家发行的债券，是中央政府为筹集财政资金而发行的一种政府债券，是中央政府向投资者出具的、承诺在一定时期支付利息和到期偿还本金的债权债务凭证。国债一般采取单利计息，到期未兑付的逾期时间不计入利息。

投资指导

由于国债是由财政部代表中央政府发行的国家公债，发行主体是国家，信誉度很高，所以历来有"金边债券"之称，适合稳健型投资者投资。

第109天 国债2：发行目的

核心解读

发行国债大致有以下几种目的：

(1) 在战争时期为筹措军费而发行战争国债。这是国债的起源，战时政府通常都会采取这种方法筹集军费。

(2) 为平衡国家财政收支而发行国债。在国家财政困难时期，发行国债有利于集中社会上的闲散资金以平衡收支。但为避免造成严重的通货紧缩，赤字国债的发行一定不能过度。

(3) 国家为筹集建设资金而发行建设国债。长期国债有利于将短

要点提示

国债的发行通常是为了国家的利益，它起源于战争国债，而在当今社会越来越成为国家进行宏观调控的一种手段。

投资指导

投资国债不仅能给自己带来一定的收益，而且也间接支持了国家建设，或可以说是一种爱国的表现。

期资金转化为中长期资金，用于国家基础设施和公共设施的建设。

(4) 为偿还到期国债而发行借换国债。通过发行借换国债，以新债偿旧债，解决了偿债高峰期的资金来源问题，利于减轻分散国家负担。

第110天 国债3：种类及其购买

要点提示

从债券形式来看，我国发行的国债可分为凭证式国债、无记名（实物）国债和记账式国债三种，不同国债类型的购买方式是不同的。

核心解读

1. 国债种类

(1) 凭证式国债：凭证式国债是一种国家储蓄债，可记名、挂失，以“凭证式国债收款凭证”记录债权，不能上市流通。凭证式债券票面金额以认购者实际缴款金额为准，其形式是债权人认购债券的一种收款凭证，而不是债券发行人制定的标准格式的债券。

(2) 无记名（实物）国债：无记名（实物）国债是一种实物债券，以实物券的形式记录债权，面值不等，不记名，不挂失，可上市流通。发行期内，投资者可直接在销售国债机构的柜台购买。在证券交易所设立账户的投资者，可委托证券公司通过交易系统申购。发行期结束后，实物券持有者可在柜台卖出，也可将实物券交证券交易所托管，再通过交易系统卖出。

(3) 记账式国债：记账式国债以记账形式记录债权，通过证券交易所的交易系统发行和交易，可以记名、挂失。投资者进行记账式证券买卖，必须在证券交易所设立账户。由于记账式国债的发行和交易均无纸化，所以效率高，成本低，交易安全。

2. 购买方式

(1) 凭证式国债的购买：凭证式国债网点遍布全国城乡，能够最大限度地满足群众购买、兑取需要。投资者购买凭证式国债可在发行期间内持款到各网点填单交款，办理购买事宜。

凭证式国债以百元为起点整数发售，按面值购买。发行期过后，对于客户提前兑取的凭证式国债，可由指定的经办机构在控制指标内继续向社会发售。投资者在发行期后购买时，银行将重新填制凭证式国债收款凭单，投资者购买时仍按面值购买。购买日即为起息日。兑付时按实际持有天数和相应档次利率计付利息（利息计算到到期时兑付期的最后一日）。

（2）无记名式国债的购买：无记名式国债的购买对象主要是各种机构投资者和个人投资者。无记名式实物券国债的购买是最简单的。投资者可在发行期内到销售无记名式国债的各大银行（包括中国工商银行、中国农业银行、中国建设银行、交通银行等）和证券机构的各个网点，持款填单购买。无记名式国债的面值种类一般为100元、500元、1000元等。

（3）记账式国债的购买：购买记账式国债可以到证券公司和试点商业银行柜台买卖。试点商业银行包括中国工商银行、中国农业银行、中国银行、中国建设银行、招商银行、北京银行和南京银行在全国开通国债柜台交易系统的分支机构。

投资指导

了解了国债的种类和购买方法后，可以按照自身需求购买合适的国债了。

第111天　国债4：交易及偿还

核心解读

1．国债交易方式

全价交易时国债的报价包含着应计利息的价格，而影响应计利息的因素较为复杂，会随着券种的不同（如是零息国债还是附息国债）、票面利率的不同、已计息天数的增加而发生变化，容易对债券投资者产生误导，使其无法准确判断国债的内在价值。

所谓国债净价交易，就是一种在现券买卖时，以不含有自然增长应计利息的价格报价并成交的交易方式。也就是将国债成交价格与国债的应计利息分解，让交易价格随行就市，而应计利息则根据票面利率按天计算，从而使国债的持有人享有持有期间应得的利息收入。

要点提示

全价交易的交易价格无法体现国债的内在价值，过去深、沪国债现券买卖都是以全价的价格进行报价，现在实行的是净价交易。国债的偿还具有多种方式，且有多种来源的资金保障。

2．国债的偿还方式及其资金来源

国债的偿还方式主要有：

（1）分期逐步偿还法：对一种国债规定几个还本期，直到国债到期时，本金全部偿清。

（2）抽签轮次偿还法：通过定期按国债号码抽签对号以确定偿还一定比例国债，直到偿还期结束，全部国债皆中签偿清时为止。

（3）到期一次偿还法：实行在国债到期日按票面额一次全部偿清。

（4）市场购销偿还法：从证券市场上买回国债，至期满时，该种国债已全部被政府所持有。

（5）以新替旧偿还法：通过发行新国债来兑换到期的旧国债。

投资指导

在净价交易条件下，交易中卖方收益程度和买方支付成本可被更清晰地勾画出，使双方利益比较明确。而且由于国债交易价格不含有应计利息，其价格形成及变动能够更加准确地体现国债的内在价值、供求关系及市场利率的变动趋势，使投资者可以更加方便地计算出国债投资的收益率，对市场价格做出更为及时准确的判断。

国债的多种偿还方式满足了不同的市场需求，多来源的资金为国债的偿还提供了强力保障，体现出极高的国家信用。

第112天　国债5：风险及其控制

核心解读

（1）由于国债价格波动不大，短期内买进卖出差价也不会大，因而投资期限在三个月以下不宜选取国债投资，也不宜在二级市场购买未到期品种，否则，不大的差价再扣除手续费和佣金就所剩无几甚至一无所得了。

（2）对于投资期限高于三年的中长期投资者而言，在保值与非保值国债中最好选择保值国债券种。

（3）在国债现货市场价格受周边市场变化影响而出现偏离时，投资者应该顺势而为。债券价格过高则卖出，过低则购入。

（4）投资者还要注意国债现券的调换，随现货价格的此起彼伏而高抛低吸。

要点提示

国债虽被誉为“金边债券”，但其投资仍然存在一定风险，例如购买力风险，利率风险等，国债投资需要合理地规避风险。

投资指导

总体来说，国债投资还是用于长期投资较为有利。

第113天 国债6：操作策略

核心解读

1. 国债的投资技巧

（1）上市买进法。财政部对发行国债采取的承销方式使自营商承担了一定风险，为避免自己买入未能出售的债券，自营商会急于将所有国债抛出变现，这可能导致国债上市后跌破面值。此时买进，获利丰厚，收益率远高于票面利率。

（2）最后买进法。由于国债发行期内不论何时购买利率都是相同的，因而投资者手中若有未到期存款等，可不必提前取出，而留待国债发行即将结束时再果断买入，这样可避免资金闲置，最大限度地发挥资金周转效益，实现得益最大化。

（3）长短结合法。对于短期、中期、长期、附息、贴息、零息等多种债券品种，投资者有丰富的选择余地。投资者要根据自身实力量力而行，在对各类国债品种分析比较的基础上，采用长短券组合投资法。

2. 国债的提前兑付

（1）加息后提前兑付国债并不一定合算。加息后虽然利率升高，但由于国债利息收入免交利息税，而且加息后收益率也不一定会出现上调，再者提前兑付未到期国债要被收取千分之一的手续费，若持有期不满半年兑付还不计利息，因而加息后投资者不必急于兑付未到期国债。

（2）兑付不到期的国债，在银行柜台和交易所进行兑付收益是不同的。如果到银行柜台上进行兑付，得到的利息是很少的，损失会很大。而到交易所进行兑付的话，得到的利息主要受市场平均的收益率影响，会比较公平地反映持有债券相对应时间的收益率的情况，但不确定性较多。

要点提示

国债主要用于长期投资，投资方法相对简单，但是仍有一些操作技巧。

投资指导

国债操作策略主要涉及国债的买卖时机和投资组合的选择。另外提前兑付国债时一定要有科学合理的依据并选择合适的交易方式。

第114天 国债7：回购交易

要点提示

国债回购交易是买卖双方在成交的同时约定于未来某一时间以某一价格双方再行反向成交，这是一种以有价证券为抵押品拆借资金的信用行为。其实质内容是：债券持有者（融资方）与融券方在签订的合约中规定，融资方在卖出该笔债券后须在双方商定的时间、以商定的价格再买回该笔债券，并支付原商定的利率利息；而资金的贷出方（融券方、资金供应方）则暂时放弃相应资金的使用权，从而获得融资方证券抵押权，并于回购期满时归还对方抵押的证券，收回融出资金并获得一定利息。

投资指导

目前，国债回购业务主要由除银行之外的金融机构参与，个人投资者不能从事回购业务的交易。上证所开办的回购业务采用标准化国债（综合债券）抵押方式，不分券种，统一按面值计算持券量进行融资融券业务，即融入资金与抵押国债的面值比例为1：1。回购市场作为一个资金拆借市场，它的利率高低将影响到参与各方，尤其是资金需求方的资金成本。

核心解读

1. 国债回购交易的优点

国债是一种在一定时期内不断增值的金融资产，而国债回购业务又是能为投资者提高闲置资金能力的金融品种。它能够在充分保证资金安全性和流动性的情况下获得较高的收益：由于其交易对手是交易所，因而具有较高的安全性，根据资金闲置时间，可供选择的回购品种有3天、7天、14天、28天、91天、182天等，流通性较强，同时还有收益理想的特点。因此对于资金充裕的非银行金融机构来说（个人投资者不能参与），充分利用国债回购市场来管理闲置资金，既可以降低财务费用来获取收益最大化，又不影响经营之需，不失为上乘的投资选择。

2. 国债市场和回购市场的关系

回购市场与债券市场是有密切关系的，进而与股票市场也有着密切相关性。关注回购市场，有利于投资者理解国债现货市场。

具体来说，当回购市场的利率低于国债现货的到期收益率时，市场参与者就可以买入国债现券，再通过市场回购融入资金，进行套利操作，赚取无风险利润。此外，短期国债回购利率的高低与新股的发行密切相关。回购市场的利率通常会伴随股市行情上涨而大幅上涨，这会使得国债价格降低，收益率上涨，因为股市看好时，众多机构投资者为筹集资金，就要采取卖掉国债或在回购市场上抵押国债的方式来融入资金投入看涨的股市。这样，国债卖方增加，买方减少，价格必然下跌，带动收益率上涨；同时，回购市场上资金的价格—利率也会上涨。通过观察股票市场、债券市场、回购市场三者间的关系，有利于投资者更好地预测判断股市及债券市场走向。

第115天　凭证式国债

核心解读

1. 凭证式国债的优点

凭证式国债具有很多适合个人投资者购买的优点，具体来说：

(1) 凭证式国债实际是一种储蓄性券种，以收款单的形式发行，且可以记名、挂失，这对于个人投资者来说，不仅手续简便，而且便于安全保管。

(2) 流动性强，在需要的情况下，可以随时按分档利率变现。

(3) 相对银行存款和同期发行的其他国债品种来说利率较高，因而收益也较高。

(4) 虽然不可上市，但同时也规避了国债二级市场上的市场风险。

(5) 在银行营业柜便可进行个人购买，比较方便。

2. 凭证式国债投资注意事项

(1) 凭证式国债不一定可以在全国范围内通兑。凭证式债券可以到期一次还本付息，也可以提前兑付，但除有的银行实行了同城同行通兑或同行全国通兑外，办理兑取时一般只能到原购买点办理，不能通兑。

(2) 凭证式国债不可更名。凭证式国债为记名国债，以填制“凭证式国债收款凭证”的方式按面值发行，可以挂失，可以质押贷款，但不能更名，不能流通转让。

(3) 不可以在二级市场买卖。报纸上的债券行情是债券二级市场的成交信息。国债可以在二级市场买卖，但是凭证式国债不可以。

(4) 凭证式国债提前兑取时必须全额提取。投资者购买凭证式国债后如需变现，可随时到原购买点兑取，但只可全额提前兑取，不能部分提前兑取。

要点提示

凭证式国债是一种国家储蓄债，是对大众发行的普通型国债。

投资指导

凭证式国债的投资在较大程度上类似于银行存款储蓄，但其收益高于银行存款。

第116天 无记名（实物）国债

要点提示

无记名（实物）国债是一种票面上不记载债权人姓名或单位名称的债券，通常以实物券形式出现，又称实物券或国库券。

核心解读

无记名（实物）国债是我国发行历史最长的一种国债。从新中国成立起，20世纪50年代发行的国债和从1981年起发行的国债主要是无记名（实物）国库券。

无记名（实物）国债通常采取到期一次还本付息的偿还方式，到期时全国通兑。

投资者手中持有无记名（实物）国债到期兑取时，可就近到各大银行、邮政储蓄和证券公司的经营网点办理。兑付时间是到期日以后的约一个多月时间，过了兑付期，投资者只能到当地指定的证券经营机构办理兑付，逾期不加计利息。投资者兑取时应事先搞清到期国债品种、票面利率、计息方法、期限以及是否保值、是否贴息等有关规定，事先把应得利息计算清楚，以便兑取时进行核对（凭证式国债、记账式国债与此相同）。无记名国债除财政部另有规定可提前兑取或推迟偿还外，一般都要到期兑取。以前年度到期应兑未兑的国债一般可随本年度到期国债同时兑取。

投资指导

投资者应注意在无记名（实物）国债到期时按时兑付，以免造成不必要的麻烦和损失。

第117天 记账式国债

要点提示

记账式国债又称无纸化国债，它是指将投资者持有的国债登记于证券账户中，投资者仅取得收据或对账单以证实其所有权的一种国债。

核心解读

前面已经对记账式国债有所介绍，这里主要告诉投资者朋友在银行柜台买卖记账式国债同交易所买卖的区别，主要有以下几点：

1．投资关系不同

投资者通过商业银行柜台买卖记账式国债，其交易是在投资者与银行间进行的，投资者之间不能进行交易，基于这一点，投资者在购买时通常价格高一点，卖给银行的时候要稍微低一点，因而客户买入全价通常低于卖出全价，如果短线买入再卖出可能会浮亏，银行通常鼓励投资者长期持有。而证券交易所则仅是为买卖证券提供了一个交易平台，它不参与报价和交易，交易是在投资者之间展开的。而且通过证券公司系统买卖记账式国债，跟买卖股票一样，通过委托系统下单，一般开户时证券公司和柜台银行会给操作手册。

2．交易价格的区别

通过商业银行柜台买卖记账式国债，其交易价格是各商业银行根据市场情况报出的；通过证券交易所市场买卖记账式国债，其交易价格是由买卖双方自由报价形成的。

3．交易成本的区别

通过银行柜台买卖记账式国债，不收取交易费用，没有交易佣金，交易成本主要表现为买卖价差；通过证券交易所买卖记账式国债，交易成本则主要表现为手续费，大约是交易金额的 0.1% ~ 0.3%（含佣金等）。

投资指导

交易所买卖交易方式通常适合偏好较大交易灵活性和具有一定市场操作知识的投资者，而银行柜台买卖交易方式则适合闲余时间较少、投资期较长的投资者。

第118天 上市国债

核心解读

上市国债的优势主要表现在以下几个方面：

（1）流通性强。众多的投资者参与国债交易使其具有很强的流通性。只要证券交易所开市，投资者随时可以委托买卖。因此，投资者若不打算长期持有某一债券到期兑取本息，则以投资上市国债为好，以保证在卖出时能顺利脱手。

（2）方便买卖。上市国债的购买不像存款或非上市国债那样，一定要到银行或柜台亲自购买。目前证券营业部都开通了自助委托，因此，投资上市国债可通过电话、电脑等直接委托买卖，既方便又省时。

（3）收益稳定风险小。上市国债由国家担保，信誉可靠，风险极低，

要点提示

上市国债又称可出售国债，是指可在证券交易场所自由买卖的国债。

投资指导

鉴于上市国债的上述优点，该种类国债通常适用于偏好较强灵活性并具有一定市场操作知识的投资者。

同时，相对于银行存款而言，各上市国债品种均具有高收益性。这种高收益性主要体现在两方面：一是利率高。上市国债其发行与上市时的收益率都要高于当时的同期银行存款利率。二是在享受与活期存款同样的随时支取（卖出）的方便性的同时，其收益率比活期存款利率高很多。

第119天　电子式国债

要点提示

电子式国债又称储蓄国债，是我国财政部面向境内中国公民储蓄类资金发行的，以电子方式记录债权的不可流通人民币债券。电子式国债是以国家信用为基础的储蓄国债，且只针对个人发售，不向机构投资者发行，并设立单个账户单期购买上限为100万元，以保护中小投资者的利益。其收益安全稳定，鼓励持有到期，手续简化，付息方式多样化，收益率高于同期存款利率，且因由财政部发行并负责还本付息，票面利率固定，免缴利息税。

核心解读

电子式国债采用现代信息技术成果，充分体现了以人为本的设计理念和与时俱进的时代特征。根据时代发展和投资者需求的变化，电子式国债还将不断完善相关制度，扩大试点范围，推出新的品种，增加新的购买渠道，提高服务水平，很可能成为最受广大民众欢迎的投资品之一。

投资电子式国债需要注意以下几点：

(1) 电子式国债只能在发行期认购，不能上市流通，但可以按有关规定提前兑取，而且可以用来办理质押贷款以变现。电子式储蓄国债可到首批试点代销银行（工、农、中、建、交、招）的各网点购买。

(2) 电子式国债不可以现金购买。投资者购买电子式国债，需开立国债账户并指定对应的资金账户后购买。

(3) 持有一定时期后的电子式国债可提前兑付，但要扣除一定的利息。具体来说：电子式国债持有不满半年是不准提前兑取的，3 年期的电子式国债满半年不满 2 年按票面利率计息并扣除 6 个月利息，满 2 年不满 3 年按票面利率计息并扣除 3 个月利息。办理提前兑取时，银行要收取手续费，各行按兑取本金额的 1‰收取手续费。付息日和到期日前 15 个法定工作日停止办理提前兑取、非交易过户等一切与债权转移相关的业务。

投资指导

电子式国债是一种风险较小、较为人性化的国债，投资者可以根据以上注意点进行买卖操作。

第120天 特别国债

核心解读

特别国债有以下种类：

（1）定向债券：为筹集国家建设资金，加强社会保险基金的投资管理，经国务院批准，由财政部采取主要向养老保险基金、待业保险基金（简称“两金”）及其他社会保险基金定向募集的债券，称为“特种定向债券”，简称“定向债券”。

（2）特种国债：财政部向四大国有独资商业银行发行的长期特别国债，其所筹集的资金全部用于补充国有独资商业银行资本金。

（3）专项国债：财政部向四大国有商业银行发行的年利率5.5%的10年期附息国债，专项用于国民经济和社会发展急需的基础设施投入。

要点提示

特别国债，顾名思义，是有特定用途的一种国债，但它并不像普通国债那样对预算赤字进行融资，且一般以提高收益为主要目标。

投资指导

特别国债的发行有利于有效地发展我国的国民经济，增强我国的综合国力，提高人民的生活水平。通过财政发行特别国债购买外汇，有利于抑制货币流动性，缓解人民银行对冲压力；促进财政政策和货币政策的协调配合；降低外汇储备规模，提高外汇经营收益水平；支持国内企业“走出去”。特别国债要视发行状况而定是否适合普通投资者。

第121天 企业债券1：特点和种类

核心解读

企业债券由于与国债相比具有更大的信用风险，因而本着风险与收益相符的原则，其利率通常也高于国债。但我国在交易所上市的公司债券基本是AAA级，相当于中央企业级债券，信用风险很低。

企业债券按不同标准可以分为很多种类。最常见的分类有以下几种：

（1）按照投资期限，企业债可以划分为投资期限在一年以内的短期企业债券，投资期限在一年以上五年以内的中长期企业债券和投资期限在五年以上的长期企业债券。

（2）按是否记名划分，企业债券可分为记名企业债券和不记名企业债券。记名债券上登记有债券持有人的签名，在领取利息时要凭借印章

要点提示

企业债券通常又称为公司债券，是企业依照法定程序发行，约定在一定期限内还本付息的债券。

或其他有效的身份证明，转让时要在债券上签名，同时还要到发行公司登记。不记名债券则没有持有人签名，领息转换也不需身份证明。

（3）按债券有无担保划分，企业债券可分为信用债券和担保债券。信用债券没有担保，因而要依靠筹资人的信用发行，这就需要债券发行人具有较高的信用等级。担保债券按担保物不同可分为三类：以不动产作为担保品所发行的债券是抵押债券，以其有价证券作为担保品所发行的债券是质押债券，由第三者担保偿还本息的债券是保证债券。

（4）按债券可否提前赎回划分，企业债券可分为可提前赎回债券和不可提前赎回债券。如果企业在债券到期前有权定期或随时购回全部或部分债券，这种债券就称为可提前赎回企业债券，反之则是不可提前赎回企业债券。

投资指导

相对于国债来说，企业债券是一种高风险和高收益并存的债券品种，同时，企业债券种类繁多，投资者可以依据自身偏好和风险承受能力选择投资合适的企业债券。

（5）按债券票面利率是否变动，企业债券可分为固定利率债券、浮动利率债券和累进利率债券。固定利率债券指在偿还期内利率固定不变的债券；浮动利率债券指票面利率随市场利率定期变动的债券；累进利率债券指随着债券期限的增加，利率累进的债券。

第122天　企业债券2：选择和操作

要点提示

选择好企业债品种并进行科学的操作有利于获取良好的收益。

核心解读

投资者在选择企业债券投资品种时应主要考虑以下因素：

（1）收益率。一般来说，票面利率和即期收益率对衡量债券投资价值的参考意义不大，投资者在选择债券投资品种时，主要以到期收益率为评价指标。而投资者在卖出所持有的债券时，则应以持有期收益率为投资效益的评价指标。不过，票面利率的高低直接影响债券对利率变动的敏感程度，所以，二级市场投资者也应关注票面利率。

（2）期限。期限对投资者选择债券很重要。一般来说，投资期限长，不确定因素增多导致风险加大，但长期投资的收益也会高于短期投资。投资者在选择投资期限时可结合自己的用钱时间以及风险收益要求来考虑。

(3) 信用质量和担保。信用质量关系到本金和利息的安全程度。从理论上讲，企业债券的信用风险与企业本身的经营状况直接相关，但从我国的实际情况看，证交所上市的都是AAA级的中央企业债，其信誉与国债及银行存款相差无几。债券如果具有可靠的担保，可以提高其信用质量。

(4) 对利率变动的敏感程度。对利率变动的敏感度可衡量债券利率风险的大小，通常用久期值来代表。久期值越大，其受利率变动的影响就越大。

(5) 交易的活跃程度。债券交易活跃，买进卖出方便快速，不会造成太大价差损失，交易不活跃的债券则面临流动性不足的风险，很可能要在收益率上做出补偿，影响投资者获利水平。

投资指导

掌握企业债券的选择和操作策略可以使投资者在投资时得心应手，达到事半功倍的效果。

第123天　企业债券3：风险及其控制

核心解读

企业债券面临风险主要有：

(1) 利率风险：利率的升高会引起债券价格的降低。

(2) 流动性风险：债券不能及时变现可能使投资者遭受损失或丧失新的投资机会。

(3) 信用风险：发行债券的公司不能按时支付债券利息或偿还本金。

(4) 再投资风险：购买短期债券而没有购买长期债券，会有再投资风险。

(5) 回收性风险：债券具有强制收回的可能，会导致投资者难以收取实际增额利息，预期收益受损。

(6) 通货膨胀风险：由于通货膨胀而使货币购买力下降的风险。

要点提示

企业债券的发行主体是一般企业，它存在比国债更大的风险。投资企业债需要识别其风险并掌握一定的风险防范方法。

投资指导

针对企业债券的上述风险，投资者可以采取以下防范措施：

(1) 分散投资，采取购买不同期限的债券、不同证券品种配合的方式。

(2) 尽量选择交易活跃的债券。应准备一定的现金以备不时之需。

(3) 充分了解公司的盈利能力、经营状况等，选择信用等级高的债券发行者，不买投资信誉不好的公司债券。

要点提示

可转换债券是指可以在特定的时间按照特定的条件转化为债券发行公司股票的一种特殊企业债券。它通常具有较低的票面利率，且利率和期限是固定的，按规定发行者只能是上市公司或即将取得上市公司资格的公司。从本质上讲，可转换债券是在发行公司债券的基础上附加了一份期权，并允许购买人在规定的时间范围内将其购买的债券转换成指定公司的股票。

投资指导

双重选择权是可转换公司债券最主要的金融特征，它的存在使投资者和发行人的风险、收益限定在一定的范围以内，并可以利用这一特点对股票进行套期保值，获得更加确定的收益。可转换债券的可转换性使其具有的双重特点对投资者和企业都很有吸引力：一方面，投资者可自行选择是否转股，并为此承担转债利率较低的机会成本；另一方面，转债发行人拥有是否实施赎回条款的选择权，而且可转换债券利率一般低于普通公司债券利率，企业发行可转换债券可以降低筹资成本。

第124天 可转换债券1：可转换债券的特点

核心解读

可转换债券兼有股权债权双重特征，投资者可拥有双重选择权，具体来说，其特点主要有：

（1）债权性：转换前的可转换债券是纯粹的公司债券，与其他债券一样，也有规定的利率和期限，投资者可以选择持有债券到期，收取本息。

（2）股权性：可转换债券在转换成股票之后，原债券持有人就由债权人变成了公司的股东，收益来源也由利息转换为以公司经营效益为基础的股息红利，并可参与企业的经营决策和红利分配，这也在一定程度上影响了公司的股本结构。

（3）可转换性：可转换性是可转换债券的重要标志，债券持有人可以按约定的条件将债券转换成股票。转股权是投资者享有的、一般债券所没有的选择权。可转换债券在发行时就明确约定，债券持有人可按照发行时约定的价格将债券转换成公司的普通股票。如果债券持有人不想转换，则可以继续持有债券，直到偿还期满时收取本金和利息，或者在流通市场出售变现。如果持有人看好发债公司股票增值潜力，在宽限期之后可以行使转换权，按照预定转换价格将债券转换成为股票，发债公司不得拒绝。

第125天 可转换债券2：优势和缺陷

核心解读

1．可转换债券的优势

从发行者的角度看，由于可转换债券可转换成股票，因而可弥补利率低的不足，从而可以使发行者以较低的利率成本筹集到长期可用资金，通过股权转换来增加公司的资本。

从投资者角度来看，可转换债券既提供了一般债券所能够提供的稳定利息收入和还本保证，又提供了股本增值带来收益的可能，是一种上不封顶、下有保底的投资工具。当要转换的股票市价达到或超过转券的换股价格后，可转换债券的价格就将与股票的价格联动，股价上涨时，转券的收益率可与股票持平，股价下跌时，转券的保底性质又可发挥作用，从而达到“投资下限有保证，收益上限无限制”的效果，风险性比股票小得多。此外，可转换债券根据具体情况不同，还有其他一些有利于投资者的特点，例如某些海外债券折价交易，使投资人有机会以低于时价的价格购买公司股票；在公司股票持续走低的情况下，附有回售条款的可转换债使得投资者可以将债券按约定条件售回给发行人。

要点提示

从可转换债券的特点看，此类债券存在明显的优势，但不可盲目乐观，可转换债券也存在一些缺陷。

2. 可转换债券的缺陷

从发行者的角度看，债券在一定条件下转换成公司股票，会影响到公司所有权，稀释公司股权。

从投资者角度来说，存在以下缺陷：

（1）票面利率比普通债券利率低。可转换性使得可转债利率较低，在股市持续低迷的情况下，投资者不能实现其转换性，只能持有利率低于银行存款利率的债券，就不利于投资者实现利益。特别是可转换债的投资期限大多较长，一般为 5 ~ 10 年，甚至 15 年，长期持有利率较低的债券更是加大了投资者的机会成本。

（2）对于附有强制赎回条款的可转换债券，在规定的一定时期内，若公司股票的市场价格高于转股价达到一定幅度并持续一段时间，发行人可按约定条件强制赎回债券，这将限制投资者参与分享公司股票成长的机会。

（3）投资人有可能丧失其全部投资。

投资指导

世界万物皆有两面，了解其利弊，才能根据自身条件加以衡量和取舍。

第126天 可转换债券3：发行和交易

要点提示

可转换债券是一种优良债券品种，但投资此类债券需要了解其发行和交易的相关知识。

核心解读

1．募集说明书解读

(1) 注意票面利率的区别。不同可转债其票面利率和递增方式也不相同，各个债券的利率水平、递增趋势以及上调幅度都会在募集说明书中得到明确说明，这一点投资者应该十分注意。利息的计算公式为：支付利息额＝可转债票面总金额 × 募集说明书中所规定的执行利率。此外，要注意的是，可转债转换为股票后一般不再计息。

(2) 注意说明书中所包含的各类条款。如对发行人有利的赎回条款和强制转股规定，对投资者有利的回售条款等。在阅读说明书时，要注意是否包含以上条款及其相关实现条件。

(3) 注意转换价格。由于可转债利率较低，债券持有者不能转换的时间越长，利率差损失就越大，所以可转债一般做出了一些规定，如根据实际上市时间的不同，对可转债的初始股价进行调整。此外，若股份公司在年中、年末进行一些新股增发，配送股等导致股价摊薄的活动，就需要对可转债的转股价也做出相应调整。

2．发行和转换方法

可转换债券的发行有两种会计方法：

(1) 认为转换权有价值，并将此价值作为资本公积处理。

(2) 不确认转换权价值，而将全部发行收入作为发行债券所得，其理由，一是转换权价值极难确定，二是转换权和债券不可分割，要保留转换权必须持有债券，行使转换权则必须放弃债券。

债券转换为股票同样有两种会计处理方法：

(1) 账面价值法，即将被转换债券的账面价值作为换发股票价值，不确认转换损益。这样做的理由是，公司不能因为发行证券而产生损益，即使有也应作为（或冲抵）资本公积或留存损益。再者，发行可转换债券旨在把债券换成股票，发行股票与转换债券为完整的一笔交易，而非两笔分别独立的交易，转换时不应确认损益。

(2) 市价法，即换得股票的价值基础是其市价或被转换债券的市价中较可靠者，并确认转换损益。采用市价法的理由是，债券转换成股票是公司重要股票活动，且市价相当可靠，根据相关性和可靠性这两个信息质量要求，应单独确认转换损益。再者，采用市价法，股东权益的确认也符合历史成本原则。

投资指导

了解可转换债券的上述基本知识，是参与此类债券投资的前提条件。

第127天　可转换债券4：价值判断

核心解读

要判断可转债价值可从以下因素分析：

(1) 公司经营业绩。可转债的价值代表了公司的获利能力和增长潜力，因而公司经营业绩是影响可转债价值的最本质因素。公司经营业绩可由公司发行可转债时制定的转换价格来体现。通常的转换价格是股票价格附加 5% ~ 50% 的溢价水平，溢价水平的高低代表公司未来增长预期、利润回报和过去的经营业绩，在制定时要考虑股票价格在整个股票市场中是否真实合理地反映了公司的投资价值。

要点提示

对可转换债券进行正确的价值判断，有利于确定买卖策略，从而决定是否对其进行购买、出让或转换。

(2) 利率水平。利率升高，投资可转债的收益就会降低，反之，可转债的投资价值就提高，即市场利率与可转债投资价值是成反比例变化的。

(3) 票面利率。虽然投资可转债时投资者更关心的是债券是否有足够的转换为股票的获利空间，但在时机不能满足转换条件时，票面利率毕竟可以带来基本的投资回报，是债券价值的保底指标，还是值得欣赏的。通常票面利率的制定与发行要素的其他条款相关联，并且不得超过银行同期存款利率水平。

(4) 有关赎回条件、回售条件及强制转股规定。

(5) 期限。投资期限与票面利率、转股机会、股票增长机会都是成正比的，一般来说，期限越长，投资价值越好，但如果长期达不到转换

投资指导

可见，判断可转换债券的价值不是一件简单的事情，需要投资者加以综合考虑。投资者应在掌握上述理论知识的同时结合实际进行演练，从而不断提升自己的判断能力和水平。

条件，那么长期投资的优势也就不存在了。

(6) 股票波动性。可转债对应的股票价格波动越大，转换的机会就越多，股票价格和转换价格间也就必然存在一个较大的区别，从而增加了债券投资价值。

(7) 发行时机。由于在制定转换价格时，总是依照股票的现行价格而定，所以在熊市中，股价低，被赋予未来价格上涨空间就大，投资价值相对牛市也就高一些。

第128天　可转换债券5：操作策略

要点提示

关于可转换债券的操作需要了解的是基本转换策略、转换时机的选择和不同价位可转换债券的操作策略。

核心解读

1. 可转换债券的基本转换策略

在投资品种的选择上，投资者应根据发行公司的偿债能力、行业地位、发展战略及财务、产品、管理、技术、市场等综合基本面因素并结合自身特点，重点对其未来业绩和现金流做出预测，确定可转债投资品种。

可转债投资可以采取金字塔原则，即在股市低迷时，可转债的债性增强，可逐步加大仓位配置；而当股市好转，可转债的股性加强，逐步降低配置比例。在温和通胀期，刚开始加息时，股市是受益的。当市场向好，伴随着正股上涨，可转债也会随之上涨，其涨幅与股票比较接近。而在下跌时，有债性保护，跌幅有限。

2. 可转换债券转换时机的选择

投资指导

把握可转换债券的转换时机和各种操作策略是投资可转换债券的必备技能，投资者应熟练掌握。

可转换债券由于是一种利率较低的债券，若投资者持有债券长期不能转换，那么就可能会带来不断增大的利率差和损失，因而投资者要积极选择正确的转换时机，实现可转债的投资价值。转换时机的选择有一个简单的判定方法，即在可转换债券的转换期内，市场上该公司的价格高于购买可转债的价格与转换价格之和，并且高出的差额还能抵消利率差所带来的损失，此时便可以进行转换。

总的来说，可转债的操作方式可以根据市场情况分为三种：股票二级市场低迷时，股价低于转股价而无法转股，持有可转债，收取本息；股票二级市场高涨时，转债价格随股价上扬而上涨，抛出可转债，获取价差；转债转股后的价格和股票二级市场价格存在差异时，套利操作，转股后抛出。

第129天　可转换债券6：风险及其控制

核心解读

可转债风险主要有：

(1) 股票波动风险。当股价高于转换价格时，可转债价格和股票价格便同步波动，股价上涨则可转债价格上涨，反之则同时下跌，因而可转债的投资者要承担股价波动的风险。

(2) 利息损失风险。若股价总是低于转换价格，那么可转债投资者就要被迫转为债券投资者，而可转债的利率又低于同级普通债券利率，所以会给投资者带来利息机会损失。

(3) 提前赎回风险。许多可转债都规定发行者有权在特定时间以特定价格赎回债券，这不但限定了投资者的最高收益率，也为投资者带来了投资风险。

(4) 强制转换风险。此时收益率虽然会高于提前赎回收益率，但仍然会对投资者最高收益造成限制。而到期的无条件强制转换，将使投资者无权收回本金，只能承担股票下跌的无限风险。

要点提示

虽然可转换债券的风险比股票要小得多，但若管理不善，仍然会让投资者蒙受重大损失，对此投资者应有清醒的认识。

投资指导

针对以上风险，投资者一方面要清楚自己的风险承受能力，另一方面要强化自身的综合素质，提升自身对市场的预见和判断能力。

第130天 可赎回债券

要点提示

可赎回债券又称可买回债券，是指债券的发行人有权在特定的时间按照某个价格强制从债券持有人手中将其赎回，它可认为是债券与看涨期权的结合体。债券发行日至第一次赎回日期间称赎回保护期，在此期间内不可办理赎回业务。

投资指导

债务人赎回债券的情况通常是：市场利率跌至比可赎回债券的票面利率低得多的时候。此时债务人将债券赎回并且按照较低的利率重新发行债券，会比按现有的债券票面利率继续支付利息要合算。发行人实行早赎权的两种方式是：美式或连续型赎回，指发行人可在赎回日或其后任何一天行使赎回权利；欧式或非连续型赎回，指发行人只可在与赎回日对应的利息支付日行使权利。此外，发行人为行使早赎权，要告知投资者债券将被提早赎回，还要设定一个最短通知期限，称最短通知期。

可赎回条款通常在债券发行几年之后才开始生效。赎回价格一开始可能高于债券面值，随着时间推移，逐渐与债券面值重合。但也可以一开始就与面值相等。在债券部分赎回的条件下，可利用计算机随机抽取编号或所有债券按面值的一定比例赎回，这两种方法来决定赎回哪部分债券。

核心解读

可赎回债券的特点：

(1) 持有期限不可确定。由于可赎回债券在一定到期日之前都有可能被发行人赎回，而赎回的具体日期又不能事先确定，因而债券的持有期限就不能确定。但不管怎样，债券的持有期限一定不会比赎回保护期短。

(2) 发行利率一般较同期限固定期限债为高。债券的可赎回性会为投资者带来再投资风险，因此该种债券对投资者的吸引力不足，这就要求在利率上有所补偿，即可赎回债券的利率往往比同年限固定期限债稍高一些。

(3) 发行利率与赎回保护期限成反比关系。一般来说，由发行人确定的赎回保护期越长，债券可赎回风险就越小，从而利率补偿也较小。可见可赎回债券的利率水平受到其赎回保护期限的反向影响。

(4) 发行人居于主动地位。可赎回债券的发行人决定赎回保护期并根据利率决定是否行使赎回权，而投资者则处于被动地位，这也是可赎回债券的本质特点。

第131天 贴现债券

要点提示

贴现债券是指在票面上不规定利率，发行时按某一折扣率，以低于票面金额的价格发行，到期时仍按面额支付本息的债券。贴现债券的期限通常比较短。

核心解读

购买贴现债券有利于投资者利用再投资效果增加资产运营的价值：贴现债券以较低的价格购买高面额的债券以及预定付

息的特点，无形中为投资者节省了一笔资金，增加了资产的运营价值，在债券面额和投资期限相同的情况下，贴现债券的存在使得拥有较少资金者也可进入市场，与相应的附息债券获得相同的收益率。同时，利用短期贴现债券进行的抵押贷款成本比使用相同期限的附息债券要小。

投资指导

由于贴现债券的收益通常在发行时就已经固定，而中长期的不确定因素又太多，市场利率走势难以判断，一旦发生意外，对投资者或发行人都会产生不利的影响，所以，贴现债券不适合中长期投资。

第132天　可分离债券

核心解读

1．可分离债券的特点

可分离债券虽然属于可转债的一种，但它作为一种金融工具创新品种，本身还具有一些与普通可转债不同的特性：

(1) 债券与股票期权相分离。其实质就是一种债权加权证的投资组合。

(2) 可转债股票期权部分的价值将得到充分体现。

(3) 可分离债券的票面利率低于市场利率。

(4) 期限不同。可分离债的存续期一般不超过 24 个月，多采用欧式权证。

2．可分离债券的投资策略

可分离债券并不像很多投资者认为的那样可以稳赚不赔，其投资同样要讲求策略，具体来说：

(1) 在二级市场上买卖可分离债券时，由于目前的企业债市场比较活跃，发行可转债的门槛要高于普通可转债，发债公司的偿债能力较强，甚至有担保条款，因此未来债券的违约风险较低。一般来说，可分离债上市短线下跌后，只要低于定价下限就可以买入并持有；权证方面，新权证往往被热炒几个交易日后有几个涨停板，但由于市场估值水平过高，超出理论价值，价格必然会回落。

(2) 资产组合方面，投资者可以选择稳健与激进的组合。如果分离交易可转债价格高，权证的价格越高，投资者变现收益越明显。相反，

要点提示

可分离债券，又称附认股权证公司债，是指上市公司在发行公司债券的同时附有认股权证，是公司债券加上认股权证的组合产品。它的认股权和债券分离交易，是一种特殊的可转换公司债券，和分离型的附认股权证债券也比较相似。

投资指导

可分离债券分离上市后，为市场提供公司债券和认股权证两类新产品，可以弥补现有资本市场产品单一的缺陷，为债券市场发展奠定了基础，更为将来引入衍生权证市场积累了经验。此外，由于债权融资具有一定的偿还压力，某种程度上抑制了公司的融资冲动，因而它还有利于形成上市公司与投资人之间的良性互动，扩大了市场的投资层次，可谓一举多得。

如果投资者不愿意有亏损，可以在适当的时候卖出权证，采取保守的投资方式，只获得债券的本利和收入，享受固定收益。

第133天 保底浮息债券

要点提示

保底浮息债券是指企业在债券发行过程中，将固定利率债券与浮动利率债券的优势结合起来得到的一种创新债券品种。

投资指导

目前市场上该种债券的保底条款都保证企业债券年收益率在5%以上，大大提高了企业债券的投资价值，即使在市场存在加息（预期）的情况下对投资者也有较大的吸引力。投资者可以根据自身情况适当介入。

核心解读

通常在加息预期下，一方面，投资者担心利率风险，所以这时候投资者更倾向于浮动利率债券；另一方面，充裕的流动性使得利率将会阶段性出现下降走势。加息预期使得市场对当前发行固定利率债券的利率要求较高，提高了发行人的成本。在这种情况下，发行人采取浮动利率的形式，同时加入保底条款的设计，就形成了保底浮息债券。

该含权条款的设计对于发行人和投资者都有益处：一方面，该类企业债的发行主体往往集中在投资周期长、需要资金量大的诸如交通、能源等企业，该类企业发行长期债券融资可以很好地配合其项目并节约大量的财务成本；另一方面，投资人选择该类债券，既可规避市场进入加息周期后利率上调带来的风险，又可确保今后利率下调也有一个稳定的回报。

第134天 债券久期

要点提示

不同债券价格对市场利率变动的敏感性不一样。债券久期是衡量债券对利率敏感性的最重要和最主要的标准，它反映了债券价格与市场利率的变动关系，有利于帮助投资者有效把握投资节奏。

核心解读

久期等于利率变动一个单位所引起的价格变动。久期的计算公式如下：

久期＝债券价格改变的百分比／收益率改变的百分比

由久期的计算公式可知：久期越大，债券价格对收益率的变动就越敏感，收益率上升所引起的债券价格下降幅度就越大，而收益率下降所引起的债券价格上升幅度也越大。可见，同等要素条件下，修正久期小的债券比修正久期大的债券抗利率上升风险能力强，但抗利率下降风险能力较弱。

久期的上述特征为我们提供了投资债券的参考：当我们判断当前的利率水平存在上升可能时，就可以集中投资于短期品种，缩短债券久期；而当我们判断当前的利率水平有可能下降时，则拉长债券久期，加大长期债券的投资，可以帮助我们在债市的上涨中获得更高的溢价。

投资指导

需要说明的是，久期的概念不仅广泛应用在单个券上，而且广泛应用在债券的投资组合中。一个长久期的债券和一个短久期的债券可以组合一个中等久期的债券投资组合，而增加某一类债券的投资比例又可以使该组合的久期向该类债券的久期倾斜。所以，当投资者在进行大规模资金运作时，准确判断未来的利率走势后，就要确定债券投资组合的久期，在该久期确定的情况下，灵活调整各类债券的权重，以达到预期的效果。

第135天　债券凸性

核心解读

凸性是债券价格对收益率的二阶导数，它是对债券价格利率敏感性的二阶估计，是对债券久期利率敏感性的测量。在价格—收益率出现大幅度变动时，其波动幅度呈非线性关系，由持久期做出的预测将有所偏离，凸性就是对这个偏离的修正。如果说久期描述了价格—收益率曲线的斜率，那么凸性就描述了曲线的弯曲程度。无论收益率是上升还是下降，凸性所引起的修正都是正的。因此如果修正持久期相同，凸性越大越好。

一般来说，债券价格与利率的凸性关系随着期限的增长而增长。即短期债券表现出适度的凸性，而长期债券凸性较大。并且，低利率水平下的凸性大于高利率水平下的凸性，其债券价格与利率关系在曲线低利率部分更加弯曲。

在实际的债券投资组合中定位期限组合时，一般当利率趋势明显时，使用期限集中法。当利率将下降时，集中中长期债券，因为这种债券价格上涨最多。反之，预期利率上升时，会更多集中短期债券以防下跌。而当利率曲线扁平或难以判断时，通过债券凸性分析，可以发现杠铃型投资组合较之梯形投资组合有明显的优势。通过侧重于期限的两个极端点，长期和短期，使投资回报超过梯形投资组合或者集中于中间期限的债券。

要点提示

久期本身也会随着利率的变化而变化，所以它不能完全描述债券价格对利率变动的敏感性，因而我们要引入凸性的概念。

投资指导

当利率曲线平坦和下降时，杠铃型投资组合比集中式投资组合有明显的优势。反之，利率上升时，则集中式投资组合比久期相同的杠铃型投资组合价格下跌幅度小。

第136天 投资策略的选择

核心解读

在选择投资策略时，投资者首先应认清自己属于何种类型，积极型投资者和消极型投资者的关键区别不在于投入资金的多少，而在于愿意花费在投资上的时间与精力的多少；积极型投资者一般愿意花费较多的时间和精力管理他们的投资，通常他们的投资收益率较高；而消极型投资者则正好相反。

一般来说，消极型投资者比较适合的投资方法是购买一定的债券，并一直持有到期，获得定期支付的利息收入。例如可以投资于凭证式国债、记账式国债和资信较好的企业债。如果资金不是非常充裕，最好购买容易变现的记账式国债和在交易所上市交易的企业债。积极性投资者可以选择的投资方法则是：买入债券，并在债券价格上涨时将债券卖出获取差价收入；若债券价格没有上涨，则持有到期获取利息收入；或者再积极一些，在对市场和个券做出判断和预测后，采取“低买高卖”的手法进行债券买卖。

要点提示

国债投资策略可以分为消极型投资策略和积极型投资策略两种，每位投资者可以根据自己资金来源和用途来选择适合自己的投资策略。

投资指导

投资者应该考虑自身整体资产与负债的状况以及未来现金流的需求，以期达到收益性、安全性与流动性的最佳结合。

第137天 消极型债券投资策略

核心解读

消极型债券投资策略可采用的操作方法有：

(1) 购买持有。这是最简单的国债投资方法。其步骤是：在对债券市场上所有的债券进行分析之后，根据自己的爱好和需要，买进能够满足自己要求的债券，并一直持有到到期兑付之日。在持有期间，并不进行任何买卖活动。

要点提示

消极型投资策略也被称为保守型投资策略，是一种不依赖于市场变化而保持固定收益的投资方法，其目的在于获得稳定的债券利息收入和到期安全收回本金。

（2）梯形投资法。这种方法就是每隔一段时间，在国债发行市场认购一批相同期限的债券，每一段时间都如此，接连不断，这样投资者在以后的每段时间都可以稳定地获得一笔本息收入。

（3）三角投资法。这种方法就是利用国债投资期限不同所获本息和也就不同的原理，使得在连续时段内进行的投资具有相同的到期时间，从而保证在到期时收到预定的本息和，这个本息和可能已被投资者计划用于某种特定的消费。

投资指导

消极型债券投资策略方法简便，适合稳健型投资者以及闲余时间较少的投资者。

第138天 积极型债券投资策略

核心解读

要点提示

积极型投资者指那些投入较多时间和精力以期获得较高收益率的投资者。

1．积极型债券投资策略

积极的债券投资可选择的策略有：

（1）市场时机选择策略，即当预测到上升市场行情时，通过增加债券组合中的债券比重或提高债券组合的贝塔值（或久期），来提高债券组合的风险，以获得较高的组合收益；当预测到下跌市场行情时，则将债券组合中债券比重降低或减少组合的贝塔值（或久期），从而减少组合的风险。

（2）期限选择和类别选择策略，则是根据对某个期限或债券类别走势的估计调整债券组合中该期限或类别的比重，使其与市场指数的构成不同。

2．积极型投资策略中的资产配置

对于债券组合而言，战略性资产配置主要是确定组合中债券（包括国债、金融债和企业债）与货币市场工具（包括债券回购和短期存款）的比例，包含购买持有法、固定比例法和投资组合保险法三种常用方法。

（1）购买持有法。具体做法为：根据投资目标和对市场走势的判断，确定债券组合中债券资产和货币市场工具的适当数量，此后，在持有期内不论债券资产和货币市场工具的相对价值如何变化，都不再重新平衡。这种方法比较适合债券业绩优于货币市场的情况。

（2）固定比例法。运用这种方法时要保持债券组合中债券资产和货币市场工具的固定比例。当债券市场变化时，须对债券组合进行再平衡，遵循“涨卖跌购”的原则，比较适合市场易变并有许多趋势逆转的情况。

（3）投资组合保险法。运用这种方法时首先要确定所能接受的债券组合的最低价值，其次要确定一个大于1的保护系数，最后利用以下公式计算组合中的债券金额：债券金额＝保护系数×（债券组合市场价值－最低价值）。该方法遵循“涨购跌卖”的原则，即使在严重衰退的市场中，债券组合价值也可保持在最低价值之上。但不适用于趋势不明显的市场，在严重衰退市场中收益较明显。

投资指导

采用积极型债券投资策略，需要进行积极的资产配置，确定组合中资产类别（如国债、金融债、企业债和短期存款）及其权重。

第139天　其他操作策略

核心解读

1．债券投资期限的选择

债券的期限不同，对债券的流动性、安全性、盈利性的影响是不同的。投资者可从以下几方面进行分析选择。

（1）市场利率的变化。期限长的债券虽然收入高，但风险也大，对市场利率变化的反应较慢，有可能使投资者收益受损。

（2）投资资金的用途和来源。投资要在合理考虑家庭消费的条件下进行，既不要借钱投资，还要处理好长期收益和短期收益以及风险与收益的关系。

（3）考虑债券的偿还条件。投资者在比较分析不同债券期限时，还要对债券的偿还条件给予足够的重视。

此外，投资者的心理状况，债券流通市场的发达程度，其他有关融资工具（如金融债券的期限长短必然对企业发行债券有影响）等，也会影响投资者对债券投资期限的选择。

要点提示

除了消极型债券投资策略和积极型债券投资策略，债券投资还需要注意选择债券投资期限、债券买卖时机以及如何利用到期收益率进行有效的投资等。

2．债券买卖时机的选择

（1）若债券卖出净价未发生变化，投资人任何时候买入债券都没有差别。全价随时间的增加而增加，只表明债券内含的利息在增加，投资人按全价支付的资金增加了，但增加的部分通过债券内含利息返还给投资人。因此，净价不变，投资人成本没有增加。

(2) 买卖有价差的情况下，由于银行买价低于卖价，因而若投资人持有时间太短，就会发生亏本。因此，应计算一个不亏本的最短持有天数，即持有期间的内含利息减去买卖价差后的收益应高于存活期的税后利息收入。

(3) 由于债券价格与利率成反比变化，因而投资者还可通过准确判断利率变化来获取额外升值收益。若投资人预计利率将降低，可大量买入债券，待利率真正降低导致债券价格上涨时卖出债券，即可获得高于利息的可观收益。若预计利率将上升，则可采取相反的做法。

投资指导

债券的投资方法不是千篇一律的，投资者应注意各种方法的综合运用。

第140天　债券投资的误区

核心解读

要点提示

债券的品种五花八门，投资者如果不了解它们，就会产生很多错误的认识。

债券投资的误区通常有以下几点：

(1) 凭证式国债不会亏本。由于凭证式国债具有风险低、收益稳定的特点，一直是稳健投资者的最爱。然而，稳赚不赔的投资是不存在的，凭证式国债操作不当同样会亏本。

(2) 记账式国债持有到期最划算。记账式国债优于凭证式国债的方面在于：在到期前可自由买卖，及时回购，又不会损失利息。因而，记账式国债并非持有到期才可获得最高收益。对于持有国债期限不明确的投资者而言，选择购买那些票面利率较高的柜台记账式国债，不仅每年能分得更多的利息，而且可以抓住价格上涨的机会卖出该国债获得溢价收益。

投资指导

及时纠正对债券投资的认识误区可以减少不必要的损失，并抓住有利时机增加自己的收益。

(3) 企业债券不适合普通投资者。相对于国债，企业债券在普通投资者眼中更为神秘。实际上，企业债券也是一款不错的投资品种，虽然风险较国债大，但选择正确，也可以获得高于国债的收益。

第六章

外汇
——充满生机的投资产品

外汇市场中各国（地区）钱币汇集在一起，24 小时不间断地“交流”，你说能不整点钱出来吗？可别以为只有去国外消费才用得着外汇，现在就拿着你的钱到外汇市场上倒腾一下，钱可能就挣出来了，不过前提是你还需要和它们混熟。

第141天 外汇投资必知1：汇率

要点提示

汇率是一国货币兑换另一国货币的比率，投资外汇时也可以认为汇率就是所要投资的外汇种类的价格，这样理解就可以使汇率简单化了。投资外汇，必须了解其价格——汇率的一些相关知识。

投资指导

除了美国使用间接标价法，世界上大多数国家（包括我国）都使用直接标价法标识汇率，如100美元=649元人民币使用的就是直接标价法。投资者要了解影响汇率波动的因素，才能更合理地判断汇率（价格）走势。

核心解读

1．汇率标价方法

国际上通用的汇率标价方法有以下两种：

（1）直接标价法。这是使用一定单位的外国货币作为标准来计算应付若干单位的本国货币。在这种方法下买卖，如果用比原先更多的本国货币才能兑换既定数额的某国货币，说明本国货币的币值比原先下降了，而外币升值，反之，则表示本币升值，外币贬值。

（2）间接标价法。这是以一定单位的本国货币为标准，来计算折合若干单位的外国货币。在外汇买卖中，如果既定数量的本国货币可以兑换更多的外国货币，则说明本币升值，外币贬值，反之则外币升值，本币贬值。

投资者在外汇买卖中要明确汇率表示方法，如果模糊不清，则难以判断汇率走势。

2．影响汇率波动的因素

汇率作为一种价格，受到诸多因素的影响：

（1）宏观经济数据，比如GDP、就业、房地产数据，数据所反映的经济状况越好，则汇率越强。

（2）利率、通胀率（CPI）等，经济好的时候，利率越高，汇率越强；反之，经济差的时候，利率越低，汇率越强。

（3）一国的外贸情况，顺差将带动本币升值。

（4）一些政策因素，如国家政策、中央银行的干预等。

（5）突发事件，比如战争、恐怖袭击等，美国911、伦敦地铁受袭等恐怖事件均导致美元、英镑的汇率急挫。

要想更准确地预测外汇市场的走势，投资者就需要对这些因素密切关注。

第142天 外汇投资必知2：产品优势

核心解读

外汇投资有以下优势：

（1）流动性高。外汇交易市场具有最多的交易量，可以说它永远是流动的，无论何时都可以进行交易或是停损，流动性很高。

（2）交易时间长。外汇市场24小时不间断，这有利于投资者弹性地选择进场和出场时间，并且不论何时何地发生任何消息，投资人都可以即时做出反应。

（3）成交的质量高、速度快。外汇交易商提供了稳定的报价和即时的成交，投资人可以用即时的市场报价成交，不会出现有价而不成交的情况。

（4）交易佣金低。外汇交易的价差比较低，因而其交易佣金是比较低的，从而减少了投资者的成本，加大获利空间。

要点提示

外汇作为一种新兴的投资品种，自然必须有吸引投资的独特优势，下面我们将对此做简单的介绍，投资者可以看看，这些独特优势是否会吸引你。

投资指导

外汇投资对投资者的要求是比较高的，如果你忍受不了股市的交易时间和涨幅限制，如果你不喜欢债券的超慢动作，如果你厌恶期货的高风险，那么外汇可能是你较好的选择了。

第143天 外汇投资必知3：交易方式的种类

核心解读

外汇交易方式主要有以下几种：

（1）即期外汇交易。这是外汇市场上最传统、最常见的一种交易方式，是指外汇买卖成交后，交易双方与当天或两个交易日内办理交割手续的一种交易行为。这种方式可以满足买方临时性的付款需要，并有助于交易双方调整外汇的货币比例。

（2）远期外汇交易。这是与即期外汇交易相对而言的。是指外汇买卖双方在成交时先就交易的货币种类、数额、汇率及交割的期限等达成

要点提示

从事外汇交易之前有必要了解几种主要的外汇交易方式的概念。

协议，并用合约的形式确定下来，在规定的交割日双方再履行合约，办理实际的收付结算。这有利于规避利率剧烈波动的风险。

(3) 外汇期货交易。这也是一种有效的避险工具，有助于消除贬值风险，保留潜在的获利可能。具体方法是：买卖双方在将来约定的某一时间，以在有组织的交易所内公开叫价确定的价格，买入或卖出某一标准数量的特定货币的交易活动。

投资指导

不同的外汇交易方式适用于不同的现实情况，投资者应结合市场形势选择合适的外汇交易方式。

(4) 外汇保证金交易。这将在后面进行详细介绍。

第144天 外汇投资必知4：基本须知

要点提示

了解外汇投资的基本知识，不让自己输在起跑线上。

核心解读

(1) 认识自己的性格与能力。只有了解了自己的优缺点，趋利避害，才能做到知己知彼，百战百胜。

(2) 局势未明采取观望。在决定买入或卖出外汇之前，必须具备充足的投资信息、市场信息以及平和轻松的心情，不确定局势前不要贸然入市。

(3) 安全停损预计。要依照入场前明确的信息及交易规则确定止损价，以保存投资实力，减少不可预期的损失。

(4) 主意既定切勿受人影响。每个人的交易资金、风险承受力等条件都不相同，因而不要因为他人的意见而随意更改自己的计划。

(5) 进场错误不宜久守。市场大势如有逆转，和既定的计划不同，便应相信事实。不服输的加码力图扳回，可能越补洞越大，造成更大的亏损。

(6) 获利时不妨任其增长。投资者不但要学会止损，还要学会守利，市场虽变化不定，若已有盈利在握只要耐心等待目标价位，辅以停损单与之配合，顺势时的获利上限可以不断增长。

(7) 形势有利时金字塔式追进。当目标价位已达到而盈利在握，且市势确认对自己有利时，不妨利用金字塔式买卖加码追进，这种投资策略往往带来非常可观的收益。

第145天 外汇投资必知5：入市准备

核心解读

进入外汇市场需要做好以下准备：

(1) 分析自己。投资者入市的目的、心态、资金状况、性格等条件的不同，会导致具体操作方法的不同，从而导致不同的投资结果，因而投资者入市之前，首先要剖析自身，以确定适合自己的交易模式和投资方案。

(2) 本地情况咨询。由于不同的地区开办的外汇业务、银行系统的交易方式和收费标准都可能有所不同，因而投资者在入市前有必要对本地情况进行详细了解。

(3) 选择银行。银行是外汇交易的最终执行者，其效率直接影响投资者以后市场操作的市价效果，在选择时要注意以下问题：交易方式、收取费用、交易时间长短等。投资者最好能够与银行的交易员进行详谈，这既有利于投资者了解业务员的水平，也有利于自己全面综合地认识业务本身。

(4) 最好聘请一个交易顾问。有条件的投资者最好聘请一个金融顾问，以便针对自己的具体情况进行投资理财个性化的市场操作方案的设置。

第146天 外汇投资必知6：系统化交易流程

核心解读

外汇系统化交易流程如下：

投资指导

打好基础，再求发展。懂得基本须知，可以在此基础上结合市场形势随机应变，达到以不变应万变的效果。

要点提示

进入外汇市场进行外汇投资之前，必须要有所准备，选择好外在环境并进行自我评估。

投资指导

投资者进行自我分析后若觉得自己可以进行外汇投资了，那就做好其他外在的准备工作吧。

要点提示

外汇投资是有章可循的，下面将告知你一些外汇系统化交易流程。

（1）判定交易的方向。这是交易前必做的功课，判断好要做多还是做开，才能开展以后的步骤。

（2）方向判定之后选择理想的交易机会，比如中线上涨，短线下调，我们应该选择顺应中线做多还是选择短线做空呢，哪种机会更有助于获利？这在这一步中需要解决。

在二者出现矛盾时可以遵从这个原则：短期趋势服从更长时间的趋势，尽量建议顺势而为，学会耐心等待时机。

（3）追求一个最佳的入场时机，选择最佳入场时机是为了将操作风险降低，这样才有助于达到操作获利的目的，或者说有利于达到长期稳健获利的目的。

投资指导

最好设定一个计划外的意外变动预案，以应对市场与预期不一致的意外发生。入场之后，汇价的运行节奏很可能与预期的不一致对于这些潜在变化需要有一个潜在的预期，一旦市场出现意外变化的时候就可以及时地跟上市场的节奏，对交易计划进行必要的修正。

（4）完善计划，设置关键的入场价、止损价、目标价位。

（5）考核盈亏比。看潜在的盈利空间和亏损空间是不是大于 2 ： 1，推荐实际操作中应该达到 3 ： 1，甚至更高的比例才能有助于你的长期操作。

（6）考虑仓位控制。根据这笔交易你是顺势的交易还是逆势的交易；是否有更多指标形态的支持，观察指标或者形态是否表现有不利迹象；是否带有博弈性质等方面来决定一笔操作的仓位应该控制在多少，但任何时候都不要持有超过负担能力的重仓。

第147天　外汇投资必知7：风险及其控制

核心解读

要点提示

外汇投资存在一定的风险，需要投资者加以了解并掌握一些控制风险的方法。

1．外汇投资风险

外汇投资者在进行外汇交易的过程中，主要面临着三种风险：汇率风险、到期日差距和利率风险以及信用风险。

（1）汇率风险。汇率风险指经济主体在持有或运用外汇的经济活动中，因汇率变动而蒙受损失的可能性。

（2）到期日差距和利率风险。为了轧平头寸，减少汇率变动的风险，外汇银行和个人可以采用反向外汇交易的方法来冲抵风险和损失。但是，这样的做法虽然可在一定程度上减少汇率变动的风险，但同时又产生了另外一个问题，即产生到期日不一致的风险和利率风险。

(3) 信用风险。信用风险包括客户信用风险和国家风险。客户信用风险指交易一方因另一方在合约到期前或到期日违约而遭受损失。交易一方违约不能支付的情况较为罕见，但仍会存在某些特殊情况使得签约的对方到期时不能交付款项。

2. 风险控制

(1) 处理好自己的资金：在投资者所有要做的决定中，首先要决定的是怎样使用自己的资金和使用多少资金去投资，这才是理性的投资者对自己的资金负责任的行为。

(2) 做正确的选择：从事外汇买卖，投资者必须学会选择能使自己有利可图的交易方法，可供选择的交易方法有很多种，具体选择哪一种，要视具体的交易项目而定，同时也是因人而异的。但是，无论选择哪种方法，这些方法中所包含的一些最基本的理念应该是能为投资者所接受且是经过证实的，投资者保持理性投资至关重要。

(3) 其他风险控制策略：外汇市场上有许多赢家，也有不少的输家，他们往往因一招不慎，而落得个满盘皆输的下场。他们对各自的成与败都认真做了总结，得出了许多经验和教训，这些经验和教训对所有的投资者都有很强的借鉴意义。当然，要向专家或知情人咨询，取得他们的建议，而不能听信不知情的人的建议。同时还要密切关注政府的行为，政府的能力和实力毋庸置疑。

投资指导

要有效地控制外汇风险，就要求投资者必须提升自己，提高自己的能力，对风险要有敏感意识，对风险控制要有灵活的应对策略，同时要该进时进，该退时退，不要因犹豫不决而使自己在亏损的泥潭中越陷越深，或使自己白白错过一次又一次获利的大好时机而最终输得一塌糊涂，这些都是在外汇投资中要极力避免的。

第148天　外汇投资必知8：总体策略

核心解读

外汇投资要切记以下策略：

(1) 以闲余资金投资。若投资者以家庭生活的必需费用来投资，不

要点提示

任何投资都要讲究策略，外汇投资也不例外。

但有可能为家庭带来不便，而且不利于心态的平稳，在决策时难以保持客观、冷静的态度。因而在资金上要遵循的原则是：亏得起多少做多少。

(2) 知己知彼。需要了解自己的性格，容易冲动或情绪化倾向严重的人并不适合这个市场，成功的投资者大多数能够控制自己的情绪且有严谨的纪律性，能够有效地约束自己。

(3) 切勿过量交易。成功的投资者通常总是会随时保持 3 倍以上的资金以应付价位的波动。假如资金不充足，就应减少手上所持的买卖合约，以避免因资金不足而被迫“斩仓”的情况，要遵循“弹药不要一次用光，子弹随时上膛”的原则。

(4) 正视市场，摒弃幻想。不要过分缅怀过去或憧憬未来，感情和交易要分开，不要过分感情用事，要重视的是市场，要知道市场永远是对的，错的总是自己。

(5) 勿轻率改变主意。订下投资计划后要严格执行，不要在市场价格的涨跌中迷失了自己。

(6) 做出适当的暂停买卖。当感觉迟钝或效率低下时可以暂时退出市场，短暂的休息能令你重新认识市场，重新认识自己，更能帮你看清未来投资的方向。

(7) 切勿盲目。在汇市上，真理往往掌握在少数人手中，当大多数人说要买入时，成功的投资者会选择伺机沽出，不要轻易被旁人左右，盲从他人。

投资指导

根据以上策略对号入座，改进自己的不足，学习先进的方法，把握外汇投资的主动地位。

第149天 外汇投资必知9：三六法则

核心解读

1. 外汇投资三大要点

(1) 掌握基础知识。汇率走势影响因素十分复杂，要想把握其中的长期趋势，首先必须掌握汇市的基本知识，特别是一些最具有推动力的基本面要素，例如：利差影响、通货膨胀率和贸易收支、经济数据和央

要点提示

我们总结了外汇投资的“三六法则”，即三大要点和六大心法，以供投资者学习和参考。

行行动等。

（2）了解技术面分析。完全凭基本面分析入市必然存在风险，虽然客观但是有滞后和虚假性。技术分析相对主观，但它包含了市场对各种影响因素的反映，特别是整个市场的心理预期。经典的技术分析有道氏理论、趋势线、蜡烛线等分析。不同的投资人可以有不同的解释，关键是培养出自己对市场看法的模式。

（3）熟悉交易平台功能。做到这一点有利于投资者选择服务完善、交易稳定的平台，以提高交易效率。

2．外汇投资六大心法

（1）累积实战经验。经验是投资或投机能否获利的关键，之前的仿真模拟是个不错的选择。

（2）赚钱前先学停损。停损也是基本课程，除了用技术指针、均线、前波高低点作为停损依据外，资金停损更是关键。

（3）摊平只能一次。以做多为例，有时担心行情已激活，会追价抢建第一口基本仓，回撤支撑至理想价位，可以采取摊平以降低成本，但是只能一次，一旦跌破立马出局。

（4）没有获利避免押大仓。即使对行情再怎么有把握，也不要抱着孤注一掷的心态押大仓。这是普通投资者经常会犯的错误。

（5）用赚来的钱加码。加码技巧是门大学问，要遵循的一个总的原则是，加码主要是要将波段行情的利润放至最大，最好是处于获利状态才加码，心理压力才不会太大。此外，加码时要注意一口一口慢慢加，不可一口气加足。

（6）赚钱要适时落袋为安。一旦成为能获利的期货赢家，守住获利是门新学问，可以采取账户定额制，设定最高投资金额上限，超过部分即提零存至银行。或是每个月设定投入上限，赚到钱的部分才拿来加码。

投资指导

投资者要记住以下口诀：心情不好不做，疲劳倦怠不做；勿期勿恐勿贪，顺市轻仓快出；整点半点藏今，观察捕捉实施；盈亏全靠自己，对错就怨自己；不要意图方向，顺市紧跟游荡；不善小不为，三点五点充栋；弃应发事期望，做现发事反应；暴涨币涨不休，暴跌币跌不止；追涨杀跌巧妙，高抛低吸简要；走势微动不动，走势启动大动；赚钱才是顺市，赔钱正是逆市；涨幅满足利空，跌幅满足利多；市场已然先行，无须知道更多；利刀快斩亏损，磨刀满收盈利；认错误快快快，辨方向耐耐耐；涨就看涨买涨，跌就看跌买跌。

第150天 外汇投资经验汇总

要点提示

前人总结了宝贵的外汇投资经验，我们将其拿出来同广大投资者分享。

核心解读

(1) 严守止蚀纪律。每当出现重大亏损时，无一不是逆势不止蚀造成的恶果，要避免这种结果，就要明白能让资金脱离险境的就是止蚀盘。

(2) 以技术走势为指导。投资者面对汇市过多的消息评论和数据，可以不必太过上心，货币的技术走势可以成为我们制订策略的好帮手。

(3) 注重中期投资，不必沉迷短线进出。业余投资者时间精力有限，应以做中期（几周到几个月）投资为主，减少短线出入，思想压力也不会过重。

(4) 不迷信央行干预行动的作用。投机市场的强大作用有时会使央行的干预失效，但要注重这一干预所发出的警告信号。

(5) 科学合理运用资金，逆市盘宜轻仓，顺势盘也只有等到已获利时才可加仓，套牢盘决不加仓。更不可孤注一掷，只有稳扎稳打，方可在汇市的风浪中屹立不倒。

(6) 追买强势货币，追沽弱势货币。同一时间各种货币走势有强有弱，选择强势货币买入，选择弱势货币沽出。

投资指导

牛顿说："如果说我看得更远的话，那是因为我站在巨人的肩膀上。"这说的就是前人经验对现实的重要借鉴意义。投资者朋友如果想在投资中少犯错误、赚得更多，必须也多多借鉴前人的宝贵经验。

第151天 成功炒汇的心理素质

要点提示

良好的心理素质对做任何事情都是非常有益的，有时甚至起着至关重要的作用。外汇投资要考验投资者的心理素质，下面我们来看看成功投资者需要具备哪些心理素质吧。

核心解读

(1) 要有超出常人的勤奋和毅力。炒汇是一项众多投资者智力上相互较量的活动。外汇分析软件无论多么先进，永远只是工具而已，自身的条件才是最重要的，大部分成功人士是靠后天的不懈努力磨炼出来的。

(2) 要在心理上战胜自己。炒汇是相互博弈的游戏，一部分人盈利必然是以另一部分人亏损为代价的。作为投资者永远不要自作聪明，要学会和大多数人站在一起，顺势而为。

(3) 要克服人性中的贪婪和恐惧。与贪婪和恐惧对抗，也许要贯穿整个炒汇生涯。赚钱了还想赚得更多，赔钱了害怕赔得更多，这是正常的情绪反应。但这种情绪会严重干扰你对市场的独立判断能力，使你头脑不清晰，情感不冷静，做不到适可而止，也做不到及时止损。

投资指导

做外汇投资时（其他投资也一样），一定要注意自身心理素质的培养和修炼。

第152天 新手炒汇技巧

核心解读

1．新手炒股两大难题应对

(1) 如何建立头寸。建立多头还是空头，什么水平入市，这都是投资者需要考虑的。在大多数情况下，投资者最正确的选择就是顺势而为，但若汇率升降过猛，根据物极必反的原则，交易者也可以进行与趋势方向相反的交易。此外，投资者还可以根据得到的某些基本面的消息分析市场趋势后，提前开立头寸，等消息证实后平盘获利。

(2) 如何出击。出市时机直接影响盈利与亏损的多少，一般而言，主要有两种途径：一是平盘获利。这是汇率朝着有利于自己的方向发展时的做法，这点上要注意的是，投资者不要总是担心汇率反转，以至于提早平盘，而只能获得小利。二是平盘止蚀。当投资者感觉到汇市走势不利于自己时，就应立即跳出市场陷阱，不要过分计较，以避免遭受更大损失，有时候，学会止蚀比学会入市和获利更为重要。

要点提示

初入汇市的新手，对于低买高卖一时难以掌握，但可以从简单的要点做起，逐步使自己成长起来。

2．新手炒股三大法宝

(1) 顺势而为。市场运动规律的最直接体现，就是趋势。正确对待趋势的唯一做法，就是顺应趋势而操作。这是在投机市场里赚钱乃至长期生存的第一大法宝。顺势而为的精髓在于：学会顺应着趋势的方向进行交易，并且在这一随势浮沉的过程中，通过风险管理，来得到出色的操作成绩。

（2）抓大放小。刚刚涉足交易的新手，开始时就要注意培养系统交易思维，不计一时的得失，而是争取长期的稳定的整体收益。要做到这一点，就必须学会在众多的市场机会中进行选择，抓住大机会，放弃小机会。

（3）限损持长。限制损失，保住本金，在此前提下尽量长时间地持有有获利潜力的头寸，让利润增长，这是投机赚钱的第三大法宝。学会止损才能避免在弱势中越陷越深，而在限制损失的同时，必须学会通过持长赚钱，来弥补因错误而造成的亏损。两者结合使用才有可能产生最后的收益。

投资指导

万事开头难，但是初入汇市者必须严把开头关，打好基础。良好的开端是成事的一半。

第153天 给新手的忠告

要点提示

忠告来自于前人经验和教训的总结，有了这些忠告，可以使你绕过前人栽过跟头的地方。

核心解读

（1）远离那些“好得难以置信”的机会。“天下没有免费的午餐”，不要因一时的贪小便宜导致日后的追悔莫及。

（2）远离任何允诺你暴利的公司。对那些声称可以保证盈利或者吹嘘自己优异投资记录的公司，投资者需要保持高度的警惕。

（3）远离那些告诉你外汇投资没有风险或者风险很小的公司。对于那些不重视强调风险，一味夸大收益的公司，投资者最好不要选择。

（4）在未完全理解保证金交易的情况下，不要轻易从事，因为保证金交易对投资者的要求更高，并且操作不当，还会使损失超过本金。

（5）对那些声称在“银行间市场”从事交易的公司表示怀疑。注意，有些公司声称你的交易是在“银行间市场”完成的，或者这些公司声称他们代替你将你的交易指令递送到了“银行间市场”。这是不受监管的、欺诈性的外汇交易公司常用的套路。

投资指导

牢记这些忠告会对你有百利而无一害，在一些重要关口要时刻用前人给予的忠告来提醒自己。

（6）不要通过互联网将资金存入账户，使用传统方式更为安全。

（7）确信你获取了外汇交易公司的经营记录。不正规的公司往往拿不出一份质量较好的经营记录。此外，在拿到经营记录后还要注意区分它的真伪性。

(8) 不要和任何不向你展示自己背景的人打交道。

第154天　普通炒汇者的误区

核心解读

1．资金运用误区

(1) 操单易受贪欲左右，不能冷静合理地运用资金，放松了对资金的安全控制，这往往会导致最终被迫斩仓出局。

(2) 盲目建立超出承受能力的仓位。原则上讲，一次动用的资金不应超出全部资金的10%，最多不应超出全部资金的20%，要在自己所能够承受的资金损失范围之内。这样即使走势判断错误，在及时止损的情况下，仍能保证有较充足的资金进行下次交易，争取盈利机会。并且也有利于投资者保持冷静的心理。

(3) 逆势加仓，即俗称的"加死码"。这是很多外汇投资者常犯的错误。正确的方法，应该是少量进仓，在走势判断正确，出现赢利的情况下，再顺势逐渐加仓，这样才能保证立于不败之地。

2．止损误区

(1) 过于自信，不屑止损。这往往是一个不成熟的投资者的表现，他还没有意识到不设止损，任随市场变化，对于投资者来说，就如划木桨小船横渡大海，其危险性不言自明。这样的投资者，迟早会受到市场的惩罚。

(2) 心中有止损，盘上无止损。这样的投资者往往担心无谓的止损会产生不必要的损失。这往往导致即便设置了止损计划也不能严格执行，当市场走势接近止损点，仍然心存侥幸，犹豫不决，不肯服输，止损点一退再退，等到忍无可忍时才被迫平仓出局。这时产生的损失一般早已大大超过预计。

(3) 随意用一个金额作为止损点。止损点的设置，可以说是职业交

要点提示

普通炒汇投资者通常在资金运用及设立止损上存在误区。

投资指导

资金是投资者的本钱，也是投资者获利的工具；止损则是控制风险，保住本钱、留住青山的一种有效手段。资金管理和设立止损对于投资者来说都是非常重要的，如果你也存在上述误区，一定要及时改正。

易顾问与普通投资者的最大区别之一。职业交易顾问懂得运用各种技术手段，根据每个币种的不同特点，合理摆放止损点。在市势未翻转的情况下，避免止损盘被碰上；在市势反转时，可尽量减小损失，从而达到止损的最终目的。而随意用一个金额或点值作为止损点，往往出现打上止损，即朝预定方向继续前进的情况，产生不必要的损失。

第155天 小户炒汇交易误区

核心解读

要点提示

小户指的是参与交易资金少、交易量小的投资者。小户由于资金的限制通常难以获得较大收益，可能也正是因为这样，小户投资者不注重交易的科学合理性，容易产生一些交易误区。

小户通常存在以下交易误区：

(1) 亏不愿斩，赢不愿平。小户入市，往往没有做好输的准备，缺乏一个完善的计划，其结果是亏了不想斩仓，错失减少损失的时机；赢利的时候却不愿平仓，形势急转直下才后悔。这主要是因为小户资金有限，盈亏都会扰乱其心态，从而失去了遵循技术分析和交易规则的能力，如若不能有意识地提醒自己注意克服，那么长此以往，本钱亏光也不足为奇。

(2) 犹豫不决，畏缩不前。要赚到别人赚不到的钱，就要有耐心等待时机，有决心果断进场，然而小户的畏惧心理往往会使其犹豫不决，错失良机。

(3) 过于迷信外物而不是市场本身。这是小户的又一大心理弱点。由于自身的不自信，过多地关注专家权威的消息或市场留言，反而忽视了市场本身。不尊重市场的投资者是难以获利的。

投资指导

小户炒汇的成功案例也是广泛存在的，小户投资者应对自己的每一分钱负责，进行科学合理的交易，也许你就是下一个成功人士。

(4) 固执己见，忽视经验和知识的积累。散户中有一种类型的投资者，他们在外汇市场已有一点经验，自以为对技术分析、基础分析已有独到体会，其实他们过于自信，又不重视知识和经验，往往是最容易亏损的一群。

第156天　实战炒汇技巧

核心解读

(1) 制定适合自己的固定交易模式。运气和直觉虽然重要，但若只靠这两点去交易，则过于冒险，且收益也只能是随机的。了解获利产生的原因及发展出你个人的获利操作手法才是最重要的。

(2) 善用免费模拟账户，学习炒外汇。初学者要耐心学习，循序渐进，勿急于开立真实交易账户。可先试用模拟账户，并注意以真实的心态投入交易中，在此过程中发展出个人的操作策略与形态，并获得较高的收益率后再开设真实交易账户。

(3) 切勿有急于翻身的交易心态。面对亏损的情形，除非确定原来的决策是完全错误的，否则切记勿急于开立反向的新仓位欲图翻身，这往往只会使情况变得更糟。宁可错失机会也不要再次产生亏损。

要点提示

下面这些实战炒汇技巧，你掌握了吗？

投资指导

要想成为一名合格的外汇投资者，必须要掌握上述技巧。

第157天　炒汇原则

核心解读

1．外汇资金管理原则

(1) 下任何一张单，都要有止损。这样做有利于使损失最小化，是长期获利的根本保证。

(2) 风险／获利的比例至少应该是 1 ∶ 1.5。投资者下单时要弄清楚获利和损失的可能性。以此为依据判断是否值得投资。

(3) 不要让账户负荷过重。

(4) 接受失败，尽快转移注意力到下一次交易。做不到这一点，则无法专注以后的交易，可能会导致亏得越来越多而无法自拔。

(5) 当交易获利时，保护赢得的利润。保护利润是另一个获得稳定、

要点提示

这里讲到的炒汇原则指外汇资金管理原则和制度操作计划要遵循的原则。

长期利润的重要因素。投资者获利后，很重要的一点是把你的止损点相应提高。这样尽管希望持有这个仓位更长时间，获得更多的利润，但至少最小盈利获得了保证。

2. 操作计划制订原则

要做到“运筹帷幄，决胜千里”，就必须制订周密的投资计划，这也是专业人士必备的能力。制订计划时要注意以下两个原则：

(1) 制订计划的首要前提必须要明确目的，目的有长线与短线之分、投机与投资之分。计划是实施目的的手段，两者必须配合，如两者发生矛盾，结果就会产生偏差。既不能用投资的方法去追求投机目的，也不能用投机的思维去追求投资目的。

(2) 制订计划所依赖的依据一定要准确，不可猜测。在此依据有效时，应坚持计划并完善它，不要因为心态原因改变计划的最后实现。这里所说的依据是基本面和技术面的结合，是投资者必备的基本功。

投资指导

原则性的要求尤其重要，希望投资者牢记以上原则，管理好自己的资金从而进一步获得收益。

第158天 炒汇操作策略1：时机选择

核心解读

1. 入场时机的选择

要选择正确的入市机会，交易者首先要明确自己的定位，是短线、中线还是长线，然后要不懈怠、定时定点地查看行情发展：其中短线交易者对于入场时机的把握上要求最为严格，需要把“入场时机”仔细规划到具体的某一点上，也就是“入场点”，需要采取快进快出的战术，可谓是分秒必争，耽误不得。中线交易者和长线交易者对于入场时机就没有那么严格的要求了，不是固定到某个点上，他们要选择的是“入场区间”，并且重点关注风险与利润能否成正比。止损如果是100个点，那么利润就要看到300点以上或是更高。假设一笔交易判断好利润目标是500个点，止损在100个点左右。那么在风险与利润是1∶3的范围内，交易者可在止损100～166点这个区间入场，有很大的选择机会。

要点提示

这里主要讲到炒汇的入场时机和建仓时机。炒汇的入场时机和建仓时机看上去一样，其实是有细微差别的：入场时机主要指根据市场大势判断是否要进入市场；而建仓时机则指的是在已经决定入场时通过微观技术面判断来选择价位相对较低的买点。

2. 建仓时机的选择

正确选择建仓入场的时机对整体操作成功是至关重要的。建仓的时机选择有三种类型：一是行情启动之前建仓，这种方式即我们通常所说的“摸顶”、“抄底”，在可能带来大的收益之时也会带来较大的风险；二是行情启动之后建仓，这种方式收益较小，但风险相对来说也较小，可以说是一种最为经典和安全的建仓方式，其主要特点就是：在一个趋势形成之后，等待回调或者反弹的时候，按照相反方向建仓。当然，我们可以想见，在一个激烈的行情中，往往很难出现哪怕是短暂的回调或者反弹。这是这种方法的为难和尴尬之处。三是行情启动的同时跟进，这种方法相对容易掌握，风险收益都介于前两者之间。

投资指导

外汇市场的交易总体而言应当以简单有效为基本的原则，但是面对一个好机会较多的市场，我们的对策也应该做到多样化。选择入市时机后，对以上三种建仓时机类型进行充分尝试，以达到最好的建仓效果。

第159天 炒汇操作策略2：市场共振

核心解读

市场共振的发生主要有以下四种情况：

(1) 基本面共振：以经济数据、利率水平、重大政治经济事件等为依据得出某种货币将要上涨或下跌的判断，并把这一依据放到市场中去验证。如果市场验证方向正确，那么当前的走势就得到基本面共振的支持，我们就可以坚持原来的判断。

(2) 多周期共振：通过对多周期技术系统协同共振，即以价格为核心的趋势、形态、指标来判断。当长期投资者、中期投资者、短期投资者在同一时间点，进行方向相同的买入或卖出操作时，将产生力量上的向上或向下的共振；当时间周期中的长周期、中周期、短周期交汇到同一个时间点且方向相同时，将产生时间上的向上或向下共振；当长期移动平均线、中期移动平均线、短期移动平均线交汇到同一价位点且方向相同时，将产生成本上的向上或向下共振；当K线系统、均线系统、KDJ指标、MACD指标、RSI指标等多种技术指标均发出买入或卖出信号时，将产生技术上多周期的共振。

要点提示

市场共振是任何投机市场共有的现象，即当市场的内在波动频率与外来市场推动力量的频率产生倍数关系时，市场便会出现共振关系，令市场产生向上或向下的巨大运动。

(3) 多币种共振：通过交叉盘来判断多币种共振，找到当前汇市焦点、走势最强的货币，从而就可以选择做国际主流资金关注的品种，稳妥地获得收益。

投资指导

投资者若能把握到这个市场共振点，就有可能成为市场中的大赢家。

(4) 多市场共振：随着全球经济一体化，各市场各币种之间都会产生横向的联动效应，从而相互影响，通过多市场的协同共振，可以大大提高分析判断的准确性。

第160天　炒汇操作策略3：盯盘

要点提示

盯盘就是观察外汇市场，是每一个交易者必做的功课。

核心解读

(1) 要对外汇市场的状态有一个宏观的理解，即是多头还是空头状态，是趋势还是整理状态，这是一个原则性的判断，明确了这一点，有助于帮我们避免犯原则性的错误，从而避免了颠覆性的风险。

投资指导

盯盘过程中，每个人看到的是同样的价格，产生的却是不同的交易行为和交易结果。你若能发现价格中隐含的奥秘，就会是投资的赢家。

(2) 要注意外汇市场观察的主要对象是价格，并运用技术工具来为价格服务，在趋势行情中你应该重点关注均线或趋势线，在震荡行情中你应该重点关注随机或震荡指标，在突破行情时则可以用时间周期来验证。

(3) 要观察外汇市场的性质是否发生了变化，并要做到尊重汇市，不要逆市交易，要按照汇市“指令”进行操作，才可做到最终获利。

第161天　炒汇操作策略4：基本面分析

要点提示

基本面分析是以市场信息面为研究对象，分析价格走势，由于诸多因素的影响，分析结果可能有较大误差。由于它需要具备专业化的知识，并受到现实中的海量信息和信息不对称等因素的影响，因而它更适合机构投资者。

核心解读

一国货币的强弱最终将反映该国经济状况的好坏，也就是说，炒汇无法回避经济基本面分析。经济指标发表后，货币走势受其影响，强者可能更强，也可能转弱；弱者可能更弱，抑或转强。所以不论基本面分析预测货币市场未来走势的正确性如何，长久以来，基本面分析已成为市场参与者投资决策的主要依据。投资者要意识到基本面分析举足轻重的地位，在这一方面苦下工夫，以更好地了解外汇市场的走势变动。

反映一国经济状况的数据很多，除了GDP经济增长率外，还包括贸易赤字、预算赤字、货币供给量、消费者物价指数（CPI）、生产者物价指数（PPI）、失业率、房屋开工率等。作为基本面分析者关注的焦点，各数据会由政府相关部门定期公布，外汇投资者应注意收集分析各类数据，进行分析比较，作为判定各币种未来走势的根据。

投资指导

很多投资者在初期会更倾向于技术面分析，认为它比复杂的、受多种因素影响的基本面分析更为可靠。但是当资金增大到一定程度后，基本面分析对于大周期趋势的把握有相当大的帮助，而这方面技术分析有力不能及之处，因而此时应采取基本分析为主，技术分析为辅的模式。

第162天　炒汇操作策略5：技术面分析

核心解读

1．分辨交易记录的真伪

交易记录可以有效地反映出交易者的盈利能力和交易风格，但在这个鱼目混珠的市场里，投资者要注意：有些别有用心的人会提供虚假的交易记录给你看，让你对他产生信任，一定要提高警惕，防止上当。

出于下单与分析在一个界面的方便原因，交易者普遍采用MT4平台，交易记录来源于MT4账户中的交易历史或者交易报告。关键是要鉴别是真实账户还是模拟账户的交易记录，可从以下三个方面去鉴别：

（1）查看截图中有没有平台左上方的标题栏，如果是模拟账户，标题栏的账号后面会标有“模拟账户”字样。

（2）查看截图中的交易记录有没有单号和进场时间，如果有，就随便找一个同平台在此时段内有交易的真实客户出示的相近时间内的交易单号截图，因为平台的交易单号是按交易时间按顺序编号的，一对照，真伪就知道了。如果没有认识的客户，可以在论坛里求证。

（3）如果截图是截自交易报告，MT4平台的交易报告中，真实账户和模拟账户的单量一列标识是完全不一样的英文单词。真实账户报告中的单量标题是“Size”，模拟账户报告中的单量标题是“Lots”。

要点提示

技术分析主要是通过对市场行为的分析与跟踪捕捉价格的变动趋向。由于技术分析能在时间上找到更好的切入点与出场位，因而它更适合于短期交易行为。

2. 应用技术指标注意事项

(1) 人们在使用技术指标时，常犯的错误是机械地照搬结论，而不问这些结论成立的条件和可能发生的意外。这多半是出于对技术指标的绝对信任，但是这难免会出现错误，这时他们又会认为技术分析指标一点用也没有。技术指标是有用的，出问题的是使用的人。

(2) 每种指标都有自己的盲点，也就是指标失效的时候。在实际中应该不断地总结，并找到各个指标的盲点所在。这样可以降低在使用技术指标时犯错误的概率，在一个指标失效时可以考虑别的指标，要相信众多指标中总有对我们有益的。

投资指导

要想掌握正确的指标使用手法，首先要尽量详细了解尽可能多的指标，由于指标数量众多，且预测程度、使用条件各异，因而在了解指标后，我们可以从中选出四五个囊括各方面的，适合自己的，以它们为主，别的指标为辅。这四五个技术指标的选择各人有各人的习惯，不能事先规定，但是，随着实战效果的好坏，这几个指标应该不断地进行变更。

第163天 炒汇操作策略6：套牢应对

核心解读

(1) 套牢时，根据图表分析，如果所买入的币种处在高位必须立即止损。

(2) 如果所买入的币种处在中位，可以依据当时的情况暂时观望，以求解套离场或者逢高减仓降低损失。

(3) 如果所买入的币种处在低位，则不必急于止损，应该在所买入的币种下跌企稳之后，在重要的支撑位敢于低位补仓，摊薄成本，在接下来的反弹行情中，将高位套牢的仓位一同救出。

(4) 如果所买入的币种处在上升趋势，则不必止损，耐心地持有一段时间，必然会解套，甚至还会有盈利的可能。

(5) 如果所买入的币种处在平衡震荡趋势中，也不必立即止损，耐心等待该币种进入震荡循环高位，一旦解套或者损失很小的时候，应该果断离场出局。

(6) 如果所买入的币种处在下跌趋势，一旦确认下跌趋势已经形成，应该立即止损，决不能患得患失心存幻想。任何的迟疑和犹豫，都有可能换来深度的套牢难以自拔。

要点提示

被套之后虽然任何操作都是被动的，但也不能完全放弃，可以根据技术分析进行操作。

投资指导

几乎每个投资者都有被套牢过的经历，然而不同投资者的应对方式却有很大差别，按照上述套牢应对方法可以有效减少损失，甚至还能反败为胜。

第164天　外汇交易常见问题及相应策略

核心解读

(1) 交易开始时担心亏损。

对策：设定止损，每次交易损失达到总资金的 5% 就撤，坚决执行。

(2) 多次止损却不见盈利，本金亏损大。

对策：提高操作成功率，去寻找波动的临界转向点，即波动最大可能会按当前趋势运行一段时间的一些进入点。

(3) 无法抓住大行情，微小的利润甚至不能弥补手续费和止损代价。

对策：学会等待，试着在获利时让盈利扩大，如果能抓住大波动，那么小止损也伤不了几根毫发。

(4) 等待造成转赢为亏，既浪费时间精力，又影响总体效益。

对策：使用“绝不让盈利转为亏损”的格言，当盈利头寸跌回进入价格附近时平仓。

(5) 打平出局容易错过大行情。

对策：放弃“绝不将盈利转为亏损”的格言，改为用止损来博大波动。进一步研究改善止损点位的摆放，同时找出由盈利转而跌破买入价而仍然可以继续等待的一些条件。

(6) 无法确定自己的操作系统的管用程度和时间。

对策：将系统实施在过去十年的历史图上模拟实验来验证修改，通过以后用系统做 50 次以上的交易，达到能不受市场干扰稳定执行系统的地步。

要点提示

通过前面的学习，相信投资者对外汇投资有了一定的了解，下面我们将外汇交易中的常见问题进行一个简单总结，并给出相应的应对策略。

投资指导

投资者可根据所提供的对策，摆脱这些常见问题，逐步提升自己的操作能力以获得可观的投资收益。

第165天　外汇保证金交易1：特点介绍

要点提示

外汇保证金交易就是投资者以银行或经纪商提供之信托进行外汇交易，投资人依其经纪商（或金融机构）的规定在缴纳保证金之后获得数倍甚至数百倍于保证金以上的交易额度。

投资指导

在交易额度之内，投资者只要持有低比例的资金（保证金）就可进行外汇交易。这种杠杆，充分地提高了资金的使用效率。若账面上的损失金额到达保证金的某一比例时，投资人必须在规定时间内补足保证金，否则经纪商可将其投资的标的物出清，以免损失而造成保证金血本无归的局面。

核心解读

1. 外汇保证金交易的特点

（1）外汇保证金交易是双刃之锋。保证金交易采用了强大的保证金杠杆，较少资金也可以用于投资金额较大的标的物，在这样强大的作用力之下，训练有素的交易好手可以通过正确地执行交易动作而取得不菲的收益，当然，保证金交易在放大了收益的同时也放大了风险。

（2）外汇保证金交易牛市、熊市都能赚钱。由于外汇保证金可以预购预售，因而投资者不但可以在低价买入，高价卖出中获利；也可以从高价先卖出，再低价买入而获利，这样无论牛熊都有机会赚钱。在这一操作上要遵循的原则仍是顺势而为，根据趋势变化灵活操作。

（3）外汇保证金交易息差和汇差兼得。由于保证金交易是以货币对为交易单位，因此投资者除了能够在汇差上赚取差价收益之外，还有机会获得可观的利息收入。要注意的是，外汇保证金是以合约金额为基础计算利息的。

（4）外汇保证金交易结算方便。外汇保证金交易并没有指定的结算日期，交易可以在瞬间完成，全日 24 小时随时可以进行交易，这也便于投资者灵活改变投资策略。

2. 外汇保证金交易同实盘交易的区别

综合来说，两种交易方式的差别主要体现在以下几个方面：

（1）点差。点差是银行根据市场汇率制定的买入价和卖出价之差，即俗称的手续费或佣金。由于每个汇民所面对的汇率是一致的，因而交易成本的多少就取决于点差。目前而言国外银行的点差比国内银行小很多。

（2）融资。外汇保证金交易可以银行或经纪商提供的信托进行融资，将现有资金量放大 20 倍以上进行交易，当然，其风险也会随融资比例的升高而上涨。而外汇实盘交易则没有这种特点，只能以现有资金做单。

(3) 做空。利用持续走低的熊市赚钱。保证金交易可以做空，双向操作也是外汇实盘买卖做不到的。

第166天　外汇保证金交易2：轻仓策略

核心解读

具体来说，推荐轻仓的原因如下：

(1) 轻仓可以为投资者提供更充分的时间和机会纠正错误。如果仓位轻一点，就可以挨过无序波动的阶段，最后达到盈利。

(2) 仓位决定心态，心态决定行为，行为导致结果。有些投资者模拟仓做得不错，真仓操作却一败涂地，这充分显示出了心态的重要性。而重仓容易使人更加贪婪和恐惧，所以，重仓从长期来看，几乎必败。

(3) 永远不要忘了我们最初进入这个市场的本意是什么。初入市场，投资者一般都希望轻松理财，开心赚钱，但重仓会阻碍我们这一目的的实现。而如果轻仓的话，亏损和盈利都在自己能接受的范围里，那么外汇不会成为你生活的全部，这样，才有利于我们在良好的心态下更容易地做出正确的判断。

要点提示

外汇保证金交易具有较强的杠杆效应，具有"一两拨千斤"的功效，放大了收益的同时也扩大了风险，因而轻仓策略是一种很好的选择。

投资指导

通过以上分析，投资者应该树立起这种意识：即便投资技术、知识经验已经达到较高档次的投资者依然不宜持重仓求暴利。

第167天　外汇保证金交易3：误区分析

核心解读

外汇保证金交易的误区通常有以下两种：

(1) 盲目听信消息或迷信某些汇评。外汇市场各种真假难辨的情报充斥其中，普通投资者因信息渠道、交往范围、技术水平的限制，往往容易陷入这样的陷阱。

要点提示

有些投资者在进行外汇保证金交易时陷入了某些误区，造成了诸多损失。

（2）过分注重利息。因保证金交易是以货币对为交易单位，因此就存在大部分货币对买入时赚利息，沽出时付利息的情况。往往有的客户因为过分看重利息而愿意做买单，不愿意做沽单。涨势时还可以，跌势时，这种思考方法导致易逆市操作，易深度套牢。

投资指导

为避免踏入误区，第一，不要轻信重大事件出来前的舆论，待消息出尽，走势稳定后，再入市不迟。此外，汇评绝不能保证只赢不输，在阅读时，要注意起草汇评的人哪个币种比较擅长，在哪个阶段（单边势还是震荡势）比较准确，明白了这些，加之自己的判断，准确率就会大大提高。第二，不过分注重利息。保证金交易由于杠杆原理的存在，利息收入只是微不足道的部分。做保证金交易过分看重利息是要不得的想法。

第七章

衍生品
——高风险高收益并存的投资产品

什么？嫌股市、汇市还不够刺激？想找一个更有才的地方来挑战一下你的操作极限？来衍生品市场就对了，不过千万别大意了，这里可是野马丛生的地方，驾驭好了能带走一匹千里马，驾驭不好可能就会被野马撞得头破血流了。衍生品市场的“驭马”之术，学了才知道。

要点提示

远期合同交易是买卖双方签订远期合同，规定在未来某一时期进行实物商品交收的一种交易方式。

投资指导

远期合同交易与现货交易在性质上其实是相同的，都以实物商品的最终交收为目的，但在操作手法上，二者还有很大的区别：

（1）远期合同交易买卖双方进行交割的时间与达成交易的时间有较长的间隔，相差的时间达几个月是经常的事；而现货交易通常是现买现卖，即时交收。这是二者最显著的不同点。

（2）远期合同交易双方必须签订远期合同，而现货交易无此要求。

（3）远期合同交易是非标准化合同，双方往往要通过正式的磋商、谈判，达成一致意见签订合同之后才算成立；相比之下，现货交易随机性大，方便灵活，没有严格的交易程序。

（4）远期合同交易通常要求在规定的场所进行，双方交易要受到第三方的监控，以使交易处于公平、公正与公开的状况，因而能有效防止不当行为和维护市场交易秩序。相对而言，现货市场的陷阱和非法行为较多。

第168天 远期合同交易1：特点介绍

核心解读

远期合同交易主要有以下特点：

（1）外汇远期合约是交易双方经协商后达成的协议，在交易币种、汇率、交割方式、金额等方面能够灵活地满足交易双方的偏好，因而是非标准化的合约。这虽有利于满足双方需求，但每笔业务都需进行具体磋商或公证，也为交易双方带来了一定的麻烦。

（2）一般是买卖双方的直接贸易，大多采取直接谈判的方式，交易地点不固定，24小时的交易时间也不受限制。

（3）对投资者要求高。由于远期合同贸易中的商品数量和质量各不相同，这就要求签约者具备相当广泛的商品知识，并熟悉每一种商品不同质量等级的划分和质量差价。

（4）远期合同贸易的价格是单一的，买卖双方根据各自对将来履约时市场供求状况的预测，经过讨价还价后确定的，很难做到公平合理。

（5）合同不能流通转让，到期必须按规定进行实际商品交收，这使得合约双方当事人都要承担一定的信用风险。

第169天 远期合同交易2：功能和缺陷

核心解读

1．远期合同交易的功能

作为一种金融衍生品，远期合同交易合同的主要功能有：

（1）可以稳定供求双方之间的产销关系。远期交易合同是一种预买预卖的合同。对于双方供给者来说，可以踏踏实实搞生产；对于需求者来说，订购商品使预选商品的来源与成本成为现实，可以据此安排资金，筹划运输、储存等工作，这样，使各环节有机地衔接起来。远期合同交易的供需关系主要表现为稳定的产销关系。

(2) 可以在一定程度上减少市场风险。这是远期合同交易得以产生和发展并受到交易者青睐的根本所在，也是它弥补现货交易不足的主要表现。现货价格信号短促且难以把握，不能成为市场生产经营活动的有效依据，而远期交易合同则可以将事后的市场信号调节转变为事前的市场信号调节，既可以稳定供需，又可以避免风险。

要点提示

远期合同交易是金融衍生品的一种，它有实现投资特定目的的功能，但也包含了一些缺陷，需要投资者加以注意。

2. 远期合同交易的缺陷

(1) 由于每笔远期合同交易只代表着两个交易主体的意愿，而不是多个交易主体的意愿，因而代表着两个交易主体意愿的成交价格对生产与经营活动的指导作用是有限的。

(2) 远期合同交易是一种“先物交易”的交易方式，它在解决一些难题的同时也为买卖双方带来了更多的风险，例如：履约期到，但卖方生产数量不足，不能保证供给；买方资金不足，不能如期付款；商品价格趋高，卖方不愿按原定价格交货，使远期交易不能最终完成等。

(3) 远期合同交易中的客体——远期合同本身缺乏流动性。由于远期交易合同是非标准化的合同，不但合同条款的确定比较麻烦，而且还是不允许流通的，远期合同的这种非流动性或低流动性，使得远期合同交易所存在的风险难于分散，这又助长了各类违约行为的发生。

投资指导

远期合同交易的功能缺陷代表了一种风险，投资者应注意风险的规避。

第170天　债券远期交易

核心解读

债券远期交易具有广泛的投资应用，具体来说，它主要有以下几个方面的投资应用：

1. 锁定成本或收益

对于将来某一时间需要买入或卖出债券的投资者，可以在当前通过

要点提示

债券远期交易指交易双方约定在未来的某一日期，以约定价格和数量买卖标的债券的行为。

投资指导

投资者还可以通过跨期套利赚取利润，采用跨市场套利消除转托管风险等，可以说，利用债券远期交易，投资者避险和盈利的途径大大增加了。

远期交易确定将来买入或卖出债券的价格，从而锁定买入成本，避免了价格波动风险。此外，想要锁定某段时间的回购成本或收益，还可利用远期交易进行远期回购。

2. 投机操作

如果投资者预测市场利率将会上升，某只债券价格将会下跌，则可对该只债券远期卖出，进行空头投机。如果合约到期时，该债券的现货价格果然低于合约交割价，投资者便可从现货市场买入该债券进行交割，从中获利。反之，则反向操作。

3. 与买断式回购组合套利

理论上，远期交易的债券价格应该等于现货价格加上交易期间的资金成本（可理解为回购利息），若远期价格高于或低于现货价格与回购利息之和，则投资者可以买入现券并用现券回购，融资放大，同时卖出远期，进行多头套利；反之，则相反。但这两种套利空间都比较有限，机会出现以后可能很快被熨平。

4. 跨品种套利

不同期限的债券品种之间存在合理的收益率差距，如果两只债券的收益率差明显偏离正常值，后市可能向正常值回归，则出现获利机会。投资者在此时可以通过远期交易买入收益率相对较高的债券，同时卖出收益率相对偏低的债券。在远期合约到期时，只要两只债券的收益率差距回归正常，投资者就可以通过高收益率债券价格的升高，或低收益率债券价格的下跌获得盈利。

要点提示

远期利率协议(Forward Rate Agreement，FRA）是指交易双方约定在未来某一日期，交换协议期间内一定名义本金基础上分别以合同利率和参考利率计算的利息的金融合约，通过对参考利率未来变动保值来锁定未来期限的利率，同时还可以达到对冲风险暴露的目的。

第171天 远期利率协议1：特点介绍

核心解读

远期利率协议交易具有以下几个特点：

（1）具有极大的灵活性。作为一种场外交易工具，远期利率协议的合同条款可以根据客户的要求“量身定做”，以满足个性化需求。

（2）并不进行资金的实际借贷，尽管名义本金额可能很大，但由于只是对以名义本金计算的利息的差额进行支付，因此实际结算量可能很小。

（3）有利于提高资金利用效率，在结算日前不必事先支付任何费用，只在结算日发生一次利息差额的支付。

投资指导

将来利息起算日，按规定的协议利率、期限和本金额，由当事人一方向另一方支付协议利率与参照利率利息差的贴现额。其中，买方的利息支付以合同利率计算，卖方则以参考利率计算。合同具有约束力，不经双方同意不得撤销或转让给第三方。

第172天 远期利率协议2：功能和缺陷

核心解读

1．远期利率协议的功能

远期利率协议的功能主要表现在：远期利率协议通过固定将来实际支付的利率极大地规避了市场利率风险，对资金融入方而言，有利于其锁定资金成本，确保了所需的融资规模，避免了因今后货币市场利率价格波动造成的流动性风险。对资金融出方而言，由于事先确定了资金价格，有利于其提前锁定资金拆借的利息收益，此外，由于没有本金交易，对双方来说，信用风险都大大降低。对于银行来说，远期利率协议利差结算，资金流动性小的特点可以为其提供一项既能管理利率风险又无须改变资产负债结构的有效工具。

要点提示

远期利率协议的推出，不仅可以进一步丰富金融衍生产品种类，使投资者更灵活地选择适合自身需要的风险管理工具，还可以为现有的利率衍生产品提供有效的对冲手段，从而促进整个金融衍生品市场的协调发展。

2．远期利率协议的缺陷

远期利率协议的缺陷主要是指买卖双方会因对未来利率变化的判断失误而造成损失。在这种协议下，交易双方约定从将来某一确定的日期开始在某一特定的时期内借贷一笔利率固定、数额确定，以具体货币表示的名义本金。远期利率协议的买方就是名义借款人，如果市场利率上升的话，他按协议上确定的利率支付利息，就避免了利率风险；但若市场利率下跌的话，他仍然必须按协议利率支付利息，就会受到损失。远期利率协议的卖方就是名义贷款人，他按照协议确定的利率收取利息，显然，若市场利率下跌，他将受益；若市场利率上升，他则受损。

投资指导

总体来说，使用远期利率协议还是利大于弊的。

第173天 远期利率协议3：利息计算

要点提示

远期利率表协议的价格是指从利息起算日开始的一定期限的协议利率，其报价方式类似于货币市场拆出拆入的利率表达方式，但要增加一项合约指定的协议利率期限。

投资指导

掌握利息计算方法，可以合理预计损益，提前安排好资金管理。

核心解读

在起息日如何支付利息，可按以下步骤进行：

(1) 计算FRA协议期限内的利息差。该利息差就是根据当天参照利率与协议利率结算利息差，其计算方法与货币市场计算利息的惯例相同，等于本金额 × 利率差 × 期限（年）。

(2) 要注意的是，按惯例，FRA差额的支付是在协议期限的期初(即利息起算日)，而不是协议利率到期日的最后一日，因此利息起算日所交付的差额要参照利率贴现方式计算。

(3) 计算的A有正有负，当A＞0时，由FRA的卖方将利息差贴现值付给FRA的买方；当A＜0时，则由买方贴现卖方。

第174天 期货1：特点介绍

要点提示

期货是与现货相对而言的，即现在进行买卖，但是在将来进行交收或交割的标的物，这个标的物可以是某种商品例如黄金、原油、农产品，也可以是金融工具，还可以是金融指标。交收期货的日子可以是一星期之后，一个月之后，三个月之后，甚至一年之后。买卖期货的合同或者协议叫做期货合约。买卖期货的场所叫做期货市场。

核心解读

期货交易具有以下特点：

(1) 期货交易的双向性：期货的双向性是指它既可以买空又可以卖空，相对于股市来说，可以说，期货无熊市。

(2) 期货交易的费用低：对期货交易国家不征收印花税等税费，唯一费用就是交易手续费，这大大节约了期货的费用。

(3) 期货交易的杠杆作用：这是期货投资的魅力所在，主要是由于期货投资的保证金制度使得在交易时无须支付全部资金。

(4)“T+0”交易机会翻番：期货是“T+0”的交易，使您的资金应用达到极致，您在把握趋势后，可以随时交易，随时平仓。

（5）期货是零和市场：其本身并不创造新的价值，只不过是资金的再分配。但在某一时段里，不考虑资金的进出和提取交易费用，期货市场总资金量是不变的，某一市场交易者的盈利来自另一个交易者的亏损。

投资指导

通过期货合约，套期保值者可以锁定成本，规避因现货市场的商品价格波动风险而可能造成的损失；投机者也可以进行风险投资交易，增加市场流动性。

第175天　期货2：期货与其他投资产品的区别

核心解读

要点提示

通过比较期货与其他股票、期权等投资产品的区别有助于加深对期货的了解，帮助投资者发现不同投资产品的细微差别，从而发现适合自己的产品类型。

1. 与股票的区别

（1）以小搏大：股票是全额交易，即有多少钱只能买多少股票，而期货是保证金制，利用杠杆原理，减小投资，放大收益。

（2）双向交易：股票是单向交易，只能先买股票，才能卖出；而期货既可做多，也可做空。

（3）时间制约：股票交易无时间限制，如果被套可以长期持仓，而期货必须到期交割，否则交易所将强行平仓或以实物交割。

（4）盈亏实际：股票投资回报有两部分，其一是市场差价，其二是分红派息，而期货投资的盈亏在市场交易中就是实际盈亏。

（5）风险巨大：期货的保证金交易和强行平仓的限制，使其在放大了收益的同时也放大了风险。

（6）交易模式：股票实行 T+1 交易，当天买进的股票至少要持有到第二个交易日。期货施行 T+0 交易，当天就可平仓，交易次数不限。

（7）信息披露：期货信息主要是关于产量、消费量、主产地的天气等报告，专业报纸都有报告，透明度很高。股票最主要的是财务报表，不能排除很多公司作假的可能。

（8）参与者：期货市场上的投资者由想规避风险的套期保值者和想获取风险利润的投机者共同组成，而股票的参与者基本上以投机者居多。

2. 与期权的区别

（1）标的物不同。期货交易的标的物是商品或期货合约，而期权交易的标的物则是一种商品或期货合约选择权的买卖权利。

(2) 投资者权利与义务的对称性不同。期权是单向合约，期权的买方在支付保险金后可以享有决定是否行权的权利却不必承担义务，期货合同则是双向合约，交易双方都要承担期货合约到期交割的义务。如果不愿实际交割，则必须在有效期内对冲。

(3) 履约保证不同。期货合约的买卖双方都要交纳一定数额的履约保证金；而在期权交易中，只需卖方缴纳。

(4) 现金流转不同。期权交易合约可以流通，其价格就是买方向卖方支付的保险费。而在期货交易中，买卖双方都要交纳初始保证金，在交易期间还要根据价格变动对亏损方收取追加保证金；盈利方则可提取多余保证金。

(5) 盈亏的特点不同。期权中买方收益无上限，亏损不会大于期权价格，卖方则正好相反，而期货中，买卖双方都面临着无限的盈利和无止境的亏损。

(6) 套期保值的作用与效果不同。期货实际上是保值现货价格及边际利润，期权对买方来说，即使放弃履约，也只损失保险费，对其购买资金保了值；对卖方来说，要么按原价出售商品，要么得到保险费也同样保了值。

投资指导

同其他投资产品相比，期货有自身特殊的优势。

第176天 期货3：功能

核心解读

1. 发现价格

由于期货交易是公开进行的对远期交割商品的一种合约交易，在这个市场中集中了大量的市场供求信息，不同的人，从不同的地点，对各种信息的不同理解，通过公开竞价形式产生对远期价格的不同看法。期货交易过程实际上就是综合反映供求双方对未来某个时间供求关系变化和价格走势的预期。这种价格信息具有连续性、公开性和预期性的特点，有利于增加市场透明度，提高资源配置效率。

要点提示

期货交易的主要功能是发现价格和规避风险。

投资指导

投资者可以对期货进行投资或投机。但是要注意，对期货的不恰当投机行为，例如无货沽空，可导致金融市场的动荡。

2. 规避风险

期货交易可以使投资者利用期货、现货两个市场进行套期保值交易，使二者损益相互抵补，达到规避风险的目的。具体的做法是：在现货市场上买进或卖出一定数量现货商品的同时，在期货市场上卖出或买进与现货品种相同、数量相当、但方向相反的期货商品（期货合约），以一个市场的盈利来弥补另一个市场的亏损，达到规避价格风险的目的。

第177天　期货4：风险及其控制

核心解读

期货交易的风险主要包括以下几方面：

（1）经纪委托风险。客户在选择和期货经纪公司确立委托过程中产生的风险。为避免这一风险，客户在选择期货经纪公司时，应对期货经纪公司的规模、资信、经营状况等仔细对比，谨慎决策。

（2）流动性风险。由于市场流动性差，期货交易难以迅速、及时、方便地成交所产生的风险。这种风险在客户建仓与平仓时表现得尤为突出。因此，客户要注意市场的容量，研究多空双方的主力构成，以免进入单方面强势主导的单边市，遭受流动性风险。

（3）强行平仓风险。投资者保证金不足或者持仓总量超出限制时就有可能导致被经纪公司强行平仓，因而客户在交易时应注意对自己资金的管理。

（4）交割风险。期货合约都有期限，当合约到期时，所有未平仓合约都必须进行实物交割。因此，不准备进行交割的客户应在合约到期之前将持有的未平仓合约及时平仓，以免于承担交割责任。因此投资者应尽量避免将合约持有至临近交割之时。

（5）市场风险。在期货市场中，价格波动的风险被放大，投资者应时刻注意防范。

要点提示

期货交易的风险相对来说是比较大的，稍有不慎就可能会给投资者造成巨大损失，因而对期货交易进行风险控制尤为重要。

投资指导

作为期货市场的投资者，特别是新进入期货市场的新手，在进行期货交易时，最主要的是要注意几个方面：

(1) 严格遵守期货交易所和期货经纪公司的一切风险管理制度。如若违反这些制度，将使您处于非常被动的地位。

(2) 投资的资金、规模必须正当、适度。如果资金渠道有问题，一旦抽紧，势必影响交易；而交易规模如果失当，盲目下单、过量下单，就会使您面临超越自己财力、能力的巨大风险。

(3) 要有良好的投资战略。投资者要在不断提高自身知识水平的同时也注重加强心理素质的培养。

(4) 关注信息、分析形势，期货市场信息繁多，投资者要提高分辨和分析的能力。充分掌握有价值的信息。同时，还要对市场变化保持灵敏的反应，顺势而行。

要点提示

投资期货应该了解一份完整的期货合约所包含的内容及其含义。

投资指导

进行期货交易需要注意以下几点：

(1) 期货合约的商品品种、数量、质量、等级、交货时间、交货地点等条款都是既定的，是标准化的，唯一的变量是价格。期货合约的标准通常由期货交易所设计，经国家监管机构审批上市。

(2) 期货合约是在期货交易所组织下成交的，具有法律效力，而价格又是在交易所的交易厅里通过公开竞价方式产生的。国外大多采用公开叫价方式，而我国均采用电脑交易。

(3) 期货合约的履行由交易所担保，不允许私下交易。

(4) 期货合约可通过交收现货或进行对冲交易来履行或解除合约义务。

第178天 期货5：期货合约内容

核心解读

期货合约通常包含以下内容：

(1) 最小变动价位：该期货合约单位价格涨跌变动的最小值。

(2) 每日价格最大波动限制：又称涨跌停板，是指期货合约在一个交易日中的交易价格不得高于或低于规定的涨跌幅度，超过该涨跌幅度的报价将被视为无效，不能成交。

(3) 期货合约交割月份：该合约规定进行交割的月份。

(4) 最后交易日：某一期货合约在合约交割月份中进行交易的最后一个交易日。

(5) 期货合约交易单位“手”：期货交易必须以“一手”的整数倍进行，不同交易品种每手合约的商品数量，在该品种的期货合约中载明。

(6) 期货合约的交易价格：该期货合约的基准交割品在基准交割仓库交货的含增值税价格。合约交易价格包括开盘价、收盘价、结算价等。

此外，合约中还要包括交易品种、数量和单位，买卖双方权利义务，交易手续费等。

要点提示

期货市场有其基本制度，有些制度同股票市场类似，有些则是期货市场特有的制度。

第179天 期货6：期货市场基本制度

核心解读

期货市场主要有以下制度：

(1) 保证金制度。期货交易中，为担保履约财力，交易者必须缴纳合约价值一定比例的资金作为保证金，并要随着价格的波动考虑追加。保证金制度既体现了期货交易特有的“杠杆效应”，同时也成为交易所控制期货交易风险的一种重要手段。

(2) 每日结算制度。期货交易的结算是由交易所统一组织进行的。期货交易所实行每日无负债结算制度，又称“逐日盯市”，是指每日交易结束后，交易所按当日结算价结算所有合约的盈亏、交易保证金及手续费、税金等费用，对应收应付的款项同时划转，相应增加或减少会员的结算准备金。期货交易的结算实行分级结算，即交易所对其会员进行结算，期货经纪公司对其客户进行结算。

(3) 涨跌停板制度。涨跌停板制度又称每日价格最大波动限制，即期货合约在一个交易日中的交易价格波动不得高于或低于规定的涨跌幅度，超过该涨跌幅度的报价将被视为无效，不能成交。

(4) 持仓限额制度。对客户的持仓量进行限制，超过限额，或者要提高保证金，或者要被交易所强行平仓。这一制度主要是为了避免价格操纵和风险过度集中。

(5) 大户报告制度。大户报告制度与限额制度一样，也是为了防范价格操控和控制市场风险，它是指当客户某品种持仓合约的投机头寸达到交易所对其规定的头寸持仓限量 80% 以上（含本数）时，客户应向交易所报告其资金情况、头寸情况等，客户须通过经纪会员报告。

(6) 实物交割制度。实物交割制度是指交易所制定的，当期货合约到期时，交易双方将期货合约所载商品的所有权按规定进行转移，了结未平仓合约的制度。

(7) 强行平仓制度。这种情况主要发生在客户保证金不足或持仓量过度的情况下，是交易所对违规者的有关持仓实行平仓的一种强制措施。

投资指导

期货市场包含的制度要求比较多，投资者必须全部掌握，以免在交易中出现无效操作造成损失。

第180天　期货7：期货投资者种类

要点提示

不同的投资目的形成了不同的投资者种类，但是不同目的之间并不是矛盾的非此即彼的关系，甚至在某种情况下可以兼得。

核心解读

期货市场的投资者主要可分为两大类：套期保值者和投机者。二者的特点与运作手法具体为：

套期保值就是对现货保值。在看涨时买入（即多头），看跌时卖出（即空头），简单地说，就是在现货市场买进（或卖出）商品的同时，在期货市场卖出（或买入）相同数量的同种商品，进而无论现货供应市场价格如何波动，最终都能取得在一个市场上亏损的同时在另一个市场盈利的结果，并且亏损额与盈利额大致相等，从而达到规避风险的目的。

投资指导

相对于套期保值者，投机者更容易承担风险，在促进市场流动性的同时也有利于缓解价格的过大波动，投资者可以根据自身条件和投资目的确定要成为哪种类型的投资者，并在此基础之上明确自己的投资计划和操作策略。

投机者则是以获取价差为最终目的，其收益直接来源于价差。投机者根据自己对期货价格走势的判断，做出买进或卖出的决定，如果这种判断与市场价格走势相同，则投机者平仓出局后可获取投机利润；如果判断与价格走势相反，则投机者平仓出局后承担投机损失。

第181天　期货8：期货投机交易

核心解读

要点提示

通常个人投资者进行的期货投资都是通过低买高卖以赚取差价的投机交易。

投机交易对期货市场发挥其功能具有重要作用，具体来说有以下作用：

(1) 承担了套期保值者转嫁的风险。

(2) 使期货市场更为活跃并增加了期货市场的流动性。

(3) 有利于缓解价格的剧烈波动，当然这是需要前提条件的，首先投机者的操作要合理化，不能违背市场规律，其次，投机活动要适度，过度的投机不仅不能减缓价格的波动，还会加大市场的风险。

(4) 期货市场的投机者不仅利用价格短期波动进行投机，而且还利用同一种商品或同类商品在不同时间、不同交易所之间的差价变动来进行套利交易。这种投机，使不同品种之间和不同市场之间的价格，形成一个较为合理的价格结构。

投资指导

在期货市场，投机交易必不可少，它有利于期货交易的顺利进行和期货市场的正常运转，是期货市场套期保值功能和发现价格功能得以发挥的重要条件之一。

第182天　期货9：期货投机交易中的资金管理和价格预测

核心解读

1．资金管理

资金管理是成功投资的关键。期货投机的目的就是为了挣钱，是为了使一定数量的资金生成更大的数量，以获取投资收益。潜在的盈利是能够承受亏损风险的函数。每个期货投机者都应该设立能够承受风险的资金标准。然后，应该根据投资收益的设想建立交易目标，确定适合收益目标的计划和风险水平。所有的交易及部位都应该与资金状况以及它们对目的的潜在作用相关联。

2．预测价格

商品价格的波动导致盈亏的产生，因而正确预测价格是成功投资的前提。不同类型的投机者有不同的预测需要和方法，例如有的投机者关心下一个价位的跳动，下一个指令的决定，而有的投机者则关心几个月内的中长期趋势。每一种预测方式都要求不同形式的交易和不同的资金管理方法。因而，每个投机者都应了解自身的预测技巧及其限度，不要超越。

要点提示

前面提到过，期货投机交易通常要承担更大的市场风险，做好资金管理和价格预测能有效减少风险，增加获利的可能性。

投资指导

价格的预测具有不确定性，但确定性的水平却可以评估，在评估中还要与交易中的资金分配相结合，这种预测和资金管理的相互影响需要每一位投机者极为耐心地关注。要知道，投机的机会很多，所以投资者的问题不是要找事情做，而是要避免做错事。

第183天　期货10：期货套利交易

核心解读

在期货市场中，套利有时能比单纯的长线交易提供更可靠的潜在收益，尤其当交易者对套利的季节性和周期性趋势进行深入研究和有效使用时，其功效更大。但要注意的是套利的风险并不一定比长线交易小，

要点提示

套利，又称套期图利，是指期货市场参与者利用不同月份、不同市场、不同商品之间的差价，同时买入和卖出不同种类的期货合约以便从中获取利润的交易行为。

当两个合约、两种商品的价格反方向运动时，套利的两笔交易都发生亏损，这时，套利成为极为冒险的交易。

(1) 套利交易的收益来自下面三种方式之一：

①在合约持有期，空头的盈利高于多头的损失。

②在合约持有期，多头的盈利高于空头的损失。

③两份合约都盈利。

(2) 套利交易的损失则来自刚好相反的方式：

①在合约持有期，空头的盈利少于多头的损失。

②在合约持有期，多头的盈利少于空头的损失。

③两份合约都亏损。

投资指导

套利可能性的存在是由于存在种种差异，包括现货与期货价格的差异，同种商品不同时期不同交易所中价格的差异等。就整个期货交易而言，套利交易仍然是一项风险、收益都较高的投机。

要点提示

期货交易注重健全的交易策略，其中资金管理可视为其核心，而止损可视为资金管理的灵魂。唯有做好资金管理、严格止损，才能细水长流，成为期货市场的常胜将军。

第184天 期货11：期货止损

核心解读

期货止损要注意以下事项：

(1) 凡事预则立，不预则废。所有的止损必须在进场之前设定，若开仓时还没有设置好止损，而在亏损时再做考虑，由于心态、时间等原因，就会导致止损的无效。

(2) 止损要与趋势相结合。趋势有三种：上涨、下跌和盘整。在盘整阶段，价格在某一范围内止损的错误性概率较大，因此，止损的执行要和趋势相结合。在实践中，可以将盘整视为趋势不明朗的阶段，投资者可以休养生息。

(3) 选择交易工具来把握止损点位。这要因人而异，可以是均线、趋势线、形态及其他工具，关键是要适合自己。交易工具的确定非常重要，而运用交易工具的能力则会导致完全不同的交易结果。

投资指导

或许人人都深知止损的重要性，然而在应该止损的时机到来时，大部分人又会犹豫不决，迟迟不做行动，究其原因，主要是价格频繁波动给投资者带来的侥幸心理，而且止损也确实是一个挑战人性弱点的痛苦过程。程序化止损策略能部分地解决这一问题，即在提供止损指令的期货交易市场中，交易者可以预先设定一个价位，当市场价格达到这个价位时，止损指令立即自动生效。

此外，我们还可以利用先进的期货工具来达到止损目的：目前，我国的交易系统可以提供市价止损和限价止损两种止损指令。市价止损是指市场价格一触及到预设的止损价位，大部分情况下可以确保止损的成功，市场活跃时用得较多；限价止损则是在市场价格一触及到预设的止损价位时以限价发送委托，这有利于避免价格不连续时产生损失，适用于市场不活跃时。

第185天　期货12：期货交易开展

核心解读

开展期货交易，投资者需要做好以下准备工作：

(1) 充分了解期货合约。这是交易走向成功的第一步。虽然期货合约是交易所统一设计的一种标准化合约，其内容任何交易者都无权更改，但绝不等于交易者可以不过问期货合约。交易者尤其要弄清最小变动价位与每日价格最大波动幅度限制两要素与期货交易报价的关系。

(2) 熟悉期货行情。期货价格是交易双方关注的重点，而行情又是反映价格的主要因素，因此，熟悉期货行情显得非常重要。要熟悉期货行情，主要应熟悉和精通两个方面的内容：其一是能够看懂期货行情；其二是掌握期货价格的分析方法。

(3) 正确选择期货经纪公司。期货经纪公司是联结交易者与交易所的桥梁与纽带，对交易者的投资成功至关重要。选择经纪公司可以掌握以下几条标准：该公司资本雄厚，信誉良好；拥有现代化通讯设备和计算机网络；部门齐全，服务周到；拥有一批精通业务的经纪人队伍；收取保证金与佣金合理；必须是合法组建的；开办业务的范围较广；目前的动作状况良好等。

(4) 制定市场策略。一个好的市场策略是走向成功的关键。在确定市场策略的过程中，投资者要通过开展市场预测、资金管理和时机选择方面的工作，来确定最佳的、适合自己的交易行为（买或卖）、交易的期货品种和数量、交易时间与交易方式。

要点提示

通过前面相关期货知识的学习，你准备开始开展期货交易了吗？开展期货交易有特定的步骤可循。

投资指导

上述每一个步骤都是重要的，任何一项没有做好都可能会影响你的投资收益。

第186天 期货13：制订期货交易计划

要点提示

凡事预则立，不预则废，讲的就是计划对完成目标的重要作用。进行期货交易应该制订科学合理实用的期货交易计划。

核心解读

要制订一个妥善的期货交易计划就要考虑到以下几方面：

(1) 自身的财务状况。投资者要根据自身的财务状况确定自己的最大风险承受能力，进而确定适宜的资金投入量。

(2) 所选择的交易商品。不同的商品期货合约的风险是不一样的。一般来讲，投资者入市之初应当选择成交量大、价格波动相对温和的期货合约，做熟一个期货品种，做到对这个品种有非常透彻的了解。

(3) 制定盈利目标和亏损限度。每一笔交易之前投资者都要对该交易的预期获利和潜在风险有一个大致了解，设定出盈利目标和止损限度。在具体操作中，除非出现预先判断失误的情况，一般应注意按计划执行，切忌由于短时间的行情变化或因传闻的影响，而仓促改变原定计划。

(4) 市场分析。市场分析是把握价格走势的关键，并且要注意分析时不要将自己的主观愿望强加于市场走势之上。

(5) 入市时机。入市时机也是能否操作成功的关键。投资者要学会使用技术性分析来进行选择，一般情况下，投资者要顺应中期趋势的交易方向，在上升趋势中，趁跌买入；在下降趋势中，逢涨卖出。如果入市后行情发生逆转，可采取不同的方法，尽量减少损失。

投资指导

制订好期货交易计划后就要严格执行计划，否则计划便成为一纸空文，不起任何实际作用。另外，计划的执行并不是一成不变的，可以在计划执行过程中根据实际市场情况灵活地加以调整执行。

第187天 股票期货1：特点介绍

核心解读

股票期货具有以下特点：

(1) 股票期货可以成为直接买卖股票的替代手段。这使得投资金额有限的意愿投资者能够利用股票期货进行股票投资。同时，严格遵守资产分配模型的投资者也可以利用股票期货来迅速调整投资组合中股票与债券的相对比例，从而保证二者之间的动态平衡不会偏离既定目标。

(2) 股票期货作为一种灵活的投资方式，可以成为常规投资组合的延伸及调整手段。股票期货可以使投资者在不改变原有投资组合结构的基础上，根据对市场走势的判断，从投资组合的外围通过股票期货来调整自己的投资重点，从而保证现有投资组合的完整与稳定。

(3) 股票期货可以成为投资风险管理的有力工具。股价下挫时，常规的卖空股票的做法并不理想，而股票期货与股票相比，费用低，可在股价持续下跌时卖出又无须担心价格积压，是一种理想的选择。

(4) 股票期货可用于对冲避险。面对市场的各种风险或短期性震颤，投资者可以卖出股票期货来对冲避险，使股票价格下跌带来的损失为期货价格下跌带来的收益所补偿。

(5) 股票期货为机构投资者提供了无风险套利手段。股票期货的价格与股票之间是存在一定关系的，投资者可以利用这一机会在二者之间进行套期保值以获取无风险收益，进而促使其价格差恢复到常态。

(6) 股票期货的资本有效性。这主要表现在以下方面，首先其杠杆效应可以以小博大，其次，对于契约中未支付的标的价格投资者无须像向经纪人借款那样支付利息，此外，股票期货交易不牵涉融资或者借款手续，而向经纪人借款买股则是一段耗时、伤神的记忆。

要点提示

股票期货是以单只股票作为标的的期货，是一个买卖协定，注明于将来既定日期以既定价格（立约成价）买入或卖出某一既定股票数量（合约成数）。所有股票期货合约都以现金结算，合约到期时不会有股票交收，通常做法是按立约成价和最后结算价之差再乘以合约乘数，在合约持有人账户中扣存。最后结算价是按照最后交易日该合约所代表的股票在现货市场每五分钟最高买入及最低卖出价的中间价格的平均值计算。如果股票期货的投资者希望在合约到期前平仓的话，原先沽空的投资者只需买回一张期货合约，而买入合约的投资者则卖出一张期货合约。

投资指导

股票期货是股市投机者的新宠，因其资本的有效性得到了强化和提高，价格变化的浮动程度也远远超过了股票，可以成全人们“以小钱、办大事”的善良愿望与投机心态。

第188天　股票期货2：适合人群

核心解读

股票期货同股票有以下不同：

(1) 以小搏大。股票是全额交易，即有多少钱只能买多少股票，而期货的保证金制使得投资者只需投入标的价值的部分资金即可。

要点提示

股票期货利弊共生、毁誉交加，不是所有的投资者都适合涉足其中，什么样的投资者才能运用好这把双刃剑呢？

(2) 双向交易。股票是单向交易，只能先买股票，才能卖出；而期货既可以先买进也可以先卖出，是双向交易。

(3) 时间制约。股票交易无时间限制，如果被套可以长期平仓，而期货必须到期交割，否则交易所将强行平仓或以实物交割。

(4) 盈亏实际。股票投资的回报来自市场差价和分红派息，而期货投资的盈亏就是在市场交易中的实际盈亏。

(5) 风险巨大。期货由于实行保证金制、追加保证金制和到期强行平仓的措施，使得其在能够为投资者带来更高收益的同时，也带来了比股市更大的风险。

通过比较我们能进一步了解股票期货的独特之处，这也决定了该种投资产品的适用人群。

投资指导

股票期货比较适合那些精明与老练的投资者，要能够及时观察其运作过程、交易流量、风险程度及其与基础股票之间的相对价格变化规律。然后根据自己的交易经验、财务实力、投资目标来判断是否应当有选择性地尝试，并且还要时刻保持清醒和冷静的头脑，时刻明确交易股票期货的动机与目的所在，充分发挥股票期货分散投资和风险管理的功能。

第189天　股指期货1：特点介绍

核心解读

股指期货主要用途有三个：

(1) 对股票投资组合进行风险管理，主要是利用套期保值来防范股票的系统性风险。

(2) 利用股指期货进行套利。所谓套利，就是利用股指期货定价偏差，通过买入股指期货标的指数成分股并同时卖出股指期货，或者卖空股指期货标的指数成分股并同时买入股指期货，来获得无风险收益，这样有利于将价格保持在一个合理的范围内。

(3) 作为一个杠杆性的投资工具。由于股指期货采用保证金交易，只要判断方向正确，就可能获得很高的收益，但要注意，判断失误也会发生同样的亏损。

要点提示

股指期货的全称是股票价格指数期货，也可称为股价指数期货、期指，是指以股价指数为标的物的标准化期货合约，双方约定在未来的某个特定日期，可以按照事先确定的股价指数的大小，进行标的指数的买卖。作为期货交易的一种类型，股指期货交易与普通商品期货交易具有基本相同的特征和流程。

投资指导

股指期货实行T+0交易，市场流动性比较大，其交割以现金形式进行，即在交割时只计算盈亏而不转移实物，因而在期指合约的交割期投资者完全不必购买或者抛出相应的股票来履行合约义务，这就避免了在交割期股票市场出现“挤市”的现象。

第190天　股指期货2：投资准备

核心解读

进行股指期货投资需要做好以下准备工作：

(1) 休息与等待。休息与等待并不是无所作为，而是一种积极的防御状态。投资者要做到尊重市场，就应当留有足够的时间与空间给市场，等待市场给出明确的方向。贸然入市只能导致资金回撤，不利于资本增值。尤其是以下情况下，投资者尤其不能急于进入：

①身心休整与交易总结。

②市场没有大行情或无法判断行情。

③行情的演变已进入危险地带。

④战略计划实施前的时机等待。

(2) 选择市场。并不是所有的市场都适合投资，为尽量避免风险，以集中精力于股价波动，在选择市场时要遵循的方针是：涨跌可分析性、风险可控性、交易可操作性，同时市场必须具备诚信、公正与规范。

(3) 战略评估。成功的投资离不开行情战略性评估，这样才能把握好市场未来发展的目标和方向。行情性评估的任务主要有：

①市场未来演变的趋向和可能的目标时空。

②市场当前存在的不利因素及应对措施。

③市场当前所处区域的高低和目前的趋势。

④是否具备投资的价值，以及风险与收益的评估。

要注意，评估并不能代替决策，要根据我们对市场的把握和自身特点将评估结果转化为可行性方案。

(4) 等候时机。经过总体评估，当选定某个品种作为战略投资目标时，等待时机成熟将是首要的任务。由于期货市场的保证金制度使得其风险更为巨大，因而时机的掌握就显得尤为重要。时机的选择应当从安全和易于防守的角度出发，所谓易于防守，就是在大方向即便出现错误的前提下，进场的头寸也能在不亏或是小亏的状态下退出市场。

要点提示

股指期货存在较高风险，入市前需做好充足准备。

投资指导

所谓有备无患，做好投资前的准备，你就可以进入下一步入市操作了。

第191天 股指期货3：资金管理策略

要点提示

期货保证金制度赋予了投资者更灵活更自由的资金运用选择，然而期货并非是普通的金融工具，其杠杆效应好似“核金融”。

投资指导

高比例动用保证金会使得投资盈亏产生巨幅波动——既可能出现资金爆炸，亦存在迅速毁灭的可能。所以，投资者要找到自由与安全的平衡点，在实际交易时，应当树立“安全第一、盈利第二”的思想。

核心解读

股指期货交易中要做到：

(1) 总体交易持仓要适当，以心里不担忧为佳。

(2) 分批次动用资金，降低整体资本金的风险度。

(3) 如需加码，必须坚持在首批头寸已获利的前提下。

(4) 设定最大下单额度，杜绝超量的任何念头，如能做10手单不妨下7手，别搞得好像与市场有仇似的。

(5) 在行情的爆发点位可适度放大单量，但前提是当日收盘有利于持仓。

第192天 股指期货4：进场时机

要点提示

投资者对市场行情的预测并不总是准确的，当二者出现矛盾时，进场的计划要暂时搁置，或是被取消。只有当市场趋向与当初设想的一致时，投资计划才能启动。也就是说，为了安全起见，在基本面分析与技术性表现达到统一的状态下，投资交易方可进行。

投资指导

在这里，我们应当树立这样的观念：趋势（差价）是第一位的，价格反而是第二位的。

核心解读

进场一般遵循“迟到”的原则——想象在先、行动在其后，这是为了达到内外皆顺势的目的。这样做的好处有：

(1) 如果设想没有得到市场的验证，市场仍处于不确定或反向状态，那么构想还只能停留在观察阶段，这时就不能进场交易，否则过早地介入就难免要付出代价。

(2) 当市场开始显露其真实的趋向时，如果与预想的战略方向一致，那么，在客观与主观相统一的情况下，进场交易的胜算概率就大为提高。提早进场时常能够取得较好的价格，这对套期保值是好事，但对单纯性投机而言，既不符合安全与顺势的原则，也违背了投资的目的——挣差价而不是价格。

第193天　股指期货5：出局时机

核心解读

总体来说，可以通过以下方式来判断是否应该出局：

(1) 灵感与直觉。出场有时不需要什么特别的理由，因为你已经盈利，甚至是大利，尤其是在预期目标已接近的情形下。当灵感与直觉提醒自己该出场时，就应当出局，要学会适可而止、知足常乐才能保证平和的投资心态。

(2) 技术分析。当所设定的技术指标显示出场信号时，尤其是移动平均线呈现反向势头，或是图形形态表现出逆转的可能，那么手中的持仓可以考虑全部退出，此时，虽有可能损失了利润，但保持和扩大了资本。

(3) 周期分析。价格波动有时呈现周期性特征，因而周期分析对于阶段性转折点时常给予很好的提示。当时间指示大波段的转折周期可能来临，尤其在价格走势上已经有所体现，那么选择退场将是安全稳妥的做法。

(4) 潜在基本面的改变。当主导趋势的基本因素开始出现不利的改变，或是潜藏的反向因素有壮大的趋向，也许此时的市场表现并未出现不利局面，甚至是状况良好，但是投资者应当撤离市场，此时投资者放弃的不仅是获利的机会，也是灾难的可能。

要点提示

衍生品市场中有多种信号来提醒投资卖出，下面将逐一讲述。

投资指导

上述任何一种方式都可单独用来判断是否卖出，当同时满足以上多种判断条件时应是强烈的卖出信号。

第194天　股指期货6：买卖技巧

核心解读

股指期货买卖技巧总结如下：

(1) 当个人投资者预测股市将上升时，可买入股票现货增加持仓，也可以买入股票指数期货合约。这两种方式在预测准确时都可盈利。相

要点提示

股指期货使股市由单边市场变为双边市场，只要正确掌握其买卖技巧，就可以使投资者大有可为。

比之下，买卖股票指数期货的交易手续费比较便宜。

(2) 当个人投资者预测股市将下跌时，可卖出已有的股票现货，即采取平仓行为，也可卖出股指期货合约，这实际上是一种开仓行为，获利要建立在对将来的正确预期之上，此时，由于有了卖空机制，当股市下跌时，即使手中没有股票，也能通过卖出股指期货合约获得盈利。

(3) 对持有股票的长期投资者，或者出于某种原因不能抛出股票的投资者，在对短期市场前景看淡的时候，可通过出售股票指数期货，在现货市场继续持仓的同时，锁定利润、转移风险。

投资指导

股指期货交易中的每一分收益都有着买卖技巧的凝结。

第195天 股指期货7：结算与交割

要点提示

股指期货的结算可以大致分为两个层次：首先是结算所或交易所的结算部门对会员结算，然后是会员对投资者结算。股指期货合约到期的时候和其他期货一样，都需要进行交割。

投资指导

如果想成为一名专业的股指期货投资人士，那就要对股指期货各个方面的相关知识都有一定的了解。

核心解读

股指期货的结算需要做三件事情：

(1) 交易处理和头寸管理，就是每天交易后要登记做了哪几笔交易，头寸是多少。

(2) 财务管理，就是每天要对头寸进行盈亏结算，即明确结算的基准价也是结算价，相当于收盘附近时间段的均价。盈利部分退回保证金，亏损的部分追缴保证金。

(3) 风险管理，对结算对象评估风险，计算保证金。

股指期货采用现金交割，就是用到期日或第二天的现货指数作为最后结算价，通过与该最后结算价进行盈亏结算来了结头寸。

第196天 股指期货8：阶段性风险规避

要点提示

市场的变动具有阶段性，当判断市场面临中级调整时，我们应进行阶段性风险规避。

核心解读

(1) 如果对行情的未来发展充满信心，并距离设想的目标还远，那么，对于调整的来临可以置之不理，此时也可以成为加码的一个契机。

(2) 如果预期调整的幅度较大或是难以评判，那么部分地、暂时地退场将是明智的选择。平仓多少视情况而定，可以是1/2，亦可以是1/3或是2/3。如果险情消退，那么通常将已平的仓位补上，并考虑计划内的加码，但前提是易于防守。

(3) 趋于危险地带的任何异动都应当警醒。当投资者无法分辨目前形势是中级调整还是趋势性逆转时，为避免被套，应当平掉所有的头寸加以回避，若之后趋势明朗，则可以照计划进行，若市场持续模糊难以判断，则应果断离场。

(4) 如果价格已触及设定的初级止损，那么部分持仓的退出是自然的选择；但如果最后的防线被有效突破，那么全部的头寸都应当离场。

投资指导

规避阶段性风险可以跳过痛苦的市场调整过程，一方面保护自己的获利盘，另一方面减少投资的机会成本。

第197天 期权1：构成要素

核心解读

期权可以分为买方期权和卖方期权，买权是指期权（权利）的买方有权在未来的一定时间内按约定的价格向卖方买进约定数额的标的资产；卖权是指期权（权利）的买方有权在未来一定时间内按约定的价格向卖方卖出约定数额的标的资产。当然，为取得上述买或卖的权利，期权（权利）的买方必须向期权（权利）的卖方支付一定的费用，称为保险费，这实际上也就是期权的价格。期权合约的构成要素主要包括：

(1) 标的资产：每一期权合约都有一标的资产，标的资产可以是众多的金融产品中的任何一种。

(2) 期权行使价：期权行使价不同于期权价格，是指在行使期权时，用以买卖标的资产的价格。在大部分交易的期权中，标的资产价格接近期权的行使价。

(3) 数量：合约持有人有权买入或卖出标的资产的数量。

(4) 行使时限（到期日）：每一期权合约都具有有效的行使期限，如

要点提示

期权是在期货的基础上产生的一种衍生性金融工具。从其本质上讲，期权实质上是在金融领域中将权利和义务分开进行定价，使得权利的受让人有权选择在规定时间内是否进行交易，行使其权利，而义务方必须履行。

果超过这一期限，期权合约即失效。按执行时间的不同，期权主要可分为两种，只有在到期日才可以执行期权的欧式期权和在有效期内的任何一天都可以执行期权的美式期权。

(5) 履约保证金：卖方存入交易所作为履约财力担保的资金。

投资指导

在期权交易时，购买期权的一方称为买方，而出售期权的一方则叫做卖方，在期权到期时，买方可以灵活选择是否执行权利，而买方行权时，卖方则必须履行义务。

第198天 期权2：优势与风险

核心解读

期权在风险管理、损益投资方面有明显的优势，这是因为它具有非线性的损益结构，投资者可以利用这一点，将不同的期权与其他投资工具组合，来构造出不同的、适合自己的风险收益状况。

期权交易中买卖双方均面临着权利金变化不利的风险，即在权利金的范围内，如果买得低而卖得高，平仓就能获利。相反则亏损。但由于买卖双方不同的权利和义务，又使其面临的风险状况不完全相同：期权多头的风险底线已经确定和支付，其风险控制在权利金范围内，但由于100%损失可能性的存在，期权多头有限的风险一定情况下也会变为较大的损失。

对于期权卖方来说，一旦价格发生较大的不利变化或者波动率大幅升高，尽管期货的价格不可能跌至零，也不可能无限上涨，但从资金管理的角度来讲，对于许多交易者来说，此时的损失已相当于"无限"了。但卖方可以通过收取权利金，在价格发生较大变动时，抵消部分损失。

要点提示

期权在风险管理、损益投资方面有明显的优势，但期权交易中买卖双方均面临着权利金变化不利的风险。

投资指导

期权交易双方存在风险不平衡的问题，但无论是作为期权的买方还是卖方，都应该提升对未来价格的预见性，从而确定合适的交易价格和操作策略。

第199天 期权3：差价期权

核心解读

(1) 牛市差价期权。最普遍的差价期权类型为牛市差价期权，这是投资者预测股价有上升趋势时持有的期权。这种期权可通过购买一个确定执行价格的股票看涨期权和出售一个相同股票的较高执行价格的股票看涨期权而得到。两个期权的到期日相同。牛市差价期权策略虽然限制了投资者在股价上升时对潜在利益的获得，但同时也限制了股价下降可能对投资者造成的损失，因而是一种趋于保守的差价期权策略。

（2）熊市差价期权。熊市差价期权策略可通过购买某一执行价格的看涨期权并出售另一执行价格的看涨期权来构造。然而，在熊市差价期权策略中，所购买的期权的执行价格高于所卖出的期权的执行价格。熊市差价期权还可以仅用看跌期权来构造，具体做法是：投资者购买执行价格较高的看跌期权并出售执行价格较低的看跌期权。持有由看跌期权构造的熊市差价期权需要初始投资。这样，投资者虽然放弃了一些潜在的利益，但也获得了期权费的补偿。

（3）蝶式差价期权。这种期权可通过如下方式构造：购买一个较低执行价格 X_1 的看涨期权，购买一个较高执行价格 X_3 的看涨期权，出售两个执行价格 X_2 的看涨期权，其中 X_2 为 X_1 与 X_3 的中间值。一般来说，X_2 非常接近股票的现价。这种策略在股价波动为 X_2 附近的情况下可以获利，这种方法适合预期股价不会有大波动的情况下。

（4）跨式期权。这种期权属于对角差价期权，构造方法是同时买入具有相同执行价格、相同到期日、同种股票的看涨期权和看跌期权，如果在期权到期日，股票价格非常接近执行价格，跨式期权就会发生损失。但是，如果股票价格在任何方向上有很大偏移时，就会有大量的利润，因而它比较适用的情况是：预期股价会有大变动，但不确定会向哪个方向变动的时候。

第200天　期权4：常见交易策略

核心解读

（1）当日冲销策略。具体操作是：频繁地进行交易，尽可能地获取

要点提示

差价期权指同时持有同种类型的两个或多个期权，且这些期权有不同的到期日或履约价格。不同市场条件下对差价期权策略的运用是不同的。

投资指导

对不同的市场行情进行区别对待，实行不同的差价期权策略。

要点提示

由于期权具有“高财务杠杆效应”以及“利润和损失非均衡性”等特性，期权市场上的大多数交易者都属于投机者，对于这些利用期权交易获得高投资回报率的交易者来说使用的交易策略通常有两种。

买卖报价之间的价差，积少成多。此种策略成功的关键在于合约的正确选择：大部分的期权合约都不能提供此类交易所必需的流动性。理论上讲，平价或稍有虚值的合约是较好的选择，但须注意防范“隔夜”风险，因为这种合约的价格对基础合约价格的变化非常敏感。

(2) 方向性头寸策略。这类期权的交易策略是建立在基础合约走势“预期”上的，比较适合两种情况，一是投资者对未来市场走势的预测比较确定、自信，二是相信市场会有重大变化但又不确定方向。具体操作是：买进相关合约 Calls（大多头策略）或 Puts（大空头策略）。实际操作中，相对于投资成本和风险而言，以买进平价或稍有虚值的某个合约或某一组合约的胜算最大。这种方法成功的关键是正确判断价格走势，并且有时候需要不常出现的重大行情走势的配合，因而要慎重采用。

投资指导

究竟采取何种策略需要配合投资者对市场的判断来决定。

第201天 期权5：看涨期权

核心解读

买入看涨期权后的运作机制是：一旦价格果真上涨，便履行看涨期权，以低价获得期货多头，然后按上涨的价格水平高价卖出相关期货合约，获得差价利润，在弥补支付的权利金后还有盈利，这样，看涨期权的买方就通过支付一定的权利金而在标的物价格上涨时获取了利润，当然，他也可以在市场以更高的权利金价格卖出该期权合约，从而对冲获利。

如果某投资者持有的期货合约正处于价格横走或者仅可能有微利的情况，那么此时出售有保护看涨期权不失为一个十分可取的方案。如果是在股票期权市场上，卖出有保护看涨期权就意味着卖方仍能够保有其所持的股票，并取得该股票的股息和分红。也就是说，如果某投资者想要购买某股票并且预测短期内该股票价格仅有小幅上涨，那么他可以在买入股票的同时卖出看涨期权，这样，权利金收入实际上抵减了购买股票的成本，同时，他又不会错过持股期间该股的股息和红利。

要点提示

当投资者确信某一期货合约的价格在未来会有较大涨幅，或者希望能够利用期权的杠杆作用以小博大，就可以买入看涨期权。如若投资者能够在市场微跌走势中保持中立，或者愿意为获得保护而损失利润空间，又或者愿意以承担在某一预定价位出售标的资产为代价换取一定现金收入，那么这三类投资者都可以在卖出标的资产的同时或者是针对已持有的标的资产，出售有保护的看涨期权。

投资指导

究竟做看涨期权的买方还是卖方要结合市场行情和投资者自身的风险偏好。

第202天 期权6：看跌期权

核心解读

这种策略的投资者有在未来履行义务的可能性，因而可以预先获得一笔收入，有助于投资者获得以低于市场价格买入标的资产的优势。此外，该策略的意义还在于：如果未来标的资产价格低于期权执行价格，则期权买方就会行权，要求按执行价格卖出标的资产，此时期权的卖方就可以用已经存入的资金如愿以偿地在这个由他预先选定的价位买入所需要的资产，同时，他还赚取了一笔额外的权利金收入。

如果未来市场向相反方向运动，即在期权到期时标的资产价格高于期权执行价格，那么期权买方通常会放弃行权，此时期权的卖方，则可以轻易赚取权利金收入。如果交易的是股票期权，这时的卖方可以选择再卖出一个基于同一股票而且执行价格更低的看跌期权。这有助于卖方在等待标的资产价格跌至新的执行价格的同时再次赚取权利金收入。

要点提示

出售有现金保护的看跌期权由出售看跌期权和将未来可能用于购买标的资产的一笔保证金存入经纪公司这两个行为共同组成。存入资金的目的是一旦期权买方要求执行期权，卖方有足够的资金保证自己能够完全履行按照执行价格购买标的资产的义务。

投资指导

这样的期权投资策略适合于那些想取得某一金融资产，但又不介意等到市场上出现了令他满意的价位时再进行交易的投资者。

第203天 期权7：有保护组合策略

核心解读

采用有保护组合策略的直接结果是：在标的资产价格下跌时该投资者的持仓可能会因为期权买方提出执行而增加一倍。但是他事先收取的权利金收入将降低建立这一持仓的实际成本。另外，如果此后该标的资产价格又转而走高，那么该投资者的潜在收益也将随着持仓的翻番而翻番。通常情况下，除非看涨期权的标的资产的市场价格高于该期权的执行价格，该期权是不会被指派执行的。也就是说，如果在期权到期之日前标的资产价格没有突破该策略在看涨期权与看跌期权的执行价格之间

要点提示

根据对未来标的资产现货价格概率分布的不同预期以及投资者对风险收益的偏好，可以对期权进行组合。

投资指导

这种投资策略比较适合的投资者类型有：

(1) 持有的标的资产价格微涨的投资者。

(2) 想要扩大收益的有保护的看涨期权卖方。

(3) 想要购买某标的资产却又不能确定当前是否为最佳购买时机的投资者；并且他愿意采取只购买目标仓位一半的持仓，剩下的一半留待日后补足的策略，这种组合的构造是卖出一个有保护看涨期权和一个有现金保护的看跌期权。

要点提示

权证又叫认股权证，是指基础证券发行人或其以外的第三人发行的，约定持有人在规定期间内或特定到期日，有权按约定价格向发行人购买或出售标的证券，或以现金结算方式收取结算差价的有价证券。权证的种类主要有：欧式权证，其行权日只能是到期日；美式权证，其行权日在到期日之前都可以，因而美式期权的相对价格要高于欧式期权；百慕大式权证，行权日可以为约定的几日或约定的到期日。

形成的这一盈利区间，那么该策略就是盈利的。

第204天 权证1：特点介绍

核心解读

1. 认购权证和认沽权证

购买股票的权证称为认购权证，相当于看涨期权，出售股票的权证叫做认售权证或认沽权证，相当于看跌期权。二者有以下不同：

(1) 所持有的“正股＋权证”组合的风险不同。认购权证的价格与股价成正比，并且会加剧组合的系统风险，认沽权证的价格则与股价成反比，有利于对冲股价波动的风险。

(2) 对流通股股东的补偿不同。在正股股价下跌时，认沽权证的价格上涨，会对流通股股东的损失给予补偿，从而降低流通股股东的盈亏平衡点；而认购权证能让流通股股东在未来可能的业绩增长中分得一杯羹，但是，如果股价贴权，则在短期内不能给流通股股东多少补偿。

(3) 到期价值不同。目前权证的结算方式是以股票为交割，对于认沽权证，如果在快到期时，股价小于行权价（价内权证），买盘压力有可能会使股价向行权价靠拢，从而使权证丧失价值；而对于认购权证，在快到期时，若为价内权证，持有者只需准备现金以便向大股东按行权价买进股票，而不会对流通A股的股价产生影响。行权后的短期抛压带来的下跌风险反而更容易让投资者遭受损失。

(4) 认沽权证可以让投资者构建多种投资组合，而认购权证在市场上缺乏做空机制的条件下，只能成为投机者炒作的工具。

2. 权证和股指期货的区别

(1) 二者的定位和功能不尽相同。权证主要是为股权的分置改革服务，其绝对价格与参与门槛都比较低，而股指期货则是为投资者提供了一项有力的风险管理工具。

(2) 二者的流通量也不同。权证的发行数量有限，容易出现供求失衡，导致其价格偏离理论价值；但股指期货从理论上说，只要存在交易对手，其“供应量”就是无限的，投资者只要缴纳保证金就可以买入或卖出股指期货合约。

(3) 权利不同。认购权证的所有者并不像股票持有者那样能成为公司股东，不对公司事务享有表决权，也不能参与红利分配。

(4) 二者盈利模式不同。股指期货可以卖空获利，而权证虽然具有对冲正股下跌风险的功能，但是本身并不能卖空，即便其价格远远高于理论价值，投资者也不能以此获利。

投资指导

权证的价值主要包括：内在价值，即标的股票和行权价格的差价；时间价值，代表持有者对未来股价波动带来的期望与机会。在其他条件相同的情况下，权证的存续期越长，权证的价格越高。权证实质上反映的是发行人与持有人之间的一种契约关系，持有人向权证发行人支付一定数量的价金之后，就从发行人那里获取了一项权利，并且不必承担责任，而发行者则被赋予了执行的义务，为获取这项权利，投资者需付出一定的代价即权利金。

第205天 权证2：入市时机及资金投入

核心解读

总体而言，认股权证最佳的入市时机是预期正股将于短期内大升（或大跌）时，那样，认股权证可以将以小博大的特性发挥至极点。但什么时候才可以肯定正股将于短期内大升（或大跌）？如果预期正股将于中期内持续上升（或持续下跌）时，是否不宜投资认股权证呢？要回答这些问题，就需要投资者对正股的走势有明确判断：市场上有不同年期和行使价的认股权证，配合投资者对后市不同的预期。认为正股短期会大幅变化的，可选较短期及较价外的认股权证；认为正股只于中期内做出变化的，可选较长期、到价甚至较价内的认股权证。事实上，除非投资者认为正股将作长时期横盘，否则任何时候都是投资认股权证的机会，正如人们所说的全天候投资工具就是这个道理。至于制胜的关键则在于投资者要选择一只配合市况和能发挥得最好的认股权证类别。

要点提示

在认股权证这个具有杠杆效应的放大器上，潜在的利润和亏损，即收益和风险都被放大了，因而投资认股权证比投资股票更需注重选择正确的入场时机。

投资指导

投资者可从整体组合的比重来决定可投资于认股权证的金额。一般来说，认股权证的实际杠杆越高，投资的金额便越低，相反亦然。但若以整体组合计算，投资者尽量不要用超过整体组合约10%之上的资金来投资于认股权证，因为认股权证始终属于较高风险类型的投资工具。

要点提示

权证具有高风险的特点，对权证的买卖操作显得尤为重要，稍有不慎，其造成的损失很可能是巨大的。

投资指导

权证投资还需注意以下两个方面：

(1) 权证价值具有时效性，其价值会随着剩余时间的缩短而减小，同时权证价格的波动幅度和频率都很大，因此权证持有时间不宜过长，且应密切关注权证及权证标的资产的交易价格变化，同时还要注意严格控制仓位。

(2) 严格止损，避免被动投资。当权证价格处于深度价外时（如认股权证标的资产价格远小于行权价时），权证价格对标的资产价格的敏感度大大降低，除非标的资产价格大幅反弹，否则几乎无解套可能。另外，权证的时效性使权证价值随时间流逝而减少。因此一旦权证价格跌破设定的止损位，应及时止损，不宜补仓或被动等待。

第206天　权证3：买卖技巧

核心解读

权证买卖有以下技巧：

(1) 顺势而为，及时止损。权证的买卖同样要看中趋势，要保证资金安全，就应该尽量回避不确定的走势，并且做错了一定要止损，否则一次失误后果就可能是灾难性的。

(2) 只做龙头。想要有与众不同的收益就要善于抓住龙头股，选择龙头权证可参考每天开盘后的价量关系，在当天涨幅前列中捕捉“真命天子”。当市场中多数人看涨某只权证时，群众的力量引发的共振会将股价不断推高，由于参与者不断增多，龙头品种自然会不断地上涨。

(3) 迅速逃顶。做权证一般不轻易持仓过夜，尤其是在有创设制度的情况下。权证暴利的背面是风险的积累，因而成功炒作权证既要懂得赚钱，更要学会收手。

要点提示

互换是指交易双方约定在未来某一时间相互交换资产的协议。更确切地说，互换是当事人之间约定在未来某一期间相互交换现金流量的协议。还可以被当做一系列远期合约的组合。

第207天　互换

核心解读

互换交易的种类主要包括：

(1) 利率互换：双方同意在未来的一定期限内根据同种货币的同样的名义本金交换现金流，其中买卖双方的现金流分别根据浮动利率和固定利率来计算。

(2) 货币互换：将一种货币的本金和固定利息与另一货币的等价本金和固定利息进行交换。

(3) 商品互换：这是一种特殊类型的金融交易，同意交换与商品价格有关的现金流。它包括固定价格及浮动价格的商品价格互换和商品价格与利率的互换，这主要是出于商品价格风险管理的目的。

还有其他类型的互换，例如股权互换、信用互换、气候互换和互换期权等。

互换的优势主要有：

(1) 互换交易集外汇市场、证券市场、短期货币市场和长期资本市场业务于一身，既是融资的创新工具，又可运用于金融管理。

(2) 互换能满足交易者对非标准化交易的要求，运用面广。

(3) 互换的使用简单方便，利于风险转移，用来进行套期保值不像其他金融衍生工具那样需要对所需头寸进行日常管理。

(4) 互换交易期限灵活，长短随意，最长可达几十年。

(5) 互换市场的流动性很强。

投资指导

由于两个最终用户之间进行互换很困难，通常需要互换交易商作为中介。

第208天　货币互换

核心解读

使用货币互换涉及三个步骤：

(1) 识别现存的现金流量。互换交易的宗旨是转换风险，因此首要的是准确界定已存在的风险，这也为下一步匹配现有头寸打下了基础。

(2) 匹配现有头寸。基本上所有保值者都遵循相同的原则，即保值创造与现有头寸相同但方向相反的风险，这就是互换交易中所发生的。现有头寸被另一数量相等但方向相反的头寸抵消。因而通过配对或保值消除了现有风险。

(3) 创造所需的现金流量。保值者要想通过互换交易转换风险，在互换的前两步中先抵消后创造就可以达到目的。与现有头寸配对并创造所需的现金流量是互换交易本身，识别现有头寸不属于互换交易，而是保值过程的一部分。

要点提示

货币互换（又称货币掉期）是指两笔金额相同、期限相同、计算利率方法相同，只是货币不同的债务资金之间的调换，同时也进行不同利息额的货币调换。货币互换过程中，交易双方的债务债权关系并没有发生变化，初次互换的汇率以协定的即期汇率计算。

投资指导

货币互换的条件包括存在品质加码差异与相反的筹资意愿，互换的目的在于降低筹资成本及防止汇率变动风险造成的损失。但要注意，若交易中违约或不履行合同的风险发生，那么就有一方会因利率、汇率变动而遭受损失。

要点提示

利率互换是指交易双方以一定的名义本金为基础，将该本金产生的以一种利率计算的利息收入（支出）流与对方的以另一种利率计算的利息收入（支出）流相交换。交换的只是不同特征的利息，没有实质本金的互换。利率互换可以有多种形式，最常见的利率互换是在固定利率与浮动利率之前进行转换。

投资指导

利率互换的目的是减少融资成本。如一方可以得到优惠的固定利率贷款，但希望以浮动利率筹集资金，而另一方可以得到浮动利率贷款，却希望以固定利率筹集资金，通过互换交易，可以满足双方的融资愿望。利率互换存在的前提条件与货币互换一样，即存在品质加码差异及相反的筹资意向。

第209天 利率互换1：特点介绍

核心解读

利率互换有以下特点，这也是其优点所在：

(1) 风险较小。利率互换的对象是利率，而不涉及本金，因而可以把风险局限于应付利息这一较小的范围内。

(2) 影响性微。这是因为利率互换对双方财务报表没有什么影响，现行的会计规则也未要求把利率互换列在报表的附注中，故可对外保密。

(3) 降低融资成本。出于各种原因，对于同种货币，不同的投资者在不同的金融市场的资信等级不同，因此融资的利率也不同，存在着相对的比较优势。利率互换可以利用这种相对比较优势进行互换套利，在满足双方互换愿望的同时也降低了融资成本。

(4) 手续较简，交易迅速达成。

(5) 对利率风险保值。货币总是面临着利率的风险，债务人可以通过互换实现利率保值。

要点提示

在利率互换中，若现有头寸为负债，则互换的第一步是与债务利息相配对的利息收入；通过与现有受险部位配对后，借款人通过互换交易的第二步创造所需头寸。

第210天 利率互换2：交易机制

核心解读

(1) 固定利率支付者在利率互换中的地位：在利率互换交易中支付固定利率接受浮动利率，买进互换，是互换交易多头即支付方，是债券市场空头，对长期固定利率负债与浮动利率资产价格敏感。

(2) 浮动利率支付者在互换中的地位：在利率互换交易中支

付浮动利率接受固定利率，出售互换，是互换交易空头即接受方，是债券市场多头，对长期浮动利率负债与固定利率资产价格敏感。

投资指导

在标准化利率互换市场上，固定利率往往以一定年限的国库债券收益率加上一个利差作为报价。其中，国库债券的收益率是互换交换价格的基础部分，利差则视互换市场的供需状况和竞争程度而定。按此价格报价人愿意购买一个固定利率而不愿意承担浮动利率的风险。

第211天　互换权

核心解读

期权交易双方就一笔利率互换或货币互换交易的各项有关内容达成协议，但期权购买一方有权在未来某一日期（欧式期权）或未来一段时间之内（美式期权），决定上述互换交易是否生效。作为获得这一权利的代价，期权购买方需要向期权出售方支付一定量的手续费。

要点提示

互换权是带有一个期权结构的利率互换或货币互换交易。

投资指导

在支付一定费用的条件下，这一产品可以为债务人营造一个灵活保护的环境，即当市场向不利方向发展时，可以按照事先约定的水平令互换交易生效，从而锁定风险；而当市场条件向有利方向发展时，又可以选择不执行期权，以便在更有利的时机锁定风险。

第八章

保险
——有保有收的投资产品

用买保险的方式来预防风险，说明你已经具备较强的风险意识了，前途将不可估量；用买保险的方式来挣钱？那说明你已经达到一定的境界了，未来将无限美好。是的，保险真的能挣钱，你现在才知道吗？不过我们很庆幸地告诉你：现在还不算晚。

第212天 保险投资必知1：功能介绍

要点提示

保险是以合约形式确立双方经济关系，以缴纳保险费建立起来的保险基金，对保险合约规定范围内的灾害事故所造成的损失进行经济补偿的一种形式。

投资指导

保险通常是为了确保经济生活的安定，对特定危险事故或其他特定事件的发生所导致的损失，运用群体集资力量，通过一定的方式，共同建立基金。现代保险已经超出传统意义上的功能，拥有了投资的用途。适当选择投资保险，往往能有避险和获利的双重功能。

核心解读

投资保险具有以下功能：

(1) 转移风险功能：这是保险投资最首要的功能。面对无处不在的人身风险、财产风险，保险已成为家庭和个人防范风险、应对危机的基本需求。

(2) 稳健投资功能：保险资金投资运用的稳健性、安全性要求，使保险投资型产品结合了保险和投资功能，既有保障，又具储蓄、保值增值功能，兼具资金安全性、收益性特点。因而购买保险成为人们投资理财的重要渠道。

(3) 财产信托功能：保险公司既能实现社会资金融通，又能实现家庭财务管理，特别是保险投资理财类产品以其稳健增值，又能根据客户家庭不同生命周期的不同需求灵活领取的特点正实现着"受人之托，代人理财"的信托职责。

(4) 避税和节税功能：这主要体现在非投资型保险品种上，例如终身险、养老险、定期险及年金险等。

(5) 购买未来劳动的功能：商业保险中的养老险、年金保险是购买未来劳动最好的工具，是未来养老最重要的部分。

第213天 保险投资必知2：投资原则

要点提示

保险投资原则指的是保险企业将其所筹保险基金用于投资时所应遵循的原则：包括安全性原则、收益性原则和流动性原则。

核心解读

(1) 安全性原则。保险企业可运用的资金主要是资本金和各种准备金。准备金作为保险公司资产负债表上的负债项目，其安全性必须得到保障。安全性，意味着资金能如期收回，利润或利息能如数收回。为保证资金的安全运用，必须选择安全性较高的项目。为减少风险，要分散投资。

(2) 收益性原则。保险投资收入是保险企业收入的重要来源，有助于增强其赔付能力，降低费率和扩大业务。但在投资中，收益与风险是同增的，收益率高，风险也大，这就要求保险投资要制定合理的风险收益比率，将风险控制在一定限度以内的基础上实现收益最大化。

(3) 流动性原则。保险资金用于赔偿给付，受偶然规律支配。因此，要求保险投资在不损失价值的前提下，能把资产立即变为现金，支付赔款或给付保险金。为保持资金流动性，保险投资要设计多种方式，寻求多种渠道，按适当比例投资，从量的方面加以限制。要按不同险种特点，选择方向。

投资指导

保险企业遵循上述原则以实现保险基金的合理运营，达到保险基金按需赔付以及保值增值的目的。投保前应首先根据这些原则分析保险公司各方面状况，选择合适的险种。

第214天　保险投资必知3：投保计划

核心解读

投保也需要制订合理计划，具体来说可以从以下几方面来考虑：

(1) 自我分析，认清现状。自我分析时，主要了解家庭现状，特别是财务现状，具体包括投资、融资、储蓄消费和风险转移等；人员构成，主要是按照受益人的标准，夫妻、子女、双方父母。此外，还要注意分析性格习惯，这也是影响家庭决策的重要方面。如果自己分析不清楚，可以找个理财顾问来帮助自己，相关的分析表格和情况了解，理财顾问都会很了解。这样很容易确认需求，从而对症下药。

要点提示

保险需求和费用的不明确增加了购买保险的难度，那么如何选择正确的险种、公司、代理人，规划适合自己的保险方案呢？

(2) 多做比较，善待顾问。在充分进行自我分析后就可以通过比较选择出适合自己的产品了。同时注意要善待面谈的顾问，相互尊重才能实现双赢。

(3) 遵守原则、干脆利落。制定好自己可以接受的原则后就要遵守，在符合原则的情况下，不一定要省钱，买保险不是花钱，考虑保险如果

投资指导

一个好的投保计划，关系到投保的成功与否，关系到一个家庭的幸福安康。

把终身和定期一起做是个好决策，既利用了年轻的费率优势，又给自己准备了符合现状的保障。此外，若觉得不合适，不想买，或觉得顾问不专业要直说，不宜躲躲闪闪，为难双方。

第215天 保险投资必知4：代理人选择

要点提示

选择好投保代理人，才有可能获得一份适合自己的完美保单。这也是投保计划中的一个重要部分。

核心解读

投保者在选择代理人时要注意以下几点：

(1) 有专业的保险基础知识。这是代理人要具备的基本素质。如果没有扎实的专业基础知识，代理人顶多只能是简单买卖险种，纯粹以收到保费为目的。在考虑保险方案时往往会缺乏整体考虑和长远动态考虑。

投资指导

代理人的要求高而复杂，整体素质在目前也没有得到保障，因而投保人选择时一定要仔细考察，以防出现"不该卖的人卖给了不该买的人"。

(2) 要具备相应的生活阅历和相对宽泛的知识面，如有关家庭、婚姻、子女教育、法律等方面的知识等，这样代理人在设计保单时才能做到灵活具体地把握地域消费特点、投保人的职业特征以及未来可能要面对的家庭结构调整和开销变化等，设计出更适合客户的方案。

(3) 更高一层，还需要具备基本的理财知识和概念。买保险既是保障的需要，也是理财的需要。代理人在设计保障方案时，最好能站在理财的角度给客户设计方案并提出些理财建议。

第216天 保险投资必知5：禁忌心理

要点提示

保险投资不是万无一失的，投资者要避免产生一些不正确的心理意识。

核心解读

保险投资者切忌产生以下心理：

(1) 忌获利心理。投资者要意识到：投保的首要目的是规避风险，获取保障。若投资者急功近利，妄图通过投保获得可观赔款，这就难免会误入歧途。保险行业中有些纠纷也是个别不良代理人误导保单收益而引起的，这恰恰利用了客户的获利心理。

（2）忌盲目心理。投保者在购买保险时，要做到主动出击，主动了解，对自己负责，对家庭负责，买到适合自己的保险产品。

（3）忌侥幸心理。很多人往往心存侥幸，认为霉运不会落到自己身上，但心存侥幸最终又后悔万分的例子已屡见不鲜。要知道投保是自己的事，不要心存侥幸拖拖拉拉，才可避免事后的追悔莫及。

（4）忌懒汉心理和自以为是。这是投保人中的两种极端心理，其一是过于懒散，第二种是自以为是，完全按照自己的方案行事。一个好的方案必须是经过双方平等、理性交流，多方面权衡比较后才得出的。其实即使一个专业、负责的代理人，如果没有客户沟通上的配合往往也会巧妇难为无米之炊。

投资指导

总之，保险投资需要投保人树立正确的投保意识，一方面要正确看待保险投资，以合理的目的和心态投资保险产品；另一方面要正确对待自己已经持有的保险产品，以确保合理的收益。

第217天　保险投资必知6：投保三错

核心解读

投保的常见错误有：

（1）选错保险代理人。没有选对专业的代理人，所以在保险规划上缺少正确的投保思路，以至于买到的保险产品毫无道理，毫无章法。这就会使投保者对于为什么买、怎么买等问题云里雾里，甚至错过索赔时机。

（2）选错被保险人。只给经济上弱势的老人和小孩买保险，结果主要劳力没投保；或者大人不买而只给小孩投保，这种情况经常出现，其实如果是一个家庭，首先应给大人尤其是家庭经济支柱投保，而且要尽可能足额投保。只有家长的安全和健康才是孩子的保障。

（3）选错保险产品。不少投保人在连最基本的意外险和健康险都没有考虑的前提下，就去买那些分红险、养老险等。或者年缴几万买理财险，却在受到意外伤害和得大病时得不到赔付。投保人一定要正确认识保险，从最基本的保障功能选起。

要点提示

初入保险市场的人或者缺乏投保经验的人容易犯一些错误，从而造成了损失。

投资指导

投保要做出正确而明智的选择：选择正确的保险代理人，选择正确的被保险人，选择正确的保险产品。

第218天 投保注意事项1：银行投保注意事项

要点提示

对比专职保险营销员来说，投保人往往更容易相信银行业务员，其实银行也只是个销售渠道。

投资指导

投资者在购买保险后最好再向专业的保险代理人咨询一下，以得到更为全面的保障分析和合理建议。

核心解读

在银行买保险的确有些便利性，但有几点要注意：

(1) 银行保险不等于银行储蓄。银行保险产品多是集投资理财与保障功能于一身的金融工具，但不可等同储蓄。银行储蓄灵活方便，存取自由，但它不能提供本金及利息以外的任何保障。而保险产品保费及相关利益交付或取得都有明确的规定或约定，它具有一些可期待的收益，同时具备一些人身保障。

(2) 银行不能替代保险公司。通过银行买保险，出了问题银行并不负责。银行只代理销售保险，其他售后服务、理赔事项统统由保险公司承担。当然保险公司只能按照保险合同的约定履行相关责任和义务。

(3) 选择适合自己的产品。投资人在购买时要注意鉴别，选择适合自己的保险产品。

第219天 投保注意事项2：投保前注意事项

要点提示

购买保险前，投资者需要做好相关准备工作。

核心解读

投保者做准备工作时应注意：

(1) 选择合适的保险公司。保险公司是投资者在这项长期的投资业务中真正的合同主体。因此，投保有必要了解和筛选保险公司，在选择保险公司时，投保人必须了解公司的基本情况，如公司背景、财务实力、服务网点、业务开展情况、理赔情况等等。

(2) 选择诚信专业的保险代理人。一份合适、优质的保险方案离不开一名优秀的保险专业代理人的工作。客户有必要从工作经历、生活阅历、文化背景、保险方案的规划和讲解等方面了解保险代理人。

（3）购买保险适当“货比三家”。即便是类似种类的保险产品，在不同的保险公司也会有不同的规定，比如责任范围、观察期长短、免责多少等。

（4）购买保险要有主见。买保险不能人云亦云，因为每个人面临的风险情况不同，在选择保险时答案自然也就会有所不同。

（5）必须读懂保险条款。保险相关事项和要求在合同里几乎都有明确描述，特别是要注意保险责任和责任免除这两大部分，不明白的应向保险公司的有关人士咨询。

（6）购买保险要避免冲动和拖沓。一时冲动购买的保险往往不具有实用性，但过于拖沓则不利于避险，要知道风险事故来临之前是不打招呼的。

（7）购买保险不能碍于情面。亲友熟人介绍的险种并不一定适合自己，碍于情面买下，退保的话要受到很大的损失。

（8）购买保险不要贪图便宜。事前“省钱”的精明选择往往会带来事后的追悔莫及，比较便宜的保险其所保障的范围往往很小，出险后赔付的钱也会很少。

投资指导

准备工作没做好就会给将来埋下安全隐患，与其在以后遭受损失时追悔莫及，不如踏踏实实、按部就班地做好投保前的准备工作。

第220天　投保注意事项3：投保后注意事项

核心解读

投保后要注意以下四点：

（1）妥善保管保单及相关凭证。保险单在有效期内属于有价证券，是载明保险公司与被保险人所约定的权利和义务的书面保证，是投保人与受益人申请给付的主要依据，同时，也是保险公司凭此处理赔款和给付的主要依据。保险单、保险凭证和保险费收据必须存放在安全可靠的地方，并与户籍证明和身份证分开保存，以防被他人冒领保险金。此外，

要点提示

投保不是一劳永逸的，投保后仍有很多后续工作需要注意。

买了保险不能一劳永逸，最好经常找保险代理人检视保单。

（2）按时缴纳续期保费。是否如期缴付保险费，是人寿保险合同发生效力的依据，也是投保人履行合同的最基本义务。除一次性趸缴外，投保人应在投保签约时支付首期保险费后，按保险合同约定按期缴付其余各期保险费。避免超过宽限期仍未缴付造成保单失效的情况。

（3）及时办理变更手续。投保人的住所或通讯地址变更时，应及时以书面形式通知保险公司，以防有关通知无法送达。另外，在合同有效期内，投保人变更保险合同内容的，如变更受益人，投保人必须以书面形式通知保险公司，填写变更申请书，经保险公司同意，并由保险公司在原保单上批准后，变更才有效。工种变化也有必要做咨询，必要时要做变更。这一点要特别注意。

（4）及时向保险公司申请给付。一般以死亡、伤残或疾病为保险责任的保险合同规定，投保人、被保险人或受益人应于知悉保险事故发生之日起十日内以书面形式通知保险公司，否则，投保人、被保险人或受益人将承担由于通知迟延致使保险公司增加的查勘、调查费用（但因不可抗力因素导致迟延的除外）。因此，在保险合同有效期内，一旦发生了保险事故，一定要及时通知保险公司，并以书面形式提出保险金给付申请。此外，还要特别注意那些对索赔权期限有特别规定的险种，以免超出规定期限保险公司以自动放弃权益论处，而使权益得不到保障。

投资指导

没有投保后的后续工作，可能会使你一开始的投资付之东流，不能发挥预期作用。

第221天　投保注意事项4：其他注意事项

要点提示

投保时还有一些特殊事项需要注意，这些特殊事项涉及被保险人规定、投保产品以及投保金额等等。

核心解读

（1）学龄前儿童、重大疾病和寿险并非全额赔付，各家公司产品在这方面规定不一样，应特别引起注意。

（2）分红产品中分红是不确定的，代理人做的计划书只是演示，要注意，即使是最低档的红利也不是确定的。

（3）了解理赔时需要提供的手续。这在条款中都会有，适当做些了解，以便更好地保证高效率获得赔付。

（4）万能和投资连结产品作为一种投资手段，应注重长期投资的时间价值，而不是短期暴利。这一点对投资连结产品尤其重要，不要因为短期市场波动而采取非理性的退保行为。

（5）注意未成年人投保份额。在北京、上海、广州、深圳四大城市寿险保额不得超过 10 万元，其他城市不超过 5 万元。如果投保金额超过限制，发生风险只能按上述限额赔偿，超过部分退还保险费。

投资指导

保险投资切忌做马大哈。应对各方面注意事项有透彻的了解，以免形成无效投资。

第222天 保单现金价值1：现金价值的产生

核心解读

现金价值之所以能产生的原因在于：由于随着年龄上涨，死亡率上升，风险加大，保费也会增加，但同时，年龄上涨体力下降也可能导致收入减少，为避免保费不能正常交纳的情况，保险公司一般采用均衡保费的科学方法将整个缴费期间应缴的保险费，“均匀”地分摊到整个交费期内，使得每年所交保险费有一个固定标准，不会随年龄而不断增加。年轻时“多”交一些，年龄大时“少”交一些。因此在保单生效后，“多”交的保险费便“存”在了保险单上，这部分“存”起来的保险费，便是寿险保单的现金价值。它主要用来保证保险公司履行将来的给付义务。

要点提示

所谓保单现金价值又称解约退还金或退保价值，是指带有储蓄性质的人身保险单所具有的价值。在长期寿险契约中，保险人为履行契约责任，通常需要提存一定数额的责任准备金。当被保险人于保险有效期内因故要求解约或退保时，保险人按规定，将提存的责任准备金减去解约扣除后的余额退还给被保险人，这部分余额即解约金，亦即退保时保单所具有的现金价值。

投资指导

保单现金价值不可能高于保险公司满期给付的保险金。因此，一旦购买了保险，拥有了保障，不到万不得已最好不要放弃保障。否则，经济上将会蒙受一定的损失。

第223天 保单现金价值2：一般功能

核心解读

对于投保人和被保险人，现金价值有以下三种功能：

（1）投保人退保时的退保金要按照现金价值领取。如果有保单贷

要点提示

保单现金价值对投保人和被保险人有特定的功能。

款、自动垫缴等，退保时保险公司将从现金价值中先行扣除欠款和利息。

（2）保单贷款。现金价值使得投保人可以在急需用钱时以保单为抵押向保险公司贷款，此外，现金价值也是贷款额的依据。但要注意，不少长期的人身保险条款规定，投保人缴付保险费满两年以上，且保险期已满两年的，投保人才可凭保险单申请质押贷款。另外，贷款的金额不能超过保单当时现金价值的一定比例。

（3）分红。在分红保险合同中，现金价值是投保人每年享有分红的分母，是保险公司分红的依据。

投资指导

保单现金价值代表了一种人性化的价值利益。

第224天 保单现金价值3：衍生功能

核心解读

保单现金价值的衍生功能主要有：

（1）自动垫付。当保费支付中断时，保险公司会自动根据保单原有的约定，利用保单已有的现金价值支付未来若干年的保费，直到已有的现金价值用完。这其实是以现金价值的减少换取保障额度的不变，要想回复保单的现金价值，就需要投保人把自动垫付的保费补足。

（2）减额缴清。这种功能适用的情况是：当投保人不愿意继续缴纳保险费时，可书面申请将当时保单已生成的现金价值作为趸缴用的保险费，向保险公司申请同类保险的“减额缴清”。这种方式可使之后所需保费一次性缴清，但会造成保障额度和现金价值的减少。

（3）展期定期保险。申请在不改变原有死亡保险金额的情况下，用保单已经生成的现金价值缴纳保险费，使保单持续到相应时间。

要点提示

现金价值的衍生功能主要用于应对投保人无力承担保费而被迫退保的情况。

投资指导

在草率退保前，投保者最好考虑文中这些功能，以使之前买的保险还能继续提供一些或多或少的保障。

第225天　保单现金价值4：现金价值的退还

核心解读

出现以下情况时，保险公司应当按照合同约定向投保人退还保险单的现金价值：

(1) 投保人申报的被保险人年龄不真实，并且其真实年龄不符合合同约定的年龄限制的。

(2) 合同约定分期支付保险费，投保人支付首期保险费后，除合同另有约定外，投保人自保险人催告之日起超过30日未支付当期保险费，或者超过约定的期限60日未支付当期保险费的，合同效力中止并且自此两年后双方未达成协议的。

(3) 以被保险人死亡为给付保险金条件的合同，自合同成立或者合同效力回复之日起两年内，被保险人自杀的。

(4) 因被保险人故意犯罪或者抗拒依法采取的刑事强制措施导致其伤残或者死亡的，保险人不承担给付保险金的责任。投保人已交足两年以上保险费的，保险人应当按照合同约定退还保险单的现金价值。

(5) 投保人解除合同的，保险人应当自收到解除合同通知之日起30日内，按照合同约定退还保险单的现金价值。

要点提示

保险公司在特定情况下应当按照合同约定向投保人退还保险单的现金价值。

投资指导

此外，《保险法》还规定，投保人故意造成被保险人死亡、伤残或疾病的，保险人不承担给付保险金的责任。投保人已交足两年以上保险费的，保险人应当按照合同约定向其他权利人退还保险单的现金价值。

第226天　人身保险1：投保原则

核心解读

人身保险的投保有以下原则：

(1) 优先给大人买保险。父母出于对孩子的关爱，买保险时往往优先考虑孩子，其实孩子最大的风险就是父母出事故后的无保障，因而买

要点提示

人身保险，是以人的寿命和身体为保险标的的保险。当人们遭受不幸事故或因疾病、年老以致丧失工作能力、伤残、死亡或年老退休时，根据保险合同的约定，保险人对被保险人或受益人给付保险金，以解决其因病、残、老、死所造成的经济困难。

保险要优先考虑大人。

（2）优先给家庭经济支柱买保险。很多家庭买保险会更注重弱者，这一点误区与以上类似，家庭中的强者才是家庭风险的一个软肋，他们没有了保障，就无法保证家庭的抗风险能力。

（3）优先买意外险、健康险。人生三大风险：意外伤害、疾病和养老，而最难预知和控制的就是意外和疾病，这也是保险保障意义最基本的体现，要充分重视。科学的保险规划，应该先从意外伤害险、健康险、定期寿险做起，有了这些最基本的保障，再去考虑其他的理财产品为宜。

（4）上有老、下有小，有房贷更要买寿险。科学地理财，保险最好在购买房车之前安排。对于上有老、下有小的家庭，更应该购买相应额度的定期寿险，以规避家庭赡养或抚养义务。

（5）购买保险要趁早。风险随时可能到来，早买费率低，早买核保易，早买早获保障，早买早受益。

投资指导

随着人们生活水平的提高，风险意识的增强，居安思危不仅体现在对物质补偿的需求上，而且发展到越来越多的人寻求养老的保障、死亡的抚恤、伤残的给付等。我国自经济体制改革以来，个体经济、集体经济的发展，医疗、待业、住房、分配制度的改革等，都使人们对人身保险有了进一步的需求。

第227天 人身保险2：投保流程

核心解读

人身保险投保有以下流程：

（1）理清保险需求和购买顺序，并进行整体规划。投保时不要一上来就想能选择到最佳的险种，要认识到，险种的最佳是相对投保人而言的，适合的，能达到投保人目的，解决其问题的就是最好的。

（2）选择认可的保险公司和可信的保险代理人。选择保险公司时要了解其财务实力、服务网点、服务质量等。保险代理人要专业而且诚实，他们的专业主要体现在运用他们对保险的认识和理解，帮助客户做保障需求分析，替客户规划出可以承担的而且合适的保险品种和保额。

（3）确认保险方案并签署投保单。保人与代理人就保障需求进行详细交流，拟定保险方案，了解相关险种的条款和保险责任，对方案的性价比进行比较权衡，直至最后确定保险方案，然后签署投保单。客户与

要点提示

按人身保险投保流程进行投保，以避免不必要的麻烦和损失。

代理人签署的投保单，只是一种投保申请，不算是投保的最后落实和确认。并且要注意，在如实告知方面不要心存侥幸。

（4）递交投保单进行核保确认。签完投保单后，代理人将投保单递交到保险公司，并由保险公司核保，以确定是否承保。

（5）获得保险合同和签收保单回执。保险公司确认承包后，投保人就可获得保险合同和保单，此时投保人要注意查看发票和合同条款，特别是保险责任和责任免除。

（6）定期评估并调整保障计划。一次购买结束并不代表可以一劳永逸，人身保险规划是一个动态的过程，要定期评估保险计划，根据各方面情况的变动不断做出适时的保障方案调整。

第228天　重大疾病险1：险种介绍

核心解读

重大疾病保险所保障的“重大疾病”通常具有以下两个基本特征：一是“病情严重”，会在较长一段时间内严重影响到患者及其家庭的正常工作与生活；二是“治疗花费巨大”，此类疾病需要进行较为复杂的药物或手术治疗，需要支付昂贵的医疗费用。

重大疾病保险金给付的判断标准为被保险人在保险期限期间内是否发生合同约定的重大疾病、达到约定的疾病状态或者实施了约定的手术，与被保险人发生的实际医疗费用无直接的关系。

根据保费是否返还来划分，可分为消费型重大疾病保险和返还型重大疾病保险。这一险种的适用范围主要是保险期间为成年人（十八周岁以上）阶段的重大疾病保险，其根本目的是为病情严重、花费巨大的疾病治疗提供经济支持。

投资指导

此外，投保人有必要多学习积累保险观念和保险常识，以避免过于被动和投保失误。

要点提示

重大疾病险是健康险的一种，是指由保险公司经办的以特定重大疾病，如恶性肿瘤、心肌梗死、脑溢血等为保险对象，当被保人患有上述疾病时，由保险公司对所花医疗费用给予适当补偿的商业保险行为。

投资指导

购买重大疾病险具有以下意义：

（1）抵御人生最大风险。人的一生罹患重大疾病的概率还是比较高的，一旦患上医疗花费极高，经常会给人措手不及的打击。重大疾病保险的出现则很好地抵御了这一风险。

（2）保障数字化、确诊即给付。只要是在重大疾病险的保险范围内，发生风险后就可以一次性获得保险公司的给付，一方面不需要自己在病后垫付医疗费用，更重要的是减轻了个人的医疗支出负担。

（3）强制储蓄、专款专用。保险保障是一个过程，而非一个片段。重大疾病险种使得我们在重大疾病面前，储备了一笔可以专款专用的保证金。

第229天 重大疾病险2：与社保关系

要点提示

社保中包含医疗保险，那么已经有了社保还有投保重大疾病险的必要吗？

核心解读

社保对人身的保障是有一定限制的：

（1）社保只报销因疾病引起的医疗费用，因意外伤害导致的医疗费用不能报销；社保不对非工作期间发生的意外伤害和意外医疗责任进行赔付；无论意外身故还是疾病身故，社保都是没有身故赔偿的，身故后只是返还当时个人账户的金额，而这部分的金额是很少的。

（2）我国的社保报销或者单位报销首先是一个先支出再补偿的概念，这就意味着即使属于赔付范围，你也必须先支付，才能在这个基础上按规定比例报销，而且报销的数额不会大于支付的总额。不在医保药品清单目录上的进口药和营养药是不能报销的。

（3）社会医疗统筹基金对医保人员的保障是“保而不包”的，社保有起付线限制，额度内的费用需要自付，住院费用和大病医疗的自付比例和金额相对都比较高。

（4）社保重在保障，支付的标准是以保障被保险人基本生活为前提。对于追求高品质的人群来说是远远不够的。

投资指导

由此可见，即便有了社保，依然需要重大疾病保险作为一个必要补充。

第230天 重大疾病险3：投保注意事项

要点提示

投保人在投保重大疾病险时务必注意以下事项。

核心解读

（1）坚持最大诚信原则。投资者在投保时，对健康状况、年龄等影响保险公司承保意愿及保费的事实都要履行如实告知的义务，不要心存侥幸，以免导致风险发生后保险公司的拒保行为。

（2）弄清所购保险的各项条款。不明确保险细则就有可能对自己应享有的权利和应履行的义务不清楚，很容易造成权益受损或者导致不合理的预期。很多保险理赔纠纷就是由于投保人当初没有弄清保险条款所致。保险责任、责任免除以及保费缴纳都大有学问，投保人应关注这些条款，以防未能及时缴费导致保单中止蒙受损失。

(3) 保管好有关的单、证、票、据等。否则很容易导致保险纠纷的发生。

(4) 注意险种的合理搭配。单一品种的重大疾病保险其保障范围毕竟有限，所以最好根据自己的实际情况选择最佳的险种组合，具体组合方案可请有关保险专业人士设计。

投资指导

投保人在收到保险公司合同之后应再次仔细阅读合同的具体内容，对合同有异议的地方可以向保险公司或者业务员咨询。重大疾病保险通常设有10天的犹豫期（犹豫期的起始日为投保人书面签收保单日），投保人若发现购买的产品与需求的不相符时，在犹豫期内退保，保险公司会全额或者扣除保单工本费后无息退还已交保险费，并且不承担保险责任。投保人若在犹豫期后退保，将会遭受较大的费用损失。

第231天 重大疾病险4：理赔

核心解读

重大疾病险的理赔程序如下：

(1) 确诊。客户到保险公司指定医院就诊，判断是否患有及患有何种重大疾病。这一环节中，医院的确诊书十分重要，是理赔的必备材料。

(2) 报案。客户确诊患有重大疾病并且该疾病在可保范围之内，就需要拨打保险公司客服的电话，向保险公司报案，无论是住院前或者住院后都可以，保险公司接到报案以后，就会启动理赔程序，进行理赔。

(3) 备齐材料。重疾险的理赔，一般需要以下材料：

①诊断证明书、门诊病历、出院小结／住院小结；须加盖医疗机构的有效签章：如诊断章、医务科、住院处、急诊章等。在多个医院就诊需同时提供多个医院的诊断证明。

②医疗费用收据（附处方）、住院费用收据和住院费用明细清单、分割单须为有国家财政税收部门印章的正规有效报销发

要点提示

其实谁也不想通过出现重大疾病使自己所投的重大疾病险真正发挥实际作用，但一旦不幸出现重大疾病还得需要根据保险公司的理赔程序进行理赔。

投资指导

面对市面上形形色色的重疾险，消费者无论是购买还是理赔，都应注意以下细节，从而减少开支，顺利理赔：

(1) 出险时及时与保险公司取得联系。确诊后尽快通过电话、书面、传真等形式及时通知保险公司或保险代理人并提出给付保险金申请，根据保险公司的指导，准备好理赔时必需的各种材料。

(2) 选择提供优质服务的保险公司及专业代理人。购买时客户是否能真正详尽了解产品，理赔时效与结果是否尽如人意，很大程度上取决于公司和代理人的诚信及服务的专业程度。

票收据。

③能确诊的病理、化验、影像、心电图等检查报告须加盖医疗机构的有效签章。

(3) 对于重大疾病还要留意疾病观察期长短，一般来说为 90 天到 2 年之间。要注意所购险种是病后即赔付，还是要保证病后存活一定日期后再赔付。

第232天 重大疾病险5：误区分析

核心解读

重大疾病险投保人需要纠正自己的认识误区：

(1) 承保疾病并非越多越好。投保者不要片面追求可保病种多。除六类核心疾病保障外，其余疾病由保险公司自行选择，承保病种越多，价格越高。

(2) 重大疾病险不能替代所有健康险。该险种只有在被保险人发生合同约定的疾病、达到约定的疾病状态或实施了约定的手术时，才能给付保险金。因此，需要配合其他类型的健康险产品，被保险人才能得到较为全面和完善的健康保险保障。

(3) 重大疾病险并非“保死不保生”。重疾险理赔的一些争论使很多人认为重疾险“保死不保生”，从而对该险种总是处于观望状态，其实这种说法并不符合事实：重大疾病险本质上不是“死亡险”，它的设计原理是保障被保险人身染重疾后需要的巨额治病费用。通常而言，重大疾病险保障的应该是经过治疗就能够延长生命，而不至于短期就死亡的疾病。因此，重疾险保障的重点还是在被保险人生命存续期间。

要点提示

一些投保人对投保重大疾病险存在认识误区，在认识误区的错误指引下往往做出错误的决定使自己蒙受了损失。

投资指导

重疾险的购买还是十分必要的，且对于这类保障型产品购买更应趁早，越早参保重疾险，参保的条件宽泛，缴纳的保费也相对较低；如果到了年老时才购买，不但条件限制严格，且由于收入下降对于保费的承受能力也会降低。如果是终身健康险类的产品，更是要及早购买，这样在缴够年份以后，就可以终身享受保障。

第233天　分红保险1：特点介绍

核心解读

分红保险红利主要来源于三方面：死差益、利差益和费差益。三差中死差、费差的占比非常小，一个历史悠久、经营完善、精算水平较高的保险公司不会在核保、费用方面产生较大的误差，因此一般分红保单的红利大部分来源于投资收益，而投资收益的多少取决于保险公司业务经营能力的强弱。也就是说要从分红保险中获得好的收益就要寻找有发展潜能的保险公司。

分红保险具有以下特点：

(1) 保单持有人可以获得红利分配。分红保险除具有基本保障功能外，保险公司每年还根据分红保险业务的实际经营状况，决定红利分配，即客户可以与公司一起分享公司的经营成果。

(2) 红利分配方式包括现金红利和增额红利。现金红利分配是指直接以现金的形式将盈余分配给保单持有人，保险公司可以提供多种红利领取方式，比如现金、抵交保费、累积生息以及购买交清保额等。增额红利分配是指在整个保险期限内每年以增加保额的方式分配红利，这种方式在一定程度上可以缓解通货膨胀带来的“保障贬值”。

(3) 红利的分配是不确定的。分红水平主要取决于保险公司的实际经营成果。

要点提示

分红保险是指保单持有人每年都有权获得建立在保险公司经营成果基础上的红利分配。简单地说就是分享红利，享受公司的经营成果。投保人在按期交纳保费以后不仅可以享受到一般的保险功能，还可以定期获得保险公司对资金运作后所得利润的分红。

投资指导

在分红保险下，保险公司将其实际经营成果优于定价假设的盈余，按照一定比例向保单持有人进行分配，其定价精算假设比较保守，且客户也要承担一定的投资风险。

第234天　分红保险2：分红方式

核心解读

(1) 保费分红（现金价值分红）。以客户已经交付的保费（或现有的现金价值）为计算基础，对应分红利率为客户分红。实质是以客户交付保

要点提示

分红保险的分红方式主要有保费分红和保额分红两种方式。

费的多少为权重，在全部客户间分配全部的可分配红利。因为对全体客户用统一标准，无论采用保费还是现金价值为计算基础，实际差异不大。

投资指导

大多数保险公司选择保费分红模式。

(2) 保额分红。保额分红是相对于保费分红而言的，以客户投保的保额为计算基础，对应分红利率为客户分红。实质是以客户投保保额的多少为权重，在全部客户间分配全部的可分配红利。

第235天 分红保险3：顾虑分析

核心解读

要点提示

人们对待分红保险还有很多疑问，阻碍了客户在这方面的投资。下面我们将对这些顾虑逐一分析。

(1) 买份分红保险是不错，但是保费太高。实际上，与未来的养老费相比，分红保险的费率并不算高。投保者要算清一笔账：从某种方面来说，现在的保费是未来生活的缩影，倘若今天选择了便宜的保费，就等于选择了未来贫穷的生活。

(2) 分红保险的红利是不确定的，让人感觉不踏实。分红保险一般有固定利息收益，资金保本保值，另有分红收益，每年不固定，水涨船高。换句话说，这种不确定性正是它的吸引力所在。

(3) 有社保，养老靠国家，无须购买分红保险。养老保险是国家建立的公共养老体制，帮助个人将消费从产出旺盛的工作年龄转移到退休阶段。但个人账户基本上是空账运作，且覆盖率很低，保金也低于正常工资，因而仅靠社保无法圆满地解决养老问题。这就需要我们合理规划，分红保险能让我们在晚年时候不为金钱所困。

(4) 分红保险没有风险保障，或者是高保费，低保障，买了分红保险，却达不到保障的目的。分红保险不同于一般保险，将身故、重疾、意外伤残、住院医疗等作为可保风险。它的保障目的是：资产保障，是用来作资产转移用的。这也是分红保险为何具有高保费，低保障特点的原因：就是因为保费高，分红就高，可以转移资产，也可以积累资产；保障低，体检容易过关，保单生效快。一般的家庭，最好是在买足了基本保障后，再来买投资型、理财型的分红保险。

投资指导

可见，分红保险集理财、养老、保值增值于一身，是一种良好的多功能型险种。

第236天　分红保险4：注意事项

核心解读

购买分红保险应注意以下几点：

(1) 目前，分红保单可获红利的多少绝大部分取决于保险公司业务经营能力的强弱，所以选择分红险，选择保险公司是第一位，然后才是险种。不同公司的财力、背景差异，导致投资渠道、经营管理水平、获利能力的不同，这也必然会影响以后的投资收益。所以客户要全方位了解公司经营能力，尽量选择财力雄厚、稳健、背景良好的保险公司。

(2) 分红险一般保费较高，相对于保费投入，人身保障偏弱，它侧重投资理财。所以在考虑分红险之前应该先考虑其他基本保障型险种，如意外险、健康险、责任寿险等，投保人也得计划适当的应急开销备用金。特别是那些中低收入人群，在分红保险时一定要量力而行。

(3) 分红险是典型的投资险，它的收益往往要通过中长期的时间积累才会比较明显地感受到，因而购买此类险除了需要配合适当的本金投入外，还得考虑到回报周期，所以买分红险的钱最好是闲钱。

(4) 由于分红保险保费偏高，因而中途退保，尤其是缴费期中途退保，会使投保者面临较大损失，所以购买之前要想清楚。

要点提示

分红保险虽然是个非常不错的投资理财险种，但并不是任何家庭或任何时期都适合使用它。

投资指导

没有最好的投资产品，只有最适合的投资产品，选择分红保险要充分考虑自身的条件并选择合适的时期。

第237天　万能型保险1：特点介绍

核心解读

1．特点

(1) 交费灵活，收费透明。通常来说，投保人交纳首期保费后，可

要点提示

万能型保险是指包含保险保障功能并设立有保底收益投资账户的人寿保险，即它在具有保障功能的同时还可以为投保者带来稳定收益，比较适合长期投资。

不定期不定额地交纳保费。同时，保险公司向投保人明示所收取的各项费用。

(2) 灵活性高，保额可调整。账户资金可在合同约定的条件下灵活支取。按照合同约定，投保人通常可以提高或降低保险金额。

(3) 通常设定最低保证利率，定期结算投资收益。此类产品为投资账户提供最低收益保证，并且可以与保险公司分享最低保证收益以上的投资回报。

投资指导

万能保险并不是人人都适合的，只有在拥有了充足传统人寿保险的基础上，还有剩余资金，才可以考虑购买万能险，老人和短期投资者并不适合购买万能险。对于那些希望用万能险给孩子储存教育金的父母来说，万能险并不是最优的方案，需要附加健康险等险种才更全面。

2. 与其他投资产品的区别

(1) 万能寿险与普通寿险的区别。从产品设计的特性来看，万能型产品的设计并不是以保障为前提，而是以投资为目的。从这点来看，万能型保险的保障功能显然并没有普通寿险那么完善。但从投资角度来看，万能寿险初始费用低，投资稳健，更适合做长期投资。

(2) 万能寿险与投资连结保险的区别。投资连结保险更类似于基金，保险的基本特征反倒很少，万能寿险与基金的主要区别在于万能寿险的收益率是有最低保障的，而投资连结保险的收益是没有保障的，风险较万能险更大。

第238天 万能型保险2：缺点和注意事项

要点提示

万能型保险存在收益率不高以及流动性较差等缺点。

核心解读

万能寿险属于账户型的保险产品，保险产品和一般的金融投资的区别在于具有一定的保障性，因而其风险相对较低，这点也决定了保险产品的投资收益率不会特别高。

保险产品的另一个缺点在于缺乏流动性，虽然保险公司在条款中一般都会有部分退保或者保单贷款的规定，但是这些其实对于保单持有人特别不利。因为在计算保险公司费用的前提下，这种情况下的费用其实是很高的。目前保险公司的首年初始费用、综合费用都不超过保监会规定的50%，但是很多情况下费用是呈阶梯的形式变化的，比如在不超过5000元的部分，费用是最高的，可能达到50%，之后超过的部分会收取相对较低的费用。这主要是受保险销售方式的影响。实际上，保险公司的代理人销售模式首期产生的费用相当巨大，这点在很大程度上不利于客户利益。

第239天 万能型保险3：投资策略

核心解读

（1）在趸缴和期缴的选择上：一般在银行销售时最好尽量选择趸缴类型的万能险，在由理财顾问推荐时要增加自己的首年保费，越高越好，这些都有助于使投保者的综合费用降低。此外，在购买万能险时一定要看清初始费用。

（2）在保险公司的选择上：首先要注意保险公司在长期中是否具有稳定性，其次再去比较公司的市场收益率。此时要注意，目前较高的收益率只能代表当月情况，不能保证会保持下去。再次，要看一家公司资金运用的能力，毕竟最终的收益率取决于公司的投资水平。从目前的市场来看，很多中小企业，尤其是一些合资公司提供的收益率比较高，当然这对于客户是一件好事，但是在选择产品的时候也不要太迷信于目前的数字，需要关注的是长期收益能力。从现有情况看，大公司产品一般是主导型的，而小公司一般是跟进型的策略，也就是说同样的产品小公司可能会更便宜一些或者在同等的价格上服务范围会更宽一些。即大小公司各有优势，客户要谨慎选择好。

投资指导

投保人购买万能保险的保费交到保险公司后，会分别进入两个账户：一部分进入风险保障账户，用于保障；另一部分进入投资账户，用于投资。二者之间的额度由客户设置，并可根据需要进行调节，投资账户的资金由保险公司代为投资，投资利益上不封顶、下设最低保障利率。即万能险不但兼具投资保障功能，而且可由投保人自行决定最佳比例。

要点提示

投资万能型保险需要综合考虑保险公司的实力，特别是资金运用能力，同时还要选择合适的类型。

投资指导

万能型产品的投资较为复杂，投资者在投保这一品种时最好经过一些系统的训练，并要注意，万能型产品不适合短期投资，长期投资才可能获得不错的收益。

第240天 投资连结保险1：特点介绍

要点提示

投资连结保险就是保险与投资挂钩的保险，是指一份保单在提供人寿保险时，在任何时刻的价值是根据其投资基金在当时的投资表现来决定的。这种保险缴付的保费一部分用来购买由保险公司设立的投资帐户中的投资单位，一部分购买寿险保障，具有保障功能并至少在一个投资账户拥有一定的资产价值。

投资指导

比较适合选择投资连结型产品的人的特点是：收入中等，开支较少，有投资欲望但又不善投资。这是因为投资连结保险可以和保险公司的收益挂钩，一般保险公司都有专门的投资队伍，资金头寸大，实力雄厚，投资经营一般较为稳健。保户应该可以获得较为理想的收益。此外，选择经营管理机制科学，投资队伍素质好、业绩佳，财务状况稳定的寿险公司，是客户投保前的一项重要工作。

核心解读

投资连结保险设有保证收益账户、发展账户和基金账户等多个账户。每个账户的投资组合不同，收益率就不同，投资风险也不同。由于投资账户不承诺投资回报，保险公司在收取资产管理费后，所有的投资收益和投资损失由客户承担。充分利用专家理财的优势，客户在获得高收益的同时也承担投资损失的风险。因此投资连结保险适合于具有理性的投资理念、追求资产高收益同时又具有较高风险承受能力的投保人。

1．特点

（1）保障功能与投资功能高度统一。

（2）灵活性高，账户资金可自由转换。

（3）通常不设定最低保证利率，因此有可能出现负收益的情况，即保单持有人面临较高的变动性和不确定性。

（4）保单持有人的利益直接与投资回报率挂钩。

（5）投资风险的转移。投资连结保险的费用较低，且具有无担保及弹性特点，较低的准备金及资本要求将投资风险转移给保单持有人。

（6）投资连结保险对投保人有更高的透明度。投保人在任何时候都可以通过电脑查询其保险单的保险成本、费用支出以及独立账户的资产价值，使投保人明明白白地消费，确保了投保人的利益。

（7）投资连结保险更强调电脑系统的支持，而不要求有太高的精算技能，这也使得投保人可随意选择或中途变更投资组合。

2．投资连结保险和传统的分红与非分红保险的区别

项目种类	投资连结保险	传统分红保险	传统非分红保险
投资风险	客户自己承担	客户与保险公司共同承担	保险公司承担
收益性	不固定	分红不固定	固定
资金运作	专门账户（单独运作）	专门账户	统筹账户（统一运作）

续表

项目种类	投资连结保险	传统分红保险	传统非分红保险
现金价值	随账户价值变化而变化	不固定但保底	固定
保险费	固定交费或灵活交费	固定交费	固定交费
死亡、全残给付金额	取账户价值与保额两者较高者	保额 + 红利	保额
手续费	透明化	不透明	不透明
利益来源	投资运作	固定部分加利差、死差、费差（分红）	固定
资产管理运用	透明化	不透明	不透明
展业资格	严格限制	限制较严	一般限制
收益状况	详细公布（每月）	投资收益	无

第241天　投资连结保险2：优缺点和注意事项

核心解读

（1）对保险公司来说，其优越性表现在：

①能够释放风险，使偿付能力稳定。

②圆满解决了传统寿险产品资产与负债不匹配的问题。

③有利于拓宽业务领域。

负面性主要表现在：

①利益大多回馈给客户，不利于本身利润增长。

②需要支付培训费用和引进人才，加大了人力资源成本。

（2）对投保人而言，优越性体现在：

①专业投资加大了投资的稳健性，所缴保费的投资利润扣除一定费用后完全归自己所有，有机会获得比普通寿险更多的收益回报。

②有利于保险公司的风险释放，自然就加大了对保户的保障。

负面性体现在：

①利息收益不稳定，有可能没有收益。

②保险公司有可能会克扣利息，兑付的利息不是应该得到的收益。

要点提示

投资连结险对保险公司和投保人都存在一些优缺点。

投资指导

投资连结型产品与万能型产品有些类似，也有初始费用的扣除并注重长期投资的效果，但投资连结型产品有更多的账户可以选择，相应地，客户获得收益的机会以及自身承担的风险也较大。

因为保户无法准确了解保险公司的经营状况。

③本金在一定期限内不能退保，会为中低收入家庭带来不便。

要点提示

投资连结型保险虽然更侧重于帮助客户理财，但它本质上仍是保险产品，能够提供人身风险保障功能。客户在购买时可根据自己的需要选择特定产品提供的不同类型及不同额度的人身风险保障，这样就可以在风险发生时除去获得投资收益外，再获得对应的保险赔偿金。

投资指导

投资连结保险开设的账户根据投资策略和风险程度的不同可以分为：基金账户、发展账户、保证收益账户。

投保人需根据自身情况自行选择保险费在各个投资账户的分配比例，并部分领取投资账户的现金价值，增加保险的灵活性。

第242天　投资连结保险3：运作

核心解读

在投资方面，保险公司会专门针对购买投连产品的资金设立独立的投资管理账户，根据客户在购买之初确定的不同选择将资金分别投资于对应的投资渠道当中，并雇佣专业人员负责相关投资。此外，客户还可根据自身风险偏好联系投连账户数量调整资金在各账户中的比例。

在风险控制上，虽然投资连结产品不承诺保底收益，具有一定风险，但投连产品由专业投资机构和人员代替客户进行投资管理，从很大程度上规避了客户的直接投资风险，使投资表现更为稳定。

在产品收益的兑现上，投连产品的投资收益将不断累加到客户的本金之中进行滚动投资，帮助客户实现投资收益的复利增长，并且客户可随时部分或全部提取产品投资账户中的个人资金。此外，客户还可通过公司网站、相关媒体、电话、保险公司发放的投资报告来随时了解自己投资账户的变化。

第243天　投资连结保险：风险及其控制

要点提示

投资连结保险的风险主要有：宏观经济形势风险、资本市场风险、利率风险和营销员风险。

核心解读

投资连结保险的风险主要有：

(1) 宏观经济形势风险，指宏观经济形势以及对未来经济发展的预期可能引起的风险。

(2) 资本市场风险，投资连结保险是否可以盈利依赖于投资水平和市场效率，在我国资本市场不发达的情况下，投资连结保险也要受到市场限制的硬约束。

（3）利率风险，指一个金融企业的资产与负债在期限或利率差价匹配不当时，或当浮动利率的金融债务对于以后的现金流动不稳定时产生的风险。这是长期投资产品面临的主要风险，会影响保险公司的偿债能力，进而影响投资收益。

（4）营销员风险，指营销员在营销过程中的误导风险。这一风险主要表现在两个方面：一是投连险属于投资型险种，并非大众型产品，而保险代理人却不分人群地推销投连险产品；二是一些代理人在推销投连险时，只单纯夸大其增值能力而不向客户讲明风险。

投资指导

投保人平时要关注经济发展动态，增强自身对经济风向变化的敏感性和预见性。另外，应加强有关保险方面的知识，正确识别营销员的营销行为并选择实力较强的保险公司。

第244天　投保其他险种注意事项

核心解读

1．投保医疗类保险

医疗类产品理赔概率很高，主要是涉及住院费用、手术费用的补偿和津贴，明确其保险利益主要应注意：

（1）保险责任明确。要明确保险金额是每次补偿限额还是全年总计赔偿限额。

（2）报销比例和住院津贴免赔天数。

（3）明确观察期。意外医疗是没有观察期的，但疾病引起的住院有观察期。

（4）责任免除。注意：医疗类责任免除项目要多些。

（5）现在部分产品可以报销社保外费用，但要清楚详细内容和报销比例、限额。

（6）对指定医院的了解。

2．投保定期和终身寿险

（1）寿险产品的责任比较简单，基本都以身故和全残为给付标准，

要点提示

除了前面提到的投保注意事项以外，这里还总结了一些其他的相关注意事项，以满足不同偏好投资者投保其他险种的需求。

投资指导

投资者不管选择投保何种险种，都必须事先了解该种保险的责任范围、分红方式等各种细节，以免给自己造成不必要的损失。

区别在于观察期和责任免除。

(2) 定期寿险是定期消费型产品，中间有现金价值，但最后一年现金价值为零。

(3) 终身寿险有现金价值，另外有些产品还带有分红功能。分红有两种，一种是现金分红，分红可以累积生息或者购买增额保险；另一种是保额分红，分红直接增加保险金额。

3. 投保疾病险和伤害险

(1) 意外伤害保险。意外伤害保险责任只局限在身故和残疾，残疾有七个级别，要注意不同的级别对应的不同赔偿比例。意外伤害保险没有观察期，但是要特别注意责任免除。

(2) 重大疾病保险。

①重大疾病保险中一般都含有寿险责任，寿险赔付之后，保险合同或终止或保额相应减少，这点要明确。当然，如果有产品是寿险责任与重疾累加赔付则另当别论。

②观察期必须明确。市场上，重大疾病保险种类繁多，在观察期上是有差异的。比如：有些产品规定疾病身故有观察期，有些产品则没有；重大疾病观察期是 90 天、180 天或者 1 年甚至 2 年。

③责任免除。寿险部分与重大疾病部分要区分。

④保障的疾病种类以及定义。保监会统一了 25 种重大疾病的定义，需要了解一下合同中的疾病种类是多少，阅读疾病的定义。

⑤有些产品有增额功能，或者对合同约定特种疾病多给予补偿，要明确。

要点提示

个体拼搏族对风险认知在所有人群中最低，对未来信心不足，对重大生活目标缺少规划，购买保险的意向亦最低，但其相信专业人士的建议。

投资指导

个体拼搏族由于工作强度大，收入不稳定，恰恰是风险最可能光顾的群体。而且他们通常社保亦不足，保险方面几乎空白，光凭一股冲劲奋斗。他们有可能走向成功也可能面临失败，因此其对眼前利益比较重视。由于他们最需要资金，所以希望保险占用的费用越少越好。

第245天 个体拼搏族投保

核心解读

个体拼搏族一开始的规划最好是最基本的意外伤害和定期寿险。其次是更高保费的重疾险，最后才是养老和孩子教育储备规划。这是因为定期寿险保费低保额高，属于消费型保险，对于投保人来说，若没有发生风险，赚取的是健康生命，如有风险则能为家庭留一笔保障资金。因此他们可以购买 20 ~ 30 年的定期寿险，不需要购买终身寿险。等其未来创业成功了，再补充其他保险。而目前，他们需要最小的支出来规避较大的风险。

第246天　工薪族投保

核心解读

工薪族买保险要注意量力而行，具体来说，应按照三个原则办事：一是只购买确定金额内的保险，以避免出现经济危机无法交纳保费而导致保单失效。二是不同人生阶段面临不同的风险，因而要购买不同的保险。三是根据自身职业特点购买合身的保险。例如，在交通意外险上，经常出差的人要考虑购买，行政工作人员则可暂时不买。

在品种的选择上，工薪家庭要首选保障险，以健康医疗类保险为主，以意外险为辅助。特别是对于那些社会医疗保障不高的家庭，比较理想的保险计划是购买重大疾病健康险、意外伤害医疗险和住院费用医疗险套餐。此外，工薪家庭还可以选择夫妻共保、个人综合意外伤害医疗险等险种来降低成本，增加保障。

要点提示

工薪族同样需要理财，“聚沙成塔”并不是不可能的事情，安排得当也可达到财务自由的境界。而保险与理财是密不可分的。虽然保费对于一些工薪层来说可能偏高，但保险作为一种保障计划以及在子女教育规划、养老规划中的不可替代性与其他理财工具具备攻守平衡的互补性，在个人理财中占据着重要位置，不应轻易放弃。

投资指导

我们为什么需要保险？很多人抱着避免意外事故的发生而去买意外险，防止疾病侵袭而去买重大疾病险。其实，事故、疾病是通过买保险避免不了的，但买保险是为了防止生活中发生各种不确定性的波动而给自己以及家庭带来的财务危机。此外，工薪家庭经济基础薄弱，一旦发生风险更加难以抵抗。所以买保险其实就是一种理财，一种对生活的财务规划。因此工薪家族不仅要买保险，更要会买。

第247天　白领族投保

核心解读

白领族其实更需要保险来保障家庭。由于年轻，发生重大疾病的概率较小，同时家庭收支有限，因此他们可以购买意外伤害

要点提示

白领族往往比较年轻，事业刚起步，未来收入可能稳定，承担着较大的家庭责任。

险来规避意外风险。而寿险方面，则需要考虑当自己发生风险时，能否为配偶留足孩子的教育金和父母的赡养费。收入较低的人可以购买消费型寿险如定期寿险，收入较高的人则可以选择返还型的两全保险。

投资指导

在文中所述的基础之上如果还有闲置资金则可以开始考虑养老问题，但要注意不要因为保费影响了生活质量。保额可以根据子女未来的教育金或父母的赡养费来计算。

第248天 金领族投保

要点提示

金领族的特点是：年龄不算年轻、收入不错、工作稳定、家庭责任感强。这部分人群应该侧重关心两大问题，健康和养老问题。由于他们是家庭主要经济支柱，他们的身体健康直接关系着家庭生活的质量与未来。因此这部分人群应着重购买重大疾病险。

核心解读

金领族的投保，在保费方面，保障型的保险每年支出在其年收入的10%～20%即可，风险保障额度应是其年收入的10倍。这样就相当于拥有了10年的工作能力，一旦健康发生风险也能为家庭撑起防护伞。而投资型保险包括养老金的规划，则因人而异。如果其风险承受能力高，那么除保障投资型保险产品外还可以多选择一些收益较高的投资产品，如风险承受能力低，大部分资金都躺在银行里定存，那么就比较适合拿出多一点的资金投入到分红险、万能险中去。

投资指导

此外，金领族比较注重生活品质，希望退休后能维持现有的生活水平。那么为养老做规划安排也应从现在开始。稳健型的分红险、万能险可以有助于他们做好养老储蓄安排。40岁以下的人可能还面临子女教育金储蓄问题，这些资金也可以通过保险来积攒。40岁以上的人，有了可观的积蓄，子女教育负担也逐渐减轻，因此他们可专注于养老规划。

第249天 成功企业主投保

要点提示

成功企业主的特点是：在社会积攒了大量资源和人脉，对保险的负面新闻也有了解，因此对寿险不太信任。但只要认真了解，他们也会发现保险对自己的价值。

核心解读

在购买寿险时，企业主不仅仅要考虑保障，还需考虑未来的税收规避，寿险不征税的特征正好满足了他们的需求。因此其需要考虑长久的寿险规划。由于其资金充裕，因此可以不考虑保费支出的影响，终身寿险、终身重疾险可以重复购买，那些专为富人推出的高端险也可购买。除了住院医疗险不能重复报销外，上述险种一旦出险各家保险公司均会理赔。保障了企业主这个主要的家庭支柱之后，则可以考虑为其子女投保保额不必很高的重疾险和寿险。

其实，类似企业主这样的富人投保还有以下作用：

(1) 资产传承，体现意志。很多风险的到来会直接导致财产的损失，而这一风险又恰恰是可以通过保险得到补偿的，而且保险还可以通过法律的形式把财富移植到将来，并且有利于子女的免税继承。

(2) 实力体现，生意所需。很多时候，大额保单还可作为一种自信证明，是尊严、地位和财富的象征。如果你手持的巨额保单来自一家负责任的保险公司，无疑就是一张值得信赖的名片，象征着身价和身份。

(3) 风险管理，风险投资。通常讲的风险投资是人们主动地去选择项目投资，生意总是有赔有赚的，为了赚，人们甘冒一些赔本的风险。对于保险而言，则要对自己不愿意承担的风险去投资，当这类风险一旦来临，首先，不能让风险对自己形成沉重的打击，其次，不能让财富损失。基于这一点考虑，就可以将保险作为一种被动投资，甚至可以达到用风险赚钱的目的。

(4) 汲取保险文化，锻炼下一代。现代企业家越来越有风险规避意识，保险文化的核心就是风险文化，保险公司的运行机制和风险管理机制以及团队激励文化，是许多企业效仿的楷模，企业家不仅自己有风险意识，还要培养下一代接班人的风险意识，通过购买巨额保险和派子女到保险公司实习，都是汲取保险文化，培养风险意识的好方法。

此外，保险还有合理避税，抵御通胀等功用。

投资指导

成功企业主最关心的主要有两大问题：财富是否贬值和未来是否征收遗产税。对于投资，他们已没有一夜暴富的投机心理，而是希望财富能稳定增值，而不是受通胀影响贬值。因此其可购买分红险来进行资产保值增值。

第250天　单身族投保

核心解读

单身族面临的三大潜在风险主要有：

(1) 意外伤害风险。意外发生，在致残的情况下，从费用上来说：从治疗到伤愈再到恢复，至少需要一到两年的时间，也就是说除却庞大

要点提示

单身族的年龄大多集中于 25 ~ 40 岁，正是生活事业的起步和发展阶段，有必要做好现金、风险和个人教育三方面的规划。

投资指导

不同年龄段的单身族的投资策略不同：

(1) 20 ~ 30 岁单身族：大胆投资同时投保意外险和医疗险。建议先做风险测评，根据自身的类型进行投资。此外，这一年龄段的人会比较热衷于出游减压，因而建议购买意外伤害保险、医疗保险。

的医疗费用外还要维持这以后的生活，并且以后获得新的工作机会的可能性则很难判断；若是身故，则还要考虑父母的赡养费。

(2) 罹患重大疾病风险。俗语讲“没什么别没钱，有什么别有病”，正是道出了突患重疾又没钱治疗的痛苦境地。

(3) 养老风险。随着现代医疗技术和生活水平的提高，人们的寿命愈来愈长，在年老时要保持良好的生活状态就要准备充足的养老金，要考虑的因素主要包括：预期养老年限、通货膨胀因素、退休生活安排、临终费用等。

(2) 30～40岁单身族：稳健投资同时投保养老险和重疾险。从险种选择上来看，应优先选择医疗保险，特别是应及早购买一份重大疾病险，而且还应在大病险基础上再补充几份健康类附加险。养老保险也是这类人群保险规划的另一重点。这有助于节俭储蓄，能够趁薪水还高时，用较少的支出为自己的未来购买一份高额保障。

第251天 给孩子买保险

核心解读

(1) 给孩子购买保险之前应该考虑父母的保障是否足够，尤其在考虑孩子教育金险种时，这点很重要也很关键。

(2) 在经济允许的情况下，意外险、健康险、教育基金险尽量购买全面。如果经济条件限制，不建议面面俱到，为买而买。建议优先意外险和健康险。

(3) 在给孩子购买教育基金险时适度理性。要注重储蓄性投资效果，并要结合自身收入和家庭负担量力而行。

(4) 对少儿来说，少儿的身故保额有限制，跟成人相比，少儿不须购买较高的身故寿险额度。

(5) 定期找寿险顾问帮助整理家庭保单，家庭的财务状况在变化，保障需求也在变，要适时调整保险规划。

(6) 所有保险产品都是经过保险公司精算部门精心设计并通过保监会审批的，价格的差异主要是保障范围不同造成的，要结合家庭经济状况选择最合适的险种。

要点提示

随着现代保险意识的增强，越来越多的父母正积极筹划着（或已经）为他们的孩子购买保险，但是父母们在为孩子买保险时应充分结合自身条件，了解保险公司对相关险种的规定并注意投保策略。

投资指导

在孩子的不同时期有不同的投保策略：

(1) 幼儿期。幼儿园的小孩安全意识和自我保护能力都比较弱，在这个阶段拥有一份能规避意外风险，而且能为未来成长过程中的各个阶段提供充足的教育金支持的保障计划是非常重要的。

(2) 初中生。一般而言，孩子正处于初中阶段的家庭，都面临上有老下有小的家庭环境，此时保险除了要对家庭全面保障之外，最好还能考虑一些投资功能。

(3) 大学生。针对即将进入大学的学生，在购买保险时侧重点应在教育金、婚嫁金、创业金、养老金以及保障金这些方面。

第252天　家庭投保

核心解读

家庭在购买保险时要考虑到若大人没有保障，那么孩子就更没有保障。因而投保时应本着先大人后小孩的原则，先考虑家庭的主要收入者，其他人次之。再有，选择保险要看保险公司的规模及偿付能力。同时，选择一个专业的代理人也是不可忽视的环节。

此外，不同年龄层面、不同家庭情况应根据实际状况选择保险产品。购买保险产品的先后顺序一般为：意外险、医疗险、大病险、养老险、子女教育险和理财险。每个家庭保费不宜超过家庭收入的10%，选择的保障额度为个人年收入的五倍至六倍。对于刚刚步入社会的年轻人来说，因为收入不太稳定，没有积累，应酬比较多，可以选择保费低、保障高的定期险种以及医疗型险种。待收入提高时，可适当考虑养老险。对中年人来讲，重大疾病保险为首选，其次为理财型保险。孩子可选择教育型保险，以便在特定时期比如上大学、创业、婚嫁时得到一笔资金。

要点提示

保险投资也是现代家庭提高生活品质的重要手段。

投资指导

需要注意的是，保险仅是家庭理财规划中的第一步，不能完全替代投资。

第253天　新婚家庭投保

核心解读

新婚家庭可以通过购买如下一些产品保障家庭生活的安稳：

（1）婚庆险。婚庆虽然热闹也容易发生意外，所以可提前购买一份保险，防险省心。新人在选择婚庆公司之前，可以询问一下该公司是否已经投保了婚庆责任险。婚庆险可对婚礼中的一些意外事件进行理赔，如婚车迟到、司仪迟到、化妆品导致新娘过敏、婚礼照片出错以及人身意外伤害等，新人可以直接从保险公司获得约定的理赔金。还有比较常

要点提示

处于初创期的家庭，夫妻双方的收入一般还不够丰厚，家庭财务尚处在打基础的阶段，若是一时冲动，使年缴保费大大超过了家庭承受范围，就会沦为“险奴”苦不堪言，最终不是盲目退保蒙受损失，就是节衣缩食影响生活质量。

见的婚宴责任险，主要保障新人或赴宴亲友对酒店设备如地毯、餐具等不慎损坏的风险，保费也很低。

(2) 蜜月意外险。蜜月中风险的发生也是难以避免的，要保障蜜月安全，就需要购买一份旅行意外险。出国旅行的新人还可选择带有全球紧急救援的境外旅行险，如果还要玩一些风险较高的项目，如滑雪、蹦极等，则需要事先挑选含有这些项目保障的旅行险产品。

(3) 母婴保险。新婚夫妇如果计划婚后一两年内就孕育宝宝，建议尽早给妻子购买含有妊娠期和新生儿保障的母婴保险产品。主要是为准妈妈的人身安全及婴儿特定先天性疾病提供保障。

(4) 房贷险。针对新婚家庭房贷和车贷等负债剧增的情况，贷款买房的小家庭可以买份房贷险。主要包括财产损失保险：房屋出现因火灾、暴风、洪水等自然灾害（地震除外）发生损毁时，保险公司负责理赔；还贷保证保险，即被保险人出现死亡和伤残时，保险公司将代为偿还全部剩余贷款。

(5) 家财险。出门度蜜月，花大价钱装修的新房可能没人看管，暗藏着水浸损失、火灾爆炸、室内财产被窃损失、家用电器遭遇雷电造成损失等风险，令人防不胜防。此时添置一份家财险，可以使新婚夫妻放心出门。

投资指导

新人投保要遵循以下原则：

(1) 在投保理念上要量入为出，切忌冲动投保、盲目退保。一张保单往往存续10年、20年，甚至终身，好比一纸婚约，签字的时候一定要谨慎。

(2) 在资金方面，可以参考“双十原则”，即保额设定为两人年收入的10倍，保费不超过年收入的1/10；保费过高，会影响家庭财务调度；保费过低，又会造成家庭保障不足。

(3) 在产品选择方面，如果家庭收入不是很高，可以考虑购买费率低廉的消费型定期寿险，满足特定时期的保障需求。

第254天　中等收入家庭投保

核心解读

中等收入家庭面临的风险主要是意外伤害和重大疾病风险，这主要是因为个人生活不规律，压力大，从而导致意外和疾病发生的概率加大。一旦风险成为现实，不但会造成收入中断，还要花费大量急用现金，甚至连累到家人的正常生活，大量的负债更是难以偿还。

要点提示

中等收入家庭的财务状况一般是：工作时间不是很长，收入一般，没有太多积蓄，支出却很大，日常生活消费、养孩子、买房首付、月供，甚至还要买车、孝敬父母等。总体是支出大于收入，家庭财务紧张，现金流不足，属于典型的负债一族。

针对以上可能面临的风险，在自己的家庭财务规划中，保险是必不可少的，建议每年拿出年收入的10%购买保险，优先选择意外伤害保险和重大疾病保险。意外伤害保险可选择两种，一种是短期意外伤害保险（1年期），保险费100元左右，保障比较全，比较高；另外一种是定期高保障型人寿保险（保意外身故、高残、疾病身故），保险费300元左右，定期10年、20年不等，保障20万元、30万元不等。重大疾病保险，有定期的和终身的两种，都可以选择，有病可以治病，无病到期本金退还，可以补充养老。

中等收入家庭收入低，负担重，更不能忽视保险保障，而且一旦拥有保险，千万不要轻易退保或不交续期保费，导致保单失效，利益受损。

投资指导

买保险分为三个层次：一是保障健康，二是保障财务，三才是投资理财。对于中等收入的家庭来说，按自身实力分三个层次做好规划极其重要。具体可分三个步骤：首先是选择一个专业的寿险顾问，毕竟大多数保险都是保障终身的，专业及售后服务非常重要；其次与寿险顾问充分交流家庭状况、理财想法和保障需求，最后就是量身定制一份保险计划，通常保费支出为年收入的10%。

特别要注意，保险不是为了赚大钱，尤其对于收入不高的中等家庭，保障才是最基本的功用。只有当经济收入达到一定程度后，再考虑做保险的第二步、第三步规划。

第九章

房地产
——热门揪心的投资产品

还在为房子而揪心吗？什么？等着房子降价？现在普通人的挣钱速度可赶不上房价上涨的速度。房价会降下来吗？会，但可能还要过 100 年，投资买房要尽早动手！什么？有房子了？还在守着自己的房子让别人去挣他的钱？我想你的房子也会替你感到可惜的。

第255天 房地产投资必知1：特点介绍

要点提示

房地产市场从狭义上来说是进行房地产买卖、租赁、抵押等交易活动的场所，从广义上来说，是指一切形式的房地产交易活动，即房地产流通的全部过程总和。

投资指导

我国的房地产市场是社会主义市场经济的一个重要组成部分，是我国经济的支柱产业，同时它还与金融业、开发业、建筑业等产业以及人们的日常生活密切相关，其繁荣与否关系着每个人的切身利益，应当受到我们的密切关注。

核心解读

房地产市场包括房产市场和地产市场，前者的交易对象是房屋，后者的交易对象是土地。一般来说，房产的转让伴随着其适用范围内土地使用权的转让，而土地使用权的转让也同时代表其上房屋的转让，因此房产与地产这两个市场是紧密相连，不可分割的。

投资房地产有以下好处：

(1) 随着城市的发展，人口的膨胀，土地房屋的需求在不断加大，房地产增值趋势明显，投资前景光明。

(2) 投资房地产可以获得多重收益。产权人不仅可以在房屋升值时通过出售获取利益，通过租赁赚取租金，还可以通过抵押担保等形式获得贷款与资金，同时也能够通过遗留子女、赠与他人等方式实现保值增值，可谓一举多得。

(3) 房地产投资的风险相对股票债券等较小，同时又具有很好的抗通胀能力，投资价值巨大。

另外，相对于股票投资来说，房地产投资也有其特定的优势：

(1) 投资房产风险较低，价格较稳。房产既可以居住具有使用价值，又可以升值具有投资价值，而且房产的投资价值是依附于使用价值的，这使得房产价值具有稳定性与坚挺性，因而其发展前途是光明的、确定的，不会像股票那样无止境地波动。

(2) 房产投资可获金融助力。房产投资的一项独有优势就是所有者可以通过房产获得贷款，利用金融杠杆效应，以更少的钱获取更多的收益，这是其他任何投资品几乎都无法实现的。

(3) 房产投资省心省力。股票投资需要了解许多专业知识，并要经常关注大盘走势，而房产投资，只要选好地段，做好规划，基本就可以做到“十发八中”了，可谓是一种省心省力的投资方式。

第256天 房地产投资必知2：市场分类

核心解读

按照不同的分类标准，房地产市场可以分为以下种类：

（1）按交易对象的用途分，有生产要素房地产市场，交易对象多用于厂房、办公室等生产过程；生产资料房地产市场，交易对象多用于居住等生活方面。

（2）按交易对象的性质分，有实体房地产市场，是房屋及土地使用权的交易场所；非实体房地产市场，是与房地产生产、流通、分配、消费相关的劳务、技术资金等进行交换的场所。

（3）按交易方式分，有出售、租赁、抵押、拍卖、信托、代理等多种形式的市场。

要点提示

了解房地产市场的多种划分种类，有助于我们更好地步入该市场，为获取收益做好充分的准备。

投资指导

由于我国土地的所有权属于国家，因而在地产市场上的交易仅指土地使用权的交易。由此，房地产市场按市场交换层次，又可以分为一级市场，即土地使用权转让的市场；二级市场，即对所取得的土地使用权及其上房屋进行开发、租赁、信贷、出售等交易活动的市场。

第257天 房地产投资必知3：风险及其控制

核心解读

从房地产投资的风险主体来看有：

（1）资金流动性差。房地产属于不动产，本身具有固定性的特点，与其相关的变更大多需要一个较长的时期，变现能力较差。

（2）价格波动大。房地产价格经常受到政治、经济、金融产业等因素的影响。政策变化、经济风波、金融震荡等情形都会使其价格的稳定性受到干扰。

（3）信息不对称。不完全或不对称的房地产市场信息，不仅严重扰乱了市场秩序，而且还干扰了当前房地产调控政策的制定与实施。使得房地产市场乱象丛生，预测难度加大。

要点提示

任何投资都是有风险的，房地产市场也存在着种种不确定性，如资金流动性差、价格波动大、信息不对称以及人为损坏与自然风险等。

（4）人为损坏与自然风险。人为的过失或故意损坏行为，不为人力所控制的自然灾害的发生都有可能使房地产投资蒙受巨大的损失。

第258天　房地产投资必知4：升值影响因素

核心解读

总体来说，影响房产升值的因素主要有：

（1）房产所处地段。这是影响房产价格的重要因素，其中最为显著的又属交通状况。一条马路或地铁的修建，都有可能“变废为宝”，使周边房价直线上涨。随着交通设施的完善，市郊结合部可能具有更大的升值空间。此外，周边商业中心、就业中心的建设发展也是房产增值的关键。

（2）房产总体规划。购房者进行投资，看重的应该是房产的未来价值，因而应该把眼光放长远，某些房产尽管目前略显荒凉，但在规划中如果将有较完善的商业设施、娱乐休闲设施、文化体育设施，那么这些地产项目也将具有较大的价格上扬空间。

（3）房产周边环境。主要包括生态环境、人文环境、经济环境等。例如：未来是否会因工业区的建立而导致空气水流的污染，是否会有园林绿地的开辟使得气候改良、噪声减小，以及社区知识文化氛围如何等都会成为影响房产升值潜力的因素。

（4）房产质量品质。只有具有了良好的设计质量与建筑质量，房产才有可能具有较大的升值空间。规划理念是否超前，小区设施是否配套，物业管理是否专业都会影响到房产品质的高低，因而购房者在买房时也需要慎重考虑这些因素。

投资指导

想要获得收益就必须承担风险，而想要实现收益最大化就必须学会将风险最小化。以下提供几种降低风险的措施：

(1) 投资分散房地产：房地产开发企业可通过调整开发结构，实行开发区域多元化、开发时间差异化来减小区域经济和市场变化所带来的风险。同时还可以通过与其他部门或个人进行共同投资以实现利益共享，风险共担。

(2) 投资组合房地产：投资组合策略是投资者依据房地产投资的风险程度和年获利能力，按照一定的原则进行搭配，投资各种不同类型的房地产以降低投资风险的投资策略。

(3) 投资保险：房屋保险、产权保险、房屋抵押保险和房地产委托保险等险种对于减轻或弥补房地产投资者的损失，实现资金循环运动，保证房地产投资者的利润等具有十分重要的意义。

投资者需要确定适宜的保险险种，制订周密的保险计划，选择信誉良好的保险公司，这是减小风险的重要手段。

要点提示

了解房产升值的影响因素，从而判断房产升值的潜力，是投资者为获取回报而必须考虑的一个问题。

投资指导

房地产是最具投资价值的商品之一，然而如何进行投资，可使房地产产品获益最大，需要认真分析。

第259天　房地产投资必知5：投资须知

核心解读

（1）明确投资目标。首先要确定房地产投资在你的整个理财目标中的地位。是想直接投资不动产现房，还是只想投资房地产投资基金以多开拓一条投资渠道？在紧急情况下，你想多久就可以回笼资金呢？只有确定好投资目标才能据此做出一套适合自己的投资策略。

（2）了解自己的财务状况及投资费用。估计自己现有的经济能力对于决定投资的时机十分重要。看看您的净资本持有量以及家里有什么可以抵押的东西，着眼于您的长期目标。

（3）了解投资风险并善于避险。房地产投资风险较小，但这并不等于没有风险。投资前要了解可能面临的各种风险，例如资金流动、价格波动、自然灾害等，做好心理准备，并学会运用组合投资、保险等手段规避风险，这样才能最大限度地保障收益。

（4）确定投资策略。有些房产易于出租，但是不会有太大的升值潜力，而另外一些房产恰好相反。因此，在您决定投资以前，必须确定您的投资策略。另外，投资的目的是为了让房产给您带来利润，因此在买房时不能仅根据自己的喜好来买，而要根据投资前景来买。

要点提示

投资者在进行任何一项投资之前都要对一些因素做出综合考虑，例如自己的投资目标、财务情况、风险承受能力和资金流动需要等，房地产投资也不例外。

投资指导

做好投资前的准备工作，努力成为一个沉稳智慧的投资者。

第260天　商品房1：房产介绍

核心解读

商品房整套出售，其销售面积为整幢商品房的建筑面积（地下室作为人防工程的，其销售面积从整幢商品房的建筑面积中扣除）。商品房按“套”或“单元”出售，其销售面积为购房者所购买的套内或单元内建筑

要点提示

商品房是指具有经营资格的房地产开发公司（包括外商投资企业）通过出让方式取得土地使用权后进行开发的，建成后以市场价格出售出租的房屋，可用于住宅、商业住房，也包括二手房等。而通过自建、参建、委托建筑等方式建造，用于自住或其他用途的房屋则不属于商品房范围。

面积（简称为套内面积）与应分摊的共有建筑面积之和。

房屋共有建筑面积系指各产权主共同占有或共同使用的建筑面积。其建筑面积分摊系数为整幢建筑物的共有建筑面积与整幢建筑物的各套套内建筑面积之和的比值。

应分摊的共有建筑面积为套内建筑面积与共有建筑面积分摊系数之积。

商品房在测量前应参照购房协议实地调查，对分户权界线及房屋公用部位进行确认。房屋面积测量平面草图应实地绘制，楼房要分层绘制，尽量按几何图形分块，并编写序号。

投资指导

从法律角度来说，商品房可以办理产权证和国土证，同时拥有完整的所有权，包括占有、使用、处置和收益四项权利，在不违反法律法规的前提下，可以自由转让、出租或赠与，不受任何单位或个人的限制和干涉，其收益也全部归个人所有。

第261天 商品房2：价格构成

核心解读

(1) 基地开发费。在寸土寸金的城市，商品房住宅开发单位依法取得土地使用权是需要花费一定成本的，这也构成了商品房价格的一个重要部分。此类费用主要包括征地费、拆迁补偿费、相关税费等。不同地段和不同的土地取得途径对应的开发费也有所不同。

(2) 住宅开发费。住宅开发费主要包括在住宅开发过程中为勘察地质、设计图纸、水电安装、公共建筑配套、基础设施建设等所发生的费用。此外还包括开发经营单位在开发经营过程中直接或间接发生的管理费用、财务费用、销售费用等支出。

(3) 利息和利润。开发单位为筹集开发资金向银行借款需要支付利息，为获取盈利需要制定相应利润率，这部分计量同样应该计入商品房价格以保障收益。

(4) 税收。税收包括按国家相关法律法规应缴纳的营业税、房产税、城市维护建设税、教育费附加等。

要点提示

高房价使很多想买房的人望洋兴叹，我们看过商品房价格的构成因子以后就会觉得高房价似乎是一种必然。

投资指导

土地费用占据了房产价格的大部分，高额的土地使用费造就了高房价，同时，房产供不应求的失衡局面也是房价居高不下的重要因素。

第262天 商品房3：商品房预售

核心解读

对于购房者来说，选择预售方式的好处是：在当今房地产市场比较火热的条件下，预期的房价上涨是比较确定的；而且，由于预售款在总房价中所占比例较小，因而购房者即使由于某些原因想要退房，风险和损失也都是比较小的。

预售方式对于开发商而言有利的一面是：可以减少其市场成本，加快资金周转速度。未来房地产市场的不确定性也可以抵消预售价与建成后房价存在差值的损失。

房屋预售的主要弊端在于：它是造成我国房价居高不下的主要原因之一。在房屋预售制度下，房地产开发商不仅能以低成本使用银行资金，无息占用购房者的预缴款以及承建商的垫款，而且也不需承担房屋的存货成本。在买涨不买跌的心理推动下，人们未来房价增值的预期会推动房价屡创新高。

要点提示

商品房预售也叫房屋预售，是我国商品房市场中的一种房屋销售形式，是指房地产开发企业与购房者约定，由购房者交付定金或预付款，而在未来一定日期拥有现房的房产交易行为。其实质是房屋期货买卖，买卖的只是房屋的一张期货合约。

投资指导

房屋预售情况下，买卖双方将合约中约定期限的到来作为买卖权利义务发生的根据，因而是一种附加期限的交易行为。同时由于买卖对象不是实质性的房屋，因此也要求国家加强对商品房预售市场的规范，使得该市场具有较强的国家干预性。

第263天 商品房4：买房注意事项

核心解读

购买商品房时需要注意以下几点：

(1) 了解相关法律法规。购房者在购买商品房之前首先应该对有关购房的政策和法规有相关了解，例如自己准备购买的房屋属于何种类型：是期房、产权房还是使用权房，各自对于其购买对象有什么规定，房屋所在地的政策大环境是怎样的等，以避免购房纠纷，产生不必要的麻烦。

(2) 谨防开发商捂盘。所谓捂盘，即开发商不将开发好的有升值潜

要点提示

购买商品房无论是自用还是投资，对于买房者来说都是一件耗费很大财力的大事情，甚至是关系家庭幸福和睦的重要因素，因而买房者必须足够重视。

力的房屋出售，而先销售条件相对较差的房屋，以便后期提高价格。

(3) 谨慎对待广告宣传。在处理房产纠纷时能作为依据的是合同而不是广告的宣传内容，因而要理性审视广告内容，并要求开发商把广告宣传的承诺写入合同约定条款。

(4) 精装修是否“精”。精装修的房子虽然可以免去消费者购房后装修的麻烦，却也增添了开发商装修不精的风险。因而建议消费者在购买精装房时要在合同中明确精装房的装修标准、所用材质、价格、质量标准、售后服务等内容，以免上当。

投资指导

总之，购买商品房一定要做好充足的前期准备。

(5) 注意房屋面积。房屋面积对于消费者来说往往难以实际测量，有些开发商会利用这一点，单方面虚增系数值，使消费者蒙受损失。对此，消费者要高度警惕，必要时，应请有法定资质的测量机构进行测量。

第264天 商品房5：开发商的选择

要点提示

购房者要买到理想的商品房，除了选择好的房屋位置、交通、户型、价格等，还有一个非常重要的因素不能忽视，那就是应选择好的房地产开发商。

核心解读

在日益活跃的房地产市场，很多信誉不好的房地产开发商常常混杂在众多的房地产开发企业中。因此，在考虑了一些关键因素后，购房者还要选择一家信誉良好、实力雄厚的房地产开发公司，购买这些公司开发的商品房，会减少很多不必要的麻烦和苦恼。那么，好的房地产开发商如何选择呢?

(1) 询问主管部门。首先，购房者在选定住房后，可以再到一些对开发公司的实际有所了解的行政主管部门或房地产管理部门做咨询。

(2) 到公司办公处观看。按照通常的市场规则，实力雄厚、信誉好的房地产开发公司，在各方面都注重自己的企业形象，对消费者有良好的信誉。可以通过实地考察发现一家房地产公司的管理纠纷情况，进而判断其资信度与可靠性。

(3) 考察其已售出的商品房。在这些已经售出的住宅区里考察时，可分三步走。一是先看周围的环境，看垃圾处理是否得当，物业管理是否有缺陷等。二是到住户中去探问，如果开发公司房建得好，管理好，收费合理，住户会有好评价的。三是到已经入住的房中看质量如何。一般入住后的房屋经过一两年后容易发现缺陷和质量问题。

（4）态度分析。购房者可以对购房过程中所受的礼遇态度进行自我分析，以此来衡量房地产开发商的服务优劣情况。好的房地产开发商除了实力强大、信誉良好外，一般都注重企业本身的文化塑造，对顾客负责，对工作认真应该是房地产开发商对消费者最直接有效的承诺和表现。

投资指导

细节决定一切，一个好的开发商会在房产选址、设计、建造以及客户服务上充分考虑到人性化细节。

第265天　商品房6：看房地产广告

核心解读

买房者应注意以下几点：

（1）注意字眼避忽悠。有些房产广告会通过玩弄文字游戏来吸引顾客。例如：在广告中把房价标得很低，每平方米仅1800元，但又在后面加了一个不起眼的“起”字，最后各种费用加起来竟达到3000多元；再如，不明确说出房产位置在几门几号，而拼命使用“靠近”、“毗邻”等字眼，千方百计舍远求近，使房产在文字上向好的地段靠拢。

（2）弄清房价再买房。有些广告中所标出的价格往往只是基本价，你若购买，还有各种各样的附加税费在等着你。还有些房产商首先利用“优惠”价格来诱人，待买房者询问时，又说优惠房产超过期限或已经售完，随后再对购房者进行游说。实下不少房产商都信奉这样一句话“只怕客户不上门，已上门就能抓住他”，有些买房者就是看了虚假广告后上门被“抓”住的。

（3）看清是否真实惠。有的房产商以小恩小惠来“钓”顾客。比如宣称买其房者可免费获得空调或者热水器一台，甚至赠送10平方米住房。看到此类承诺，就应该想一想它们的真实性。有些恩惠仅是羊毛出在羊身上，最后买单的还是消费者自己。

要点提示

我国房地产市场还不规范，难免出现良莠不齐、虚实难辨的情况。对于铺天盖地的房地产广告，买房者应该注意些什么呢？

投资指导

总之，购房者面对广告，一定要擦亮眼睛，慎之又慎，谨防上当受骗。

第266天　商品房7：看楼书

核心解读

面对质地精良，让人眼花缭乱的楼书，购房者要怎么做才能真正达到了解房屋的目的呢？

（1）通过地理位置图，了解房屋的具体位置和朝向，以此可以大概评估房屋价格是否合理。但购房者也要注意地理位置图是否是按照比例绘制的，整栋楼的坐向是否标正，以防开发商的误导。

（2）通过看外观图、小区整体布局图，可以初步判断楼宇是单体建筑或成片小区以及房屋的档次用途。此外，小区的配套设施一般都会在楼书上体现出来，仔细研究小区的布局情况，如内外道路、各建筑物的排列、绿化景观的设置以及后续的发展等等都是非常必要的。

（3）通过看房屋平面图，明确房屋的户型结构。弄清梁柱的大小以大致了解室内空间分割、实际层高、吊顶建筑等，合理评估尺寸，还要重点注意厨房和洗手间等。

（4）看楼书要学会发现缺点。因为这种宣传资料一般是刻意“美化”的，渲染优点而淡化缺点。在楼书中，含糊其辞的地方往往是有缺陷的所在。

要点提示

楼书是指开发商为推销房屋，自己精心制作的一种印有房屋图形和文字说明的广告性宣传材料。

投资指导

一份完整的楼书一般包括以下几个要件：

（1）建筑外观。

（2）楼盘所在的区域位置及总平面图。

（3）单体周边环境或小区户外环境平面图及说明。

（4）各种户型平面图及面积列表。

（5）楼盘装修、设备、保安措施及物业配套等主要交楼标准说明。

第267天　商品房8：看图纸

核心解读

现在买房在规划上引起的纠纷颇多，所以小区的规划图是首先要看的，以详细了解小区的位置、范围、建筑数量等。看懂规划图后，可以拿来和该楼盘的楼书或者广告宣传图纸相对照，看看有无不一致的地方。

要点提示

一般来说，购房者不是专家，对专业的建筑、施工图难以理解。不过，在买房过程中看懂一些相关的图纸还是很有必要的。特别是当购房者选择的是期房时，就更要学会通过图纸来了解房子的基本情况。

如果楼书上写着是绿地的地方在规划图上变成物业管理用房或者变电器所在地，就说明楼书是骗人的。

其次，还要看建筑施工中的正式平面设计图，从中了解建筑规模、楼层数、房型结构、平面布置及建房时选用的主要材料、主要部位（结点）的工艺设计及要求达到的水准。以对楼盘做一个初步评测，发现不一致时可以向专家咨询，避免将来因双方理解程度的偏差造成房屋外观、布局、质量、设施等的纠纷。

投资指导

此外，与日后生活息息相关的水、电以及宽带接入网络等的分布图等也需要仔细查看。

第268天　商品房9：“八房五证两书”

核心解读

“八房”是国家对房屋买卖限定的八种情况的规定，即：

（1）违法或违章建筑。

（2）房屋产权有纠纷或产权未明确的。

（3）教学、寺庙、庵堂等教育、宗教建筑。

（4）著名建筑物或文物古迹等需加以保护的房屋。

（5）由于国家建设需要，征用或已确定为拆迁范围内的房屋。

这五种一般不能买卖。此外还有：

（6）单位不得擅自购买城市私房。

（7）出租人、共有权人、出典人的房屋可以出售，在同等条件下，承租人、共有权人、承典人有优先购买权。

（8）对出卖享有国家或单位补贴廉价购买或建造的房屋有一定的限制。

购房者在选房时要注意这八种情况，遵守法律规定才更有助于保障自身利益。

商品房销售应持有的“五证”包括：

（1）计委立项、可行性研究的批件，表明建设工程符合城市规划。

（2）规划局的“规划使用证”，表明建设项目位置范围符合城市规划。

要点提示

“八房”是国家对房屋买卖的相关规定，“五证”是商品房销售者的资质证明，“两书”是购房者的权益保证。

投资指导

购房者应注意符合“八房”规定，查核售房者的“五证”，并在购房时注意查收“两书”。

(3) 国土局的“土地使用证”，证明卖方已交纳了土地出让金，拥有产权保证。

(4) 建委的“开工许可证”。

(5) 房管局的“商品房预售许可证”。

在这其中最重要的是“土地使用证”和“商品房预售许可证”，它表明所购房屋属合法交易范畴。

“两书”是“住宅质量保证书”和“住宅使用说明书”，是开发商出售商品房时，必须向购房者提供的两证。这有助于加强售后管理，保障购房者权益。

第269天 商品房10：套内建筑面积和共有建筑面积

要点提示

套内建筑面积系指套内使用面积、套内墙体面积及套内阳台建筑面积之和。共有建筑面积是指由整栋楼的产权人共同所有的整栋楼公用部分的建筑面积。

核心解读

1. 套内建筑面积

套内使用面积系指房屋户内全部可供使用的空间面积，按房屋的内墙线水平投影计算。

商品房各套（单元）使用空间周围的维护和承重墙体，有共用墙及非共用墙两种。商品房各套（单元）之间的分隔、套（单元）与公用建筑之间的分隔以及外墙（包括山墙）均为共用墙，共用墙墙体水平投影面积的一半计入套内墙体面积。非共用墙墙体水平投影面积全部计入套内墙体面积。

阳台建筑面积系指阳台地面底板外沿在水平面的投影。套内阳台建筑面积系指套内各阳台建筑面积之和。

2. 共有建筑面积

商品房应分摊的共有建筑面积包括：

(1) 各产权户的电梯井、管道井、楼梯间、垃圾道、配电室、设备间、公共门厅、地下室、值班警卫室，以及为整幢房屋服务的共有房屋和管理房屋。

(2) 套（单元）与公共建筑空间之间的分隔墙以及外墙（包括山墙）墙

体水平投影面积的一半。

独立使用的地下室、车棚、车库、为多幢建筑服务的警卫室、管理用房、作为人防工程的地下室都不计入共有建筑面积。

共有建筑面积的分摊原则是：产权各方有合法权属分割文件或协议的按文件或协议规定执行；产权各方无产权分割文件或协议的可按相关房屋的建筑面积比例进行分摊。

投资指导

购买者应对套内建筑面积以及共有建筑面积的包含范围以及计算方法有一定了解，以防受到售房者夸大面积的欺骗。

第270天　商品房11：预付款、订金、定金

核心解读

1．预付款

预付款是一种支付手段，其目的是解决合同一方周转资金短缺，预付款不具有担保债的履行的作用，也不能证明合同的成立。收受预付款的一方违约，只需返回所收款项，而无须双倍返还。

2．订金

根据我国现行法律的有关规定，订金不具有定金的性质。交付订金的一方主张定金的权利，人民法院不予支持。一般情况下，交付订金的视为交付预付款。如收受订金的一方违约，须退还所收受的款项，无须双倍返还。

3．定金

在订立房屋买卖合同时，为保证合同的履行，规定由当事人一方先行支付给对方一定数额的货币。合同履行后，定金应当收回，或抵作价款。给付定金方如不履行合同就失去了定金所有权，无权索要定金。接受定金方如不履行合同，应当双倍返回定金。这样，当事人为避免受定金制裁，从经济利益上考虑，会促使自己认真履行。

要点提示

在买方订立合同时，有的卖方要求交付一定的预付款或订金，有的则要求买方交付定金。这里要提醒大家的是，预付款与订金同定金的法律作用是大不相同的。

投资指导

由此可见，订金、预付款和定金一样，都能起到预先给付的作用，但具有担保作用并能证明合同成立的只有定金。此外，法律对于预付款的使用控制也比定金更为严格。签订合同时，消费者要谨慎区别三者，防止落入圈套，蒙受损失。

要点提示

购房者要对自己购买房产的目的、还款来源和还款能力等情况进行认真的分析，并综合比较各家银行不同的还款方式和售后服务，才能选择出适合自己的住房贷款。

投资指导

提供贷款的银行有两类：第一类是由您购买房产的开发商指定的一家或多家银行，即需与开发商签订住房按揭贷款协议并由开发商提供阶段性担保责任作为贷款发放条件的银行，其对应的贷款方式为“间客式贷款”，第二类是已经开办“不指定楼盘”按揭贷款的银行，即不需与开发商签订住房按揭贷款协议，以所购房产符合预售规定并由住房担保中心提供担保为贷款发放条件的银行，如民生银行等。与其对应的贷款方式为“直客式贷款”。

直客式贷款不但可以给贷款者更多的选择权，还款方式更为自由，而且还可以为贷款者节省多笔费用，例如律师费、保险费、抵押登记费，开发商转嫁保证金等。

第271天 住房贷款

核心解读

银行还款方式主要有：

(1) 等额本息还款法。优点在于借款人可以准确掌握每月的还款额，有计划地安排家庭的收支，比较方便、易记。缺点是利息支出总额相对较高，适合收入稳定，预期收入变化不大，购买住房用于自住的客户。

(2) 等本金还款法即递减还款法。优点在于利息支出相对较少，缺点是每月还款额逐步递减，前期还款压力较大。适合目前收入较高或按等额还款法计算月还款额占家庭月收入的比例较小，但预期收入不确定的购买住房用于自住的客户。

(3) 移动（波浪）还款法。优点是根据自己收入预期变化和财务状况设计还款额且利息支出最少，缺点是对所购房产和贷款申请人的要求较高。适合购买住房用于出租或投资的客户。

此外，贷款的售后服务也是不可忽略的因素，对于此类问题，例如：银行是否可以提供不限次数、不限金额的无障碍还款；在客户还款纪录良好的前提下，是否提供二次抵押授信给客户，让客户有一笔随时可以动用的资金；需要出售住房时，对转按揭贷款是否有限制。偿还贷款出现困难时，是否可以提供加按揭服务等，都要认真加以考虑。

第272天 按揭和抵押贷款

核心解读

按揭和抵押贷款的主要区别有：

(1) 从法律上来说，按揭发生了所有权的转移，按揭受益人成为担保物的所有权人；而抵押则不发生所有权的转移，抵押人仍保有担保物的所有权，抵押权人仅享有对抵押物的支配权。

(2) 从目的上来说，按揭收益人进行按揭主要是为了保障收益，购置房屋，获得房屋的产权；而抵押人进行抵押则是为了获取借款，用于其他目的。

(3) 从程序上来说，按揭人是在未取得产权证时通过办理他项产权证作为担保进行按揭，在付清购房款后才可取得产权证，因而按揭牵涉的当事人有：按揭人、按揭受益人、按揭担保人三方；抵押则是在抵押人先取得产权证的前提下，办理他项产权证，以产权证抵押而持有他项产权证。因而抵押贷款只需有两方当事人即可，即抵押人和抵押权人。

要点提示

按揭是指具有完全民事行为能力的自然人，购买本市城镇自住住房时，以其所购买的产权住房（或银行认可的其他担保方式）为抵押，作为偿还贷款的保证而向银行申请的住房商业性贷款。抵押贷款是商业性贷款中的一种贷款方式。

投资指导

在按揭情况下，银行作为按揭受益人享有房屋的产权，买房者在未付清按揭时，银行随时保留收回房屋使用权的权力。

第273天　二手房1：注意事项

核心解读

购买二手房时要注意以下几点：

(1) 深入了解房产历史。一个小区的物业管理如何，有没有出现过一些负面的事情，这些在网络上搜索就能发现，收集这些资料可以对小区的“前世今生”有一个大概的印象。比如房屋质量有没有出现问题，物管是否负责，有没有出现过偷盗事件，邻里关系是否和谐等。

(2) 根据目的选择住房。购买二手房是要自住还是要用于投资，买房时要先确定自己的目的再据此选择房屋，这样才能得到最大的价值体现。若是用于自住，则要看房产周边配套是否完善，交通是否方便等，若用于投资，则要注意分析房产是否有升值潜力，是否有广泛的租客来源等。

(3) 仔细考察周边环境。买房时不能单单关注房屋本身，周边环境也同样重要：是否有清洁的环境、足够的人气，是否有完善的市政配套和生活配套措施，停车位是否紧张等，这些在买房时容易被忽视的细节往往也是买房成败的关键。此外，房屋周围有无噪声、有害气体、水污染、垃圾等污染源，还有小区环境、安全保卫、卫生清洁等情况都需要

要点提示

二手房是相对开发商手里的商品房而言，在房地产产权交易二级市场俗称“散盘交易”，是在市场上流通的房产。凡产权明晰（以房屋产权证为依据）、经过一手买卖之后再行上市的房屋均可称为二手房。

投资指导

二手房价格相对优惠，且生活配套完善、交通便利，还有周转快、即买即住即租等特点，因此，二手房不仅成为年轻人过渡的首选，也成为很多投资者眼中的香饽饽。消费者在二手房交易过程中，一定要将房龄的因素考虑在内，尤其是二手房投资人士。一方面可以避免因为折旧率太高、价值大幅贬值、性价比不高而造成的损失；另一方面可以避免因为房龄问题引起的贷款不顺畅使成交受阻。

购买者仔细考察。

(4) 重点关注户型设计。有些房屋户型设计差，把家具买回家，怎么摆都不太合理，不是这里空留一个角，就是那里多出一块来，大大浪费了住房空间。且有些房屋墙体难以变动，也就无法对其进行改造使其升值。

(5) 房龄大小不容忽视。据了解，国内有些城市，超过10年房龄的二手房已经得不到银行的贷款支持。房屋作为不动产，在人们长期的使用过程中，即使原有的房屋实物形态不会发生很大的变化，但由于受到自然损耗和人为损耗的双重作用，房屋的内在价值也逐年降低。

第274天　二手房2：交易流程

核心解读

二手房交易流程如下：

要点提示

二手房交易是房产市场交易的主力军，了解其交易流程非常必要。

(1) 委托。买者首先与信誉良好的代理公司或地产经纪人签订“委托书”，由代理人为客户寻找符合要求的楼盘，随后进入实地看楼阶段。中介公司会与客户签订一份看楼“委托书”，以此保障中介公司和顾客双方的利益。

(2) 核实产权。买卖双方有了明确的购买意向和目标价格后，由经纪人负责查证房产的背景资料，如房子物业产权是否清晰，是否可以正常上市交易，有否被法院查封或抵押等。买家应清楚并重视具体查证情况。

投资指导

二手房交易相比一手房交易具有较大的信息不对称性，买房者应该严格按照上述交易程序操作，谨防受骗上当。

(3) 签约。经过查证之后，由买卖双方及中介方共同签署“临时买卖合约”，在此环节，一般要求买家支付楼价的5%～10%作为订金/定金预付给业主，或者由中介公司代为预收买家的订金/定金。在中介代为预收的情况下，为避免订金/定金纠纷，买家应要求中介出具卖方委托收取的委托书，并在交付订金/定金后，要求中介公司出具盖有其印章的收据。

（4）贷款。若买方要求办理银行按揭贷款，则需备好身份证、户口本、收入证明等相关资料到选定银行进行办理。

（5）过户。产权过户登记必须经过当地房屋土地管理局才算是办完了房屋过户手续。此时房产才真正属于买方。

第275天　二手房3：二手房按揭及其风险

核心解读

二手房按揭应遵循以下程序：

（1）确定按揭服务公司和贷款方案。借款人选择一家银行指定的能办理按揭贷款业务的房产交易代理机构，并在该机构完成房产价值评估、公积金查询等工作，确定贷款方案。

（2）准备贷款资料，审核贷款资质。按揭服务公司协助借款人填写按揭申请表等相关贷款资料，并由银行查证资料真实性、合法性、借款人资信度等。

（3）签订贷款合同。查证通过后双方即可鉴订贷款协议，办理协议公证。

（4）办理过户、抵押、保险等相关手续。

（5）银行收取相关证明，借款合同生效。

要点提示

二手房按揭指的是购房人因资金不足，以所购二手房作为抵押向银行申请贷款，用于支付除首付款之外的其余房款，购房人再分期向银行还本付息的一种信贷方式。随着房地产市场的迅猛发展，越来越多的购房者选择贷款购房。

投资指导

二手房按揭过程中同样存在风险，例如：若买方只支付首付款而恶意拖延办理按揭手续的时间，那么卖方就会遭受损失；再如若在办理过户手续之后再申请按揭，则有可能造成交易不成的危险等。

第276天　期房1：特点介绍

核心解读

购买期房的优势如下：

（1）选择余地大。由于购买时房屋还未竣工，销售工作刚刚起步，各个种类的房型都比较齐全，因而也就便于购房者挑选条件较好的房产，

要点提示

人们习惯上把在建的、尚未完成建设的、不能交付使用的房屋称为期房。即指开发商从取得商品房预售许可证开始至取得房地产权证（大产证）止，在这一期间的商品房称为期房。从工程的角度来说，从开发商拿地，做好项目扩初设计方案以后一直到工程施工完成主体建筑之前，都属于期房。消费者在这一阶段购买商品房时应签预售合同。

投资指导

先付款后买房的交易方式使得购房消费的结果很大程度上依赖于购房合同的履行，而购房合同的履行还要受到开发商自身经营及许多客观因素的制约，因而虽然期房价格较低，挑选余地较大，但同时存在的风险也较大。

对于户型、位置、朝向等都可以有更高的要求。

(2) 价格优惠大。开发商开发楼盘的时间较长，多需要1～2年甚至更长的时间。为及时回收现金，加快资金周转速度，往往会给予更大的价格优惠以鼓励消费者购买期房。

(3) 付款轻松。随施工进度付款，一般分为三次。首次付款时间为取得预售证时，一般仅付1万～2万元的定金和总房款10%左右的首期房款；第二次付款时间是工程进行到一半时，付款额约为总房款的60%；第三次付款时间为房屋已经交工或即将投入使用时，购房者将余下的款项付完，同时开发商将房屋交付给购房者，也可选择按揭付款。如果是一次性交付全款，可获得更大的优惠。

(4) 利于检验工程质量。从付完定金的那一刻起，购房者就可随时去观看工程进度，对于房屋结构、墙体构造、水暖电等设备管路、管线、接口这些建好以后不易观察的部分，这时都可一览无余，便于进行监督和提出意见。

第277天　期房2：风险及其控制

要点提示

购买期房有其特定的优势，使其成为很多买房者的选择，但是购买期房也存在一定风险。

核心解读

购买期房存在以下风险：

(1) 期房买卖中购房者看到的大多是户型的平面图、整个楼盘的效果图而不是实物，许多开发商将户型平面图做得简单而模糊，使得有关面积、户型、装修标准难以准确进行判断；而楼盘的效果图则渲染得十分精美，从而造成对消费者的误导。

(2) 期房买卖中常常容易发生房屋延期交付使用或房屋权属证件无法按期得到等情况，这会使购房者抵押融资受阻并蒙受利息利润的损失。

(3) 开发商情况难以把握。如果开发商在建设过程中因为资金不足使工程停顿；或因技术实力不足造成建设质量的降低；以及在建设过程中擅自变更原来的设计或承诺，例如对小区的配套设施和环境绿化的变更，对房屋的建筑质量、建筑装饰材料、建筑结构、配套设施等进行的与购房协议内容不符的调换或延迟使用等情况，都会给消费者造成巨大的损失。

(4) 市场的行情和价格难以预测。在购房者与开发商签订合同并付款后，因为市场因素的作用，房价会产生波动。如果涨价则购房者受益；如果跌价则购房者会遭到损失。

投资指导

针对以上风险，期房购买者在交易过程中要注意以下几点：

(1) 购房者应综合了解发展商的有关情况，要明确开发商及其相应项目的各方面资讯及合法性。

(2) 双方应了解并严格遵守相关法律规程。确保预售交易手续的完备，才能为避免日后纠纷提供更好的保障。

第278天　现房

核心解读

与期房相对，现房的特点是价格高而风险小，二者可谓各有利弊，具体说来：

现房不同于期房，只能根据图纸买房，其最大的长处就在直观、即买即住，而且可以让购房者马上看到“现实”的而非广告中的房子，减少了不确定因素，购房者对楼盘形态、配套建设、房型设计、面积、周边环境等各方面都有切实的感受和判断。另外，现房的价格也基本稳定，不会再有大的变动。最后，如果购房者是投资人也不用与开发商共同承担风险。总体来说，现房的投资风险、投资回报周期以及可控性都要优于期房。

同时，相比期房，现房的选择余地较少，楼层、房型较好的房屋往往被先到者买走。并且现房一般价格偏高，且付款时间要求紧，压力较大；内部格局和装修多已固定，不易调整，各方面进一步变通和完善的机会较少。

期房现房各有长短，购房者在选择时，要结合自身心理和经济情况考虑，多方面衡量各种条件，挑选出满足自己大部分需求，适合自己的好房子。

要点提示

现房并不是人们日常观念里认为的已经盖好的或有人入住的房子，按国家销售现房的规定，现房是指开发商已办妥所售项目的“房地产权证”，已整体竣工并通过验收的商品房，开发商完成房屋全部建筑工程、配套工程，使房屋具备正常使用功能，还要通过建筑工程质量验收、规划竣工验收、环卫环保验收、消防验收，取得新建住宅交付使用许可证，才能到房地产管理部门进行房地产初始登记。购房者在购买现房时签订“商品房买卖合同”，即买即可入住。

投资指导

消费者购买现房时，在现场检查质量主要看以下内容：各厅室过道的地面、墙面、顶棚、门窗、各类管线设施、卫生洁具、配套的厨具、预留的电源插座、电话插孔、天线插孔、水暖煤气的五金件是否有质量问题或设置不合理。对于严重的问题，如裂缝、渗漏，要请售房单位给予解释，如不满意，请专业机构给予鉴定，问题严重，不可修复则可不买或退房。

要点提示

“小产权房”并不是一个严格法律意义上的概念，只是人们在实践中约定俗成而形成的一种称谓。直白来说，它是指一些村集体组织或开发商以旧村改造或新村建设等为名义，在集体的土地上建立或由农民自建的一种“商品房。”

“小产权房”的价格，一般仅是同地区商品房价格的1/3甚至更低。“廉价”是大量城镇居民顶着产权风险购买“小产权房”的根本原因。

投资指导

“小产权房”买卖虽然存在各种法律上的风险与漏洞，但它对当前平抑房价、改善房屋市场的供求关系还是有一定作用的，也为中低收入者提供了一条解决住房困难的新通道，事实上它部分承担起了理应由政府承担的住房保障责任。因而“小产权房”的出现是具有一定合理性的，从历史上看其作用还是积极的、有效的。

第279天 “小产权房”1：特点介绍

核心解读

房产权本来是不分大小，只有一种定义，但由于社会上一些约定俗成的说法，对“大产权”和“小产权”在不同情况下有不同解释：

(1) 一般把开发商取得的房屋所有权称为“大产权”，把买房人取得的房屋所有权称为“小产权”，这种分法主要是从数量上来界定的，在实际的权利行使上，两者没有质的区别。这种叫法是因为购房人的产权是由发展商一个产权分割而来的，相对讲发展商的大，购房人的小。

(2) 国家发产权证的叫“大产权”，国家不发产权证的，由乡镇政府发证书的叫“小产权”。购房人要注意的是乡镇政府发证书的房产实际上没有真正的产权。这种房没有国家发的“土地使用证”和“预售许可证”，国土房管局也不会给予备案。

(3) 买的房再转让时不用再交土地出让金的叫“大产权”，也即完全产权，包括“房产使用证”和“国有土地使用证”。再转让时要补缴土地出让金的叫“小产权”，也即不完全产权，只包括房屋的使用权。按这种解释普通商品房就是“大产权”房，经济适用房就是“小产权”房。二者的主要区别在于是否出让土地使用权。

要点提示

“小产权房”在房地产市场上的地位可以说是一种“偏安一隅”的热销状态。

第280天 “小产权房”2：市场分析

核心解读

“小产权房”获得追捧的原因主要有以下几点：

(1)“小产权房”价格低廉。目前，城市房价居高不下，普通居民的收入已与房价严重不成比例，现有的供房体系已经不能全面满足居民的住房需求。在这种情况下，“小产权房”以其巨大的价格优势赢得了广阔的市场需求，这是“小产权房”热销的一个主要原因。

（2）有助于提高农民收入。我国农地制度安排存在不合理的因素，农村集体建设用地和城市建设用地产权地位还不平等，农民在土地增值的利益分配格局中不能得到合理的价值补偿。而“小产权房”开发成本低，农民集体通过出售“小产权房”获得的收益远远高于政府征收土地的补偿金额或种植所得收入。

（3）相关禁用法规不明确。我国政策虽然不鼓励买卖“小产权房”，但相关的法律法规却存在很多模糊不清的地方。少有清拆先例或追究乡政府责任的行为，对农村集体建设用地的规定也存在流转空间。这也在一定程度上导致了各地“小产权房”建设的泛滥，在合法与非法之间给“小产权房”留下了一个擦边球的空间。

投资指导

可见，“小产权房”的热销一定程度上是钻了法律的空子，这也决定了其风险所在。

第281天 “小产权房”3：风险及其控制

核心解读

购买“小产权房”的风险主要有：

（1）法律风险。乡产权房只具备了普通商品房的使用性质，但不具备普通商品房的法律性质，甚至不具有市政府颁发的房产证。目前，我国对于各地出现的“小产权房”问题，将采取“一案一处理”的方式。对于全国“小产权房”的处理，要等到“小产权房”处理政策出台后一并处理。

要点提示

购买“小产权房”存在较大风险隐患。

（2）拆迁风险。若购买后相关部门整顿不合国家规划的“小产权房”，则购买者可能面临被要求强迫拆除的情况，而且业主也不会得到拆迁安置补偿。因为任何物权都必须是由法律来设定的，国家补偿只会给集体土地原来的“村民”，而作为实际使用人所得到的拆迁补偿与产权补偿相比是微乎其微的。

（3）缺乏监管，质量难以保证。目前，乡产权房屋的开发建设还没有明确的规定加以约束，开发建设的监管同样存在缺位。常见的问题有：开发资金得不到贷款支持和政府监管，只能靠开发商自律；开发过程也存在开发商偷工减料造成安全隐患的风险；房屋配套不完善，入住后的物业管理也极易出现问题。

(4) 不能过户、遗赠，难以升值。由于所购乡产权房得不到法律的认可和保护，没有得到国家房地产主管部门的批准，无法办理合法的产权手续，因此购买后也不能合法转让过户，在遗产继承时也会有很多麻烦。同时对房屋的保值和升值也有很大影响。

投资指导

由于存在相关法律的缺失，购买"小产权房"应更多地用以自住，且涉及金额不宜过大。

第282天 集资房

要点提示

集资房是改变住房建设由国家和单位统包的制度，实行政府、单位、个人三方面共同承担，通过筹集资金建造的房屋。职工个人可按房价全额或部分出资、信贷、建材供应、税费等方面给予部分减免。集资所建住房的权属，按出资比例确定。个人按房价全额出资的，拥有全部产权，个人部分出资的，拥有部分产权。集资房属于经济适用房的一种。

核心解读

集资房有法律保护存在空白、房产证难以取得等风险，因而在选购集资房时一定要谨慎。

(1) 购买合法集资房。如果是违章建筑，那就意味着自己花钱买下的房子本身就是违法的，没有法律保障，所住的房子会有随时被拆掉的风险。

(2) 为了避免不应有的损失，应注意看市政规划，向开发商询问是否办了报建手续。有无建筑规划许可证是非常重要的。一般建筑一定会在红线内建房，而符合市政规划的集资房用地还是获得政府保护的。此外，还要了解集资开发商的背景，使自己各方面权利得到最大保障。

(3) 选择专业房地产开发公司。选择好开发商才能有强劲的后续力量，才能使房屋质量、物业管理等有一种可持续发展的通盘考虑。

投资指导

集资房最大的特点是不以盈利为目的，价格低廉，属于一种非市场性行为，先集资后建房，不存在买卖与经营关系，并且各种申办手续也与一般的商品房不同。此外，由于集资房取得的是划拨土地使用权。因此，集资房上市交易、出租、抵押和继承时，应该向政府有关部门补交土地出让金。

第283天　经济适用房

核心解读

经济适用房是具有社会保障性质的商品住宅。具有经济性和适用性的特点。经济性，是指住房的价格相对同期市场价格来说是适中的，适合中等及低收入家庭的负担能力。适用性，是指在房屋的建筑标准上不能削减和降低，要达到一定的使用效果。

1. 与商品房的区别

获得土地的方式不同，经济适用房建设用地实行行政划拨，免交土地出让金；商品房采用出让方式，须缴纳土地出让金；租售政策不同，经济适用房只售不租，商品房不受限制；购买条件和对象不同，经济适用房享受政府优惠，其购买对象是特定的，只供给城镇中低收入家庭，因而要实行申请审批制度，商品房购买对象和条件不受限制；价格政策不同，经济适用房出售实行政府指导价，不得擅自提价出售。商品房出售价格完全由市场决定。

2. 与廉租房的区别

廉租房是指政府以租金补贴或实物配租的方式，向符合城镇居民最低生活保障标准且住房困难的家庭提供社会保障性质的住房。其与经济适用房的主要区别在于：在房源上廉租房更加多样化，而经济适用房仅为新建住房；在经营方式上，前者只租不售，而后者用于出租；在目标对象上，前者面向城市特困人口，只象征性收取房租，后者主要面向买不起商品房的城市居民。

要点提示

经济适用住房是指已经列入国家计划，由城市政府组织房地产开发企业或者集资建房单位建造，以微利价向城镇中低收入家庭出售的住房。经济适用房的优惠政策、建设标准、供应对象和销售价格由政府限定，是我国房改过程中为适应经济形势而推出的新型房产种类。

投资指导

购买经济适用房应注意以下要点：

(1) 位置。位置代表日后所要面对的交通状况，购房者要从自身的工作条件考虑，选择公交线路、站点较多的位置，方便日后出行。

(2) 户型。买房时要充分考察户型，不要单纯追求面积大，要更注重居室功能。最好能包括现时流行的居室八大功能，即起居、就餐、厨卫、就寝、储藏、工作、学习以及阳台。

(3) 合同。按新《合同法》规定，实行约定优先原则，所以在合同或补充合同中的条款必须签订全面。购房者应充分了解和考察预售许可证、项目施工情况、产权问题等。

(4) 交房。在交房时不要忘了要求开发商出售两书，即“使用说明书”和“质量保证书”，以保障房产质量，方便日后使用。

要点提示

产权式商铺，就是商铺业主出于投资目的将产权商铺通过发展商或第三方公司整体委托品牌经营商进行统一经营，商铺业主获得定期定额的投资回报。产权式商铺最基础最核心的理念就是所有权和经营权分离，是一种房地产证券化概念。

投资指导

近年来，受客观环境影响，产权式商铺作为投资类物业的重要形式之一，已经越来越受到广大投资人士的青睐。

第284天 产权式商铺1：特点介绍

核心解读

产权式商铺投资具有以下优势：

（1）投资起点低。产权式商铺每个单元面积较小，所需投资金额较小，非常适合中小投资者投资需求，实现了个人财富的保值增值和稳定的回报。

（2）投资回报稳定。产权式商铺多地处繁华闹市或核心商圈，且由专业的商业管理公司经营管理，因而发展前景广阔，投资风险降低，回报收益可观。

（3）操作模式务实。产权式商铺在实际操作模式上一般为投资者提供固定的租金收益及一个较长的租约期限，统一进行经营管理，将投资风险降至较低。而且在监督制约下产权式商铺所有者与经营者分离的组织框架，也可以为投资者的眼前利益和长远利益提供保障。

（4）减缓资金压力。产权式商铺不但可以减少投资者的投入资金，而且也有利于缓解开发商的资金压力，为开发商解决了大面积商铺难以出售，资金回笼困难的难题。

（5）经营管理省心。由于是通过发展商或第三方公司承租，在较长的租赁期内，投资者常常无须直接亲自打理，只需坐等收取租金和投资回报，省心省力。

要点提示

按照行销方式的不同，在市面上可供投资的产权商铺主要有两种形式，即小产权分割商铺和带租约出售商铺。

第285天 产权式商铺2：分类

核心解读

1．小产权分割商铺

小产权分割商铺是指投资者购买商铺成为商铺业主后，不直接对商铺进行经营管理，而将商铺交予与之签订合同的发展商统一经营管理，业主与发展商共享收益，共担风险。

这种投资方式的优势是可以统一经营管理权，避免营销产权商铺带来的业态不统一，从而有可能解决整个项目经营失败的问题。而且，由于商铺划分后单位面积变小使得投资金额也可相应减少，投资门槛较低，便于中小投资者进行投资。

但对于产权投资者而言，经营公司届时是否如约返还稳定回报以及到期回购等约定义务，是投资者面临的首要风险。投资者可以选择有实力的第三方担保公司来规避这一风险。

此外，这种投资方式使得产权面积更加分散，无形中加大了后续经营的风险。

2．带租约出售商铺

带租约出售商铺属于售后包租形式的一种，是指投资者在购买商铺的同时，即与开发商签订租约，将所购房产返租给开发商。返租期内，业主可定时从发展商处得到定额的租金回报。

这种商铺投资方式相对于“小产权”分割商铺划分面积较大，便于买家更清楚地了解经营转租等状况，也可以避免一些项目经营初期所可能遇到的各种问题，但也可能面临租金和回购不能实现的双重风险。为了保证投资安全，在购买带租约出售的铺位时，投资者首先要了解这些铺位是不是已经有租约合同或者有意向租户，同时要在商铺买卖合同上注明租赁时间，以及附带的租金递增等条款。

投资指导

产权商铺概念的实质就是迎合普通老百姓的不动产投资理财需求。产权商铺商业模式和国外的权益性房地产投资基金、房地产有限合伙企业较类似，都是为了帮助大众投资者共同参与大型经营型住宿业房地产的投资行为，目的是获得房地产增值和经营收益。

第286天 产权式商铺3：风险及其控制

核心解读

投资产权式商铺的风险有以下几点：

(1) 经营风险。大的商铺拆散零卖后会造成产权的分散。各个业主往往各自为战，很难整体思考项目的经营问题，导致商场缺乏主题和统

要点提示

经营风险、工程建设风险、开发模式风险和投资行为风险都是投资产权式商铺的风险。

一的品牌形象，投资者想要获得高回报就相当渺茫了。而且大部分开发商和经营管理公司也缺乏管理好商铺的实战经验，因此经营成功的机会很小。

(2) 工程建设风险。大面积商铺在建设过程中，房产开发商常常要面临巨大的资金压力，为使资金快速回笼，开发商会对商铺进行预售。但是这种预售产权式商铺如同预售商品一样，同样面临着巨大的风险。例如，开发商夸大广告宣传，挪用预售资金，不能按时竣工等。

(3) 开发模式风险。开发商为使资金迅速回笼，往往会抬高经营项目的价格。而过高的销售价格，则可能透支投资者的收益。投资者想获得高回报，自然要提高商铺出租的租金，这无疑将给起步阶段的商场带来拖累。

(4) 投资行为风险。由于产权商铺投资涉及开发商、客户、经营公司等多方主体，还有买卖合同、租赁合同等多层法律关系，因此产权式的投资行为远比单纯的房屋买卖行为复杂。且产权式投资年限长，经营公司届时是否如约返还稳定回报，以及到期回购等约定义务，这些都存在很大的不确定性。

投资指导

投资者要合理控制风险，对开发商的背景和资历要有一定的了解，选择好的开发商。

第287天 产权式商铺4：投资策略

要点提示

投资产权式商铺你准备好了吗？了解以下这些策略吧。

核心解读

(1) 搞好经营是关键。商场的运营讲求统一管理，零散的单打独斗难以令商场聚集人气。因此，投资商场类的产权式商铺时，投资者最需要考虑的是，自己购得商铺后，商家是否还有决心、有规划对商场进行统一招商、经营及管理，并付诸实践。当然了，对于商铺的产权是否纯正、该商场是否具有发展前景、商家的实力、是否有成熟的经营团队等也要慎重考虑，避免商铺成为“伤铺”。

(2) 产权清晰要保证。在目前市场上，产权式商铺主要分为两种：一种是“虚拟产权式商铺”，这种商铺是开发商将整体商业物业进行面积概念划分，实质上投资者购买的小商铺并无实际墙体进行隔离，没有实际区域。在这种情况下，投资者要如期获得收益的前提是，商场的整体经营必须良好，否则，一旦商场整体运作出现问题，投资者的回报就如同无本之木。另一种是“独立产权商铺”，其与“虚拟产权式商铺”的本质区别是，这是真正拥有分割好的独立产权的物业形态。投资者购买了这种商铺，即可以委托商业经营公司经营，如果一旦出现回报不能兑现，则可以出租或自营，甚至两次出卖。当然，投资者在选择这样的独立产权商铺时，还要综合考虑所选择商铺的各方面条件。

(3) 选好商铺很重要。买商铺要有风险意识，要考察清楚是否有与其售价相匹配的高商业收益，再决定投资与否。选好投资商铺的地段、价位、时机，充分把握相关政策，了解周边的配套和设施变迁，是投资者不容忽视的课题。

投资指导

此外，需要提醒您的是，投资者将商铺委托给开发商规定的商业运营公司经营后，商铺的经营好坏与开发商之间就没有实质性的利害关系了。如果商业运营公司一旦经营失败，那么投资者即有可能无法获得合同上约定的投资回报。为规避这种风险，投资者可以与开发商签订商铺租赁合同以稳定收取租金，或者要求开发商提供第三方担保，最好是银行担保，由担保企业在投资者预期收益不能实现时按约定支付应得利益，如此，投资者的投资回报才能有保障。

第288天 写字楼

核心解读

1. 投资价值判断标准

(1) 区位。投资写字楼的第一要素就是地段。黄金区位是5A写字楼的必备要素。好的地段不但有利于写字楼的商业发展，而且有助于房产本身升值。

(2) 规模。不仅是写字楼建筑本身的规模要大，而且必须要有强大的综合配套，同时还要有四通八达的交通作为其规模的重要支撑。

(3) 硬件设施。高档写字楼所用的建筑技术、标准层高、标准承重、弱电系统、新风系统，以及电梯、智能系统等都要以高科技为支撑。同时还要在建筑设计和建筑功能上追求创新。

(4) 软件服务。写字楼的软件服务一方面体现在高效的物业管理上，另一方面体现在对入住企业的专业化商务服务上。比如，将洗衣送餐这些酒店式服务改写为卫星会议、活动策划、会展中心等服务。

要点提示

写字楼就是专业商业办公用楼的别称，如今各种公司林立，租个写字楼就可以注册个公司，因而写字楼具有一定的投资价值。

2. 投资风险

(1) 贬值风险。由于一些市政或其他原因造成写字楼所处地段贬值，或者所投资写字楼在未来的几年里涌现出过多新楼盘，都会对写字楼本身构成冲击。

(2) 资金风险。投资写字楼需要很高的首付能力和强有力的还款能力，还要承受较高的利率。另外，还有购置物业的税费、出租所涉及的税费、房产税、首次出租的高折价、物业管理费用、自己的管理费用、装修、家具、房屋折旧费用等需要交纳的各种税费，约占投资额的20%左右。投资成本远远高于其他项目，资金损失风险更高。

(3) 空置风险。写字楼与住宅都具有投资功能，但它们有截然不同的属性。它们之间的核心差异在于，住宅是一种“生活资料”，而写字楼是一种“生产资料”。当写字楼租不出去的时候，就只能闲置在那里，而不能像住宅一样，可以自己住。这样不但不会产生其他利润反而会消耗资金。

投资指导

鉴于以上风险，投资写字楼时需要注意以下几点：

(1) 根据区位投资。是否位于城市的主中心区，是衡量一幢写字楼的档次和是否具有投资价值的首选要素。

(2) 根据分割面积投资。切成很小块面积出售的写字楼虽然总价上可能会便宜些，但由于进驻物业的公司档次低，流动性大，小业主太多，竞争激烈，会对投资者日后的收益产生不利影响。

(3) 软性配套与物管。在软性配套方面，着重看信息化、智能化配置，而物业管理的好坏是决定投资能否保值和增值的至关重要因素。

(4) 注重使用率。投资者在购买写字楼时往往只注意到了建筑面积，却忽视了使用率。自用而言，套内使用面积是购买写字楼的首要考虑条件。如果是租赁，则使用率更为重要。

第289天 房屋出租1：出售还是出租

核心解读

可以从以下几个方面来看待出租还是出售的问题：

(1) 从银行利率方面来看：当房屋年租金收入大于银行年利息时，可考虑出租；当银行年利息大于出租年收入时，可考虑出售。

(2) 从居民理财心理来看：目前，由于家庭收入来源的不确定性和教育、医疗、住房等家庭支出的增多，居民对家庭财产的处置心理是“求稳”和“获利”两种，也就是主要考虑财产的安全性和盈利性。从这点来说，出租房屋可谓是“安全”与“获利”的最佳结合，这种出租方式，既保留了房屋的产权，又能每月收取“租金”；既考虑了长远利益，又兼顾了眼前利益。

(3) 从市场规范性来看：目前我国房地产三级市场还不规范，人

要点提示

目前越来越多的人把房产作为一种投资行为纳入个人理财轨道，将所有的房屋用于出售还是出租也日益成为摆在人们面前的一个难题。

们对旧房出售难免会存在一些顾虑，如房屋评估机构的公证性、交易手续的繁简、中介机构的可信程度、交易税费的多少、房主的可靠程度等等。随着住房三级市场的逐步完善，交易税费的减免等优惠政策出台，将房屋出售变现的市民将会日趋增多。

(4) 从房屋升值潜力来看：那些好地段、好环境、好房型的住宅，将来有较大升值潜力，可暂不考虑出售。而对于那些由于地段一般、房型老、面积小等导致升值潜力不大的房屋，市民想改变自己居住条件，尽快住上一套属于自己的新房，则可抓住时机通过出售，再贷一点款或添加少量资金，换购面积较大的住房，以改善自身居住条件。

(5) 从自身经济条件来看：对于那些经济条件比较富裕的家庭，一则通过出租可以将房屋作为家庭的长线投资品种来考虑，以收取固定的房屋租金收益；二则通过出售可以更新换代住房，以满足家庭消费心理需求与实际能力的平衡，选择购买那些环境配套好、管理完善、功能齐全的"换代新房"。

投资指导

对于家庭经济条件一般、地区房屋出售价格较好、家庭急需用款、房屋出租困难、租金较低不合算等状况的自有住房，则应该更适合于出售。

第290天　房屋出租2：注意事项

核心解读

(1) 了解租赁对象。住房租赁市场的对象主要分为三种：一是港台及国外人士，因有租房补贴，对房租高低不是非常计较；二是收入较高的年轻人，他们的收入快速增长，但还没有攒够买房款，还要靠租房解决问题；三是收入较低的外地人，多数人根本买不起房，只能靠租房解决问题。要明确自己的房屋适合哪种租赁对象，这样才能据此制订相应的租金策略。

(2) 重视租客问题。许多投资者不懂得揣摸客户的需求，一味地按照自己的喜好去安排、布置房间，这样做你即使不丢掉客户，也会丢掉好的租金。因而出租者要多从租客的角度考虑，处理好各种可能产生矛盾的问题。

要点提示

如果你的房产适合出租，那你必须了解以下注意事项。

(3) 选好发展商。在购买用于投资的物业时，一定要看发展商是否有一套自己的租务策略以及一系列的租务措施。比如，有没有专门的租务部门，这些会给投资者带来信心。

(4) 保持好的心态。出租房屋，有时自己的预计回报率与市场回报率会有一定的差别，租金不会每年都保持不变。商圈效应的不断加大、大小投资者的不断增多以及其他的未知因素都会对您的收益造成很大的负面影响。因而买房出租，也就是做长线投资，一定要有好的心态。

投资指导

由于不同的房屋、不同的背景以及租赁双方各自不同的考虑，房屋租赁在实际操作上会有很多问题，出现许多意想不到的法律障碍。因而要想出租或承租活动进行得顺利，租赁双方就要多了解一些市场的行为规范以及相关的法律法规。

(5) 出租房屋应签订书面租赁合同。只有以书面的形式在合同中明确定明双方的权利义务、租金、租期、转租条款、续约、违约责任、租房用途等相关事项，才能更好地保障双方的权益，减少日后的纠纷。

(6) 租赁房屋要办理登记手续。租赁双方应该在签订租赁合同 30 天内到房地产管理部门办理租赁登记手续，这是一个法定程序，只有办完了登记手续才算履行了有效的程序，租赁行为才算在法律上生效，租赁合同才会受到法律保护。转租的租赁合同也要再次到房管部门办理登记手续。

第291天 房屋出租3：出租技巧

要点提示

同样做的是房屋出租，不同人赚的却是不一样多，有人说这是因为本钱不一样，可是我要告诉你，出租技巧的掌握与否才是真正原因。

核心解读

(1) 看房客选房源。你的房子要租给谁？什么样的房客人群数量庞大，可以降低房屋空置时间，同时又能承受相对较高的房租？这些问题都是一个合格的“地主”应该首先考虑的问题。一般来说，刚工作不久的年轻人是最合适的目标客户，因为他们有足够的消费能力。商业区、写字楼、高校附近是最佳房源地。

(2) 谨慎选户型。房子并不是越大越好。一般来说，40 ~ 50 平方米的户型最合适，这样的房子能提供 1 ~ 2 人的基本生活空间，有最广的受众人群。

(3) 节约搞装修。装修预算可以控制在 300 ~ 6000 元／平方米，尽量体现出简约的风格，节约装修能降低房租，便于房屋顺利租出。房屋配置也是比较重要的环节，多数租房者住就图一个方便，不希望自己添家具，所以房内配备适当的设施十分必要。

(4) 准备做充足。出租前要做足准备：应该将待租房屋收拾干净，以给看房的客户留下良好的印象，毕竟租客都愿意拥有一个整洁卫生的居所；检查各种家具是否破损、家电是否能正常使用。一些细心的租户在看房的时候会认真检查这些屋内物品设施的使用情况。万一存在问题，会大大降低租房者的认可度，从而影响到房屋的出租。

(5) 中介租房快。若仅靠业余时间打理出租业务往往会使出租者难以应付，选择房屋中介虽然要收取一定的费用，却能为租赁双方提供比较全面而满意的整套服务，制定合理价位，让人比较省心。在市场淡季时期，房屋中介还可以加快出租速度，从而减少房屋因空置而带来的租金损失。

投资指导

投资者要善于学习成功的经验并依据自身具体情况加以变通应用，这样的学习才是真正的学习，才能让你立于不败之地。

第292天　房屋出租4：保障出租合法收益

核心解读

(1) 将租金与水、电、气费分开。个人出租房屋应缴纳的税种是营业税、房产税和个人所得税。水、电、煤气、天然气等费用是消耗性的费用，既不是房东的收入，也不是房产。应该合法地将这一部分从租金中剥离，在房屋出租协议中规定由租房方按消费量直接支付给相关的供应公司或其代理。这样，由于租金中不再包括这部分费用，房东可不必再为自己未经营、未收益的费用而纳税。

(2) 将物业费与租金分开。同样，物业费部分不是房东的收入，而是物业公司的收入，若纳入租金总额，则房东除必须将物业费交纳给物业公司外，还需缴纳各种房屋出租税费。物业费这一块也应合法地从租金中剥离，在房屋出租协议中规定由租房方直接支付给物业公司。

(3) 将房屋租金与车库租金分开。高档房产出租中，大都涉及车库或车位的出租。鉴于车库与房产本身在销售时是分开的，各有各的销售

要点提示

随着我国将隐入地下的租房纳入规范的合法租房市场，纳税成为出租者义不容辞的责任。在这种情况下，一方面，守法的投资者房东应由地下转到地上，依法纳税。另一方面，经营房屋出租者也应该改变租金结构和方式，以保障自己房屋出租的合法收益。

投资指导

剥离虚假收入，赚取真正属于你的真金白银，既名正言顺，又省去不必要的麻烦。

合同，所以在出租时也应该分开。分开对房东的好处是车库或车位作为一个独立的出租单位，在租金上单独计算。这样，其适用纳税费部分要少，并且还有灵活处置的机动性，所以，不仅应该分开，而且可以采取单独车库出租协议或作为房屋出租协议的一个单独附件分别订立，以合法地保护房东的利益。

第293天 房屋出租5：短期出租

要点提示

短期租赁是相对于普通房屋租赁而言的，其最大的特点就是能够短期租住，按日计租。

核心解读

在房屋租赁市场上，短期租赁一直不是主流，因为对于业主来说，普通租赁可以使得收入稳定且不用操心太多。而短期租赁不但容易导致空置期，而且也会因为经常换租客而给业主增添不少麻烦。此外，大多数业主对短期租赁客人从心理上觉得不太放心，毕竟租客的素质参差不齐。

另一方面，近年来，随着旅游休闲等行业的快速发展，有短租意向的客户逐渐增多，短期租赁的市场需求有不断增大的趋势。与普通租赁相比，短期租赁具有三大优势：一是租期灵活，租用房屋时间按日计算，个别比较高档的短租房要求租客至少租用一周以上，也远远少于普通租赁为期半年的“最短租期”；二是生活便利，短租房屋一般需配备居家所需要的各类生活用品，租客可以像住在自己家里一样洗衣、做饭、上网；三是价格优势，入住费用与同等级服务的酒店收费相比至少要低 50% 以上。

投资指导

短期租赁可以为旅游、出差、探亲访友等提供方便价廉的家庭式居住服务，所以越来越受到人们的欢迎。

第294天　房屋出租6：分割出租

核心解读

分割出租不但有助于解决大户型房屋的出租问题，使得业主的租金收入得以增加且更有保障，而且也在一定程度上弥补了楼市在房价和租赁价格之间的巨大落差。对于为减少交通和时间成本而需要在房价较高的市中心居住的租户来说，分割出租也有益于减少他们的租金负担。在这样的情况下，分割出租出现了巨大的市场空间，而且越来越受到投资者和普通收入群体的欢迎。

分割出租可谓是民间自发调节市场资源的一种补充，同样的投资产出更高的收益，也符合经济规律，但是并非所有的分割出租都值得鼓励，仍有一些问题有待解决。例如：对原来的大房进行分割装修可能会导致安全隐患，漏水、噪声等问题；居住人员过多过杂也容易引发安全问题等。这些都需要在分割出租过程中加以注意并不断改善。

要点提示

大户型租赁价格的低迷，正迫使越来越多的业主考虑分割出租。所谓分割出租就是把房屋重新规划后设计成多个单间，每间配有独立门锁，这样，两室一厅的房子可变成三间房子。

投资指导

这里需要提醒注意的是，分割出租可能会受到政府限制，成为不合法行为，如北京市政府曾规定禁止北京市房屋分割出租。因而在决定分割出租前应先了解当地相关法律规定。

第十章

收藏品——兼具艺术和收益的投资产品

你一定经常通过媒体看到某个收藏家的收藏品又卖出了几百万甚至上千万吧？你保持了冷漠？那是因为你觉得那离你很遥远。你很羡慕？看来你还觉得你没那个本事。我们负责任地告诉你，收藏品没那么高深，财富实际上离你很近。看了本章，你就会觉得，其实你也可以。

第295天 收藏品投资必知1：特点介绍

核心解读

收藏品投资存在以下优点：

(1) 对投入资金没有限制。由于收藏品种类繁多，价格跨度极大，因而投入的资金也可大可小，不论投入原值是多少，只要收藏形成一定气候，就可把单个无意义的物品累积变为颇有价值的珍品。

(2) 取向多元。例如投资者可以选择文化投资、智力投资、人力投资（锻炼人的毅力和提高修养）、技能投资、科技投资、经营性投资等。

(3) 投资与爱好相结合。很多时候收藏行为是一种自发的、潜意识的兴趣，可以使投资者处于一种愉悦、和谐、享受的心理状态之中。

(4) 收益较高。由于收藏品的不可再生性以及数量日益减少需求却逐渐增大的特性，与同风险的投资品相比，其收益是很高的。

要点提示

古玩、邮票、玉器、钱币、书画等等都可以成为收藏家和投资者的投资对象，随着社会的发展和人们艺术观念的增强，使得收藏品投资变得越来越热门，收藏者的队伍也越来越庞大。投资收藏品既能收获一份艺术美感，又能获得增值后的经济收益。

投资指导

但是，收藏品的投资不是尽善尽美的，投资收藏品，投资者要看自己是否能忍受以下缺点：

(1) 投资时间长。由于收藏品的价值升值要经过一个漫长的过程，没有形成气候或系列之前，增值都不会很快，因而投资收藏品的周期很长，一般是几年、几十年甚至上百年。对于擅长短线投机的交易者来说，收藏品投资并不适宜。

(2) 流动性风险大。收藏品短期不宜也不易脱手，因而投资资金较大时，就会对家庭的日常生活产生不利影响，对于资金不富裕的家庭也是不适合的。

第296天 收藏品投资必知2：价值影响因素

核心解读

影响收藏品价值的因素主要有：

(1) 存世量。“物以稀为贵”，存世量是决定收藏品价值的最基本因素，一般来说，存世量越少，价格就越高。但要注意，存世量不同于发行量，由于保存等原因，发行量多的存世量不一定多。

(2) 需求量。通常需求量与藏品价格呈反比。

(3) 品相品质。品相品质即藏品的外观价值，这与藏品本身的制作工艺及材料无关，主要取决于其审美意境、情趣以及对原始状态的

要点提示

想成为一个收藏品投资者，得先会看你的投资对象是否具有收藏价值。

保存程度。

(4) 存世年代。一般来说，年代越久远，越具有投资价值。

(5) 历史背景。收藏品是打上了时代背景烙印的历史产物，因而其经济价值相当大程度上受到其历史背景的影响。

(6) 外界环境。社会的稳定，经济的发达，藏品市场的完善，拍卖市场的活跃以及不同时代人们对收藏品价值的认识，都会对其经济价值产生影响。

投资指导

正确对收藏品进行估值是一门学问，需要考虑多方面的因素。

第297天　收藏品投资必知3：投资心态

核心解读

在投资收藏品时，我们要牢记艺术品终非批量产品。如果一味追求投资回报，在市场愈趋成熟的过程中就会尝到自酿的苦果，要知道任何的不理智都有可能成为投资失败的导火索，在艺术收藏的领域里，保持良好的心态尤为重要，所以想要稳妥地保值增值，最重要的还是要先平衡自己的心态。心态放平，眼光放明，藏出特色，选择时机，不随波逐流。这些都要在收藏过程中逐个体会。只有不急不躁地面对令人眼花缭乱的收藏艺术品，才能避免恰好在过热期以高价买进艺术品，把自己的收藏投资利润透支给了卖家。

要点提示

我国艺术收藏品市场风起云涌，优秀艺术作品特别是名家之作成为竞买者争购的目标，也经常会出现瞎买瞎卖，盲目跟风，全然不顾艺术可比性的情况，这样所买到的赝品的机会就越来越多。当市场步入成熟期，势必会惨遭套牢。

投资指导

要学会在收藏中找到乐趣。其实收藏本身的过程赋予了投资者最大的幸福和快乐，所以投资者做收藏应该更多地从兴趣出发，学会把收藏与兴趣快乐相结合，这样才会乐此不疲，心情愉快。

第298天　收藏品投资必知4：投资观念

核心解读

(1) 搞收藏应具备前瞻性眼光。作为一名收藏投资者，洞察市场潜在热点的前瞻性眼光最为重要，也就是对未来市场趋势的把握，这样才有可能获得升值潜力大的藏品。

要点提示

收藏品投资应具备前瞻性眼光和精品观念，并学会“以藏养藏”。

投资指导

搞收藏较适合中长期投资。艺术品需要收藏来等待其价值升高，因而艺术品投资比较适合中长期投资，这样可以在尽可能降低风险的情况下获得最大的收益。如果长期投资的话，要承担市场热点转移和价格波动的风险。一般情况下，10年左右是一个比较适宜的投资期限。

要点提示

收藏品投资面临着较大的风险，包括收藏品本身存在的风险、人为操作风险和政策性风险等。

(2) 搞收藏应具备精品观念。若在初始收藏时不加以选择，对于自己喜欢的或便宜的一概入手，那么就很有可能随着藏品的丰富，发现自己的藏品收藏价值并不太大而越来越后悔，产生高买低卖的损失。因此，作为一名收藏投资者，在收藏过程中应坚持追求精品、宁缺毋滥的原则。

(3) 搞收藏要学会“以藏养藏”。在收藏过程中，学会买卖，可以使资金周转加快，而且藏品还可以通过市场来检验其流通性。

第299天 收藏品投资必知5：风险及其控制

核心解读

(1) 品相风险。好的品相才能卖出好的价钱，一旦收藏品未能被保存好，使得品相变差，投资者就要蒙受损失。

(2) 价格风险。同一件收藏品在不同地区、不同风俗下价格也不同。因此，作为一个收藏者来说，不仅要掌握全国各地收藏市场的行情，而且更需要积累关于收藏的相关经验，否则，就要交不应交的学费。

(3) 假货风险。近几年，各种收藏品的假货充斥着收藏品市场，特别是一些市场看好价高的收藏品假货更多，因此，收藏者要谨慎操作，有条件的最好请专家帮助鉴别。

(4) 保管风险。由于受气候和一些人为因素的影响，各种收藏品都会面临保管风险。一些收藏品不仅不能使其受潮，也不能使其受热，尤其是邮票、纸币、字画等要防折、虫蛀和受到各种化学物品腐蚀，还要禁止用手触摸。

(5) 交割能力风险。这是由收藏品的变现能力差引起的，会造成投资者资金积压，因而在收藏时要注意对于那些不容易变现的收藏品要尽量少收藏或不收藏。

(6) 政策性风险。国家法律明文规定不能炒卖的收藏品一定不要买来收藏，一旦违了法，得不偿失。

(7) 操作失误的风险。就一般的古玩收藏爱好者而言，操作失误是指以真品的价格买了仿造品，或是以高出市场的价格买了真品。二者的区别在于后者有可能随着需求的变化，获得某些补偿、回报。而前者却只能使你亏损，回本无望。

(8) 套利的风险。目前的古玩市场仍然不健全、不完善，买与卖者之间能否做到公平、公正地交易较大程度上要看参与者对市场的参与和认知程度。

投资指导

投资者要增强对收藏品及收藏品市场的了解，不断学习和积累经验。

第300天　收藏品投资策略1：做好规划

核心解读

在资金方面，最好使用闲置资金。这是因为，收藏品虽然升值回报超过银行利息，但其流通性和变现能力较差，入手容易买家难寻。而且，收藏品通常不易保管，一旦品相被损，价格就会大打折扣，风险比较大，因此收藏投资者在收藏过程中，最好用闲钱，切不可将日常开支用于艺术品投资。

要点提示

进行收藏品投资要做好规划，明确自己的资金余额和投资方向。

在实践方面，收藏者在具备一定的专业知识之后，就要为自己确立一个收藏方向。在收藏界，无论多大名气的收藏家，也会有其主要收藏方面——要么瓷器、要么书画，绝对不可能什么都收藏。因此刚从事收藏的人，应踏实地按照自己的爱好和兴趣去收藏。对于自己不喜欢的东西，再好也不要。

初涉收藏的人往往财力有限，不能见什么收什么，因此收藏方向的确立最为重要。一般来讲，按专题进行收藏较为妥当。这样可以在比较短的时间里淘到具有一定数量和质量的藏品。而且小专题做多了、做好了，有了收藏经验就可以做大一点的专题，最终就有望成为一个名副其实的收藏家。

投资指导

有一个好的投资规划，可以避免在投资中出现漫无方向的盲目投资，使自己在投资中收放自如。

第301天 收藏品投资策略2：循序渐进投资法

要点提示

要想在收藏过程中有所收获，除了要有洞察市场潜在热点的前瞻性眼光，善于把握市场未来趋势外，日常积累也必不可少。

投资指导

收藏品风险大、回报高、周期长，只有在实践中不断学习才能掌握这种投资的规律。

核心解读

收藏的过程应该是一个循序渐进的过程：先用少量资金购买一些大众收藏品，这是为了适应一下收藏品市场的途径与规律。在此期间，收藏者应尽力掌握收藏方面的多种知识，多跟有收藏经验的人接触，多看实物。

进行了初步的热身之后，收藏者对收藏品市场也有了初步的认识，如果条件允许，可以适当投资一些，选择买一些较有艺术水准的收藏品，也可以在专家的指导下购藏一些有升值潜力的收藏品。

有了经验之后，才可以考虑大规模地投资，并寻找一条适合自己的、比较熟悉的买进卖出途径。要注意的是：投资收藏品，最忌博而不专，即使多线投资，也应该设定出一条主线。

第302天 收藏品投资策略3：创新收藏品投资

要点提示

收藏也要掌握可持续发展原则，要意识到收藏不只是为了今天，也是为了明天。因而不要将眼光一律放在古玩上，而无视当代的稀有文物。藏品古今配套形成系列，其历史价值更大，若是单集古的，不集今的，就会形成历史断档或空白。

核心解读

(1) 集新品种：传统收集品种，限于手段和条件，藏品大部分是陆地的。在不违反法律法规的前提下，我们既要扩大陆地的收藏品，还应该创造条件收集海洋的和宇宙的物品

(2) 用新手段：传统收集藏品手段靠人力、邮电传递等，当今科技发达，传真取代了邮电，快而廉，最新兴起的国际互联网“Internet”更先进了一步。我们要善于应用这些新技术，达到收藏品种多、时间快、质量好、费用省的效果。

(3) 开放收藏：闭门自赏不与外界交流，往往既跟不上潮流，也难

辨藏品真假。而走向社会，多与国内国外众多收藏者和专家交流，才有利于使收藏事业更上一个档次。

第303天 收藏品投资策略4：注意事项

核心解读

(1) 真伪性。真品固然重要，但是时代久远或名家的仿制品有时候升值空间不亚于真品。伪造分为纯粹杜撰造假或仿制，前者基本无价值可言，后者有时也具有较大的投资价值。

(2) 年代性。很多人认为年代久远的收藏品更具保值能力，其实对于一般的投资者而言这些收藏品往往成本过高而且升值前景一般。投资者选择年代时的关键是要适合自己，对于年份较近的一些东西进行收藏可以降低成本，并且只要切合潮流，仍具有很大的升值空间。

(3) 潮流性。找准潮流就找准了收藏品升值的通道。选择收藏者众多或收藏者易于培植的东西进行收藏具有很大的可投资性甚至是投机性。

第304天 收藏品投资策略5：投资误区

核心解读

1. "求全"误区

对于很多收藏者特别是刚涉足收藏的人来说，普遍都有一种求全心理，在品种、题材、单件上都要求全面完整。为了达到这一目的，很多收藏者，尤其是新加入收藏行列的收藏者只会一味贪多求全，而这样的结果只能导致精力分散水平难长，财力不足藏品难精。

其实，"全"只是一个相对的概念，藏品投资千万不要被这只手

投资指导

私人收藏往往因缺少资金无法扩大范围而自生自灭。再加上重复品多，不脱手交流出去，藏品价值就会降低（藏品价值取决于藏品多寡）。民间收藏欲扩大规模，优化办法是与集团联姻，既解决了资金问题，又有利于藏市发展。

要点提示

收藏品投资要讲究收藏品的潮流性，对收藏品的年代性不可过分苛求，对收藏品的真伪性不可心存偏见。

投资指导

根据自身的情况选择适合自己的收藏品投资，是现代人财富管理的一个不错的选择。

要点提示

收藏品投资普遍存在一些误区，投资者需加以了解并避免自身发生类似情况。

套牢，把要求放低一些，才能在“淘”中享受乐趣。投资者可以有针对性地选择某类藏品进行收藏。

2.“求老”误区

很多收藏爱好者认为，年代越久的收藏品就越值钱。其实不然，藏品的收藏价值主要体现在历史文化价值、稀罕程度和工艺水平上。一些有数千年历史的高古陶器，由于存世量大、制作粗劣，其价值远远低于后世的一些精稀藏品。

前面已经讲过，藏友在收藏中要学会“以藏养藏”，有舍有得，适时套现，果敢出击，才能淘出幸福生活。

3. 其他常见误区

(1) 迷信专家。如今藏品市场上，滥竽充数的“砖家”难免会让你吃亏上当。

(2) 盲目跟风。跟市场之风，殊不知自己最后只好坐冷板凳，喝西北风。

(3) 贸然投资。稀里糊涂，贸然入市，结果使附庸风雅的富翁变“负翁”。

(4) 情绪浮躁。升值机会是熬出来的，心浮气躁，使处处碰壁。

(5) 喜欢冲动。“英雄”本色往往会上托儿的道，而要接受冲动的惩罚。

(6) 畏缩不前。患得患失，难以决策，往往失去一些真正能发财的机会。

投资指导

投资者应根据以上误区对号入座，找出自己的问题并及时纠正，亡羊补牢，未为晚也。

第305天 学做高水平收藏家

核心解读

(1) 具备一定的文物知识，这是迈进艺术品市场必须要练的基本功，只有掌握好这门基本功，才能使收藏和投资工作更具有针对性和准确性。

(2) 不能忽视对藏品的研究，收藏者最好能完成从收藏到研究的质

要点提示

收藏品市场不同于股市，“操盘手”和最终决策者只能是投资者自己，这就要求投资者自身必须具有较高的专业性、技术性和雄厚的资金支持，并要学会把握运作时机。

的飞跃，不断丰富完善自身基本技能，以便在收藏领域一显身手。

(3) 从最熟悉的门类入手。书画、瓷器、杂项，收藏与投资者不可能一一涉足其中，选择自己熟悉并且具有升值空间的领域尤为必要。同时还要根据自身的经济实力量力而行。

(4) 冷与热相结合，既要跟踪热门品种，也要善于挖掘具有潜力的冷门品种，走在热点形成之前。

投资指导

不想当将军的士兵不是好士兵，不想做高水平收藏家的收藏者不是负责任的收藏者。要做高水平收藏家，对自己的资金负责，对艺术负责，对收藏品市场负责。

第306天　学好收藏品专业知识

核心解读

首先，要学会取经于典籍，以书为师。大量阅读收藏类书籍、报刊，浏览收藏类网站，尤其是要选择一些权威性著作精读、细读。其次，要取经于真品，学会以物为师。不少收藏专家指出，仅仅只是学习相关理论是不够的，练就一双鉴宝的慧眼还需和真品古玩“亲密接触”。经常到博物馆、文物商店、古玩店、画廊、地摊和拍卖会，接触实物，增加感性认识，把书上抽象的文字转化成形象鲜活的内容，牢记在脑海里。最后，还要加强与藏友和专家的交流，做到以友为师。共同分享收藏知识和心得非常重要，藏友不论年龄长幼，职位高低，能者为师，有疑虑和不懂的地方，虚心向朋友求教。文博专家对收藏知识的系统性掌握，古玩商贩对藏品的识别能力和对行情的把握，藏友对某项收藏的知识经验，都是我们学习的内容。

要点提示

古玩市场里到处是“捡漏”与“走眼”的故事，要想在收藏领域有所作为，具备“慧眼”是必不可少的，然而“慧眼”不是一朝一夕炼成的，而是日积月累、不断学习、不断总结经验后才可能具备的。只有虚心学习，不耻下问，才能不断提高鉴藏水平。

投资指导

从事收藏应做到眼勤，多看多学；腿勤，多跑多问；脑勤，多思多想。

第307天　收藏品的选择

核心解读

收藏品有以下种类：

要点提示

用“没有什么不可以收藏的”来形容时下收藏的种类，实在不为过；说“涉足收藏的各业人士都有”一点也不夸张。

(1) 文物类。文物类包括历史文物、(古人类、生物) 化石、古代建筑物实物资料、字画、碑帖、拓本、雕塑、铭刻、舆服、器具、民间艺术品、文具、文娱用品、戏曲道具品、工艺美术品、革命文物及外国文物等，其中也包括一些现代物品。

(2) 珠宝、名石和观赏石类。此类藏品包括珠宝翠钻，各种砚石、印石，以及奇石与观赏石三类，均以自然未经人工雕琢者为主。

(3) 钱币类。钱币类包括历代古钱币及现代世界各国货币。

(4) 邮票类。邮票类包括世界各国邮票及与集邮相关的其他收藏品。

(5) 文献类。文献类包括书籍、报刊、档案、照片及影剧说明书、海报等各种文字资料。

(6) 票券类。票券类包括印花税票、奖券、门券、商品票券、交通票证、月票花等。

(7) 商标类。商标类包括火花、烟标、酒标、糖纸等。

(8) 徽章类。徽章类包括纪念章、奖章、证章及其他各种徽章。

(9) 标本类。标本类包括动物标本、植物标本和矿物标本等。

(10) 陶瓷类。陶瓷类包括陶器、瓷器、紫砂陶等。

(11) 玉器类。玉器类包括玉礼器、玉兵器、玉器具陈设等。

(12) 绘画类。绘画类包括国画、油画、水彩画、水粉画等。

投资指导

收藏品种范围包含的种类可以说五花八门，包罗万象。稍微注意一下你的身边，收藏品的商机可能就在那里。

第308天 确定收藏品的原则

要点提示

收藏品种类大而多，面面俱到不明智也不切实际。以下原则教你如何确定你的收藏。

核心解读

(1) 熟悉原则。初入收藏行列的人最好选择自己比较了解的藏品，以便日后收藏时能够对所选藏品的质量好坏、真伪鉴别、收藏价值、未来走势等做到心中有数，避免投入大量资金却没有收获甚至亏损。

(2) 兴趣原则。若是对所选投资收藏品感兴趣，就会更愿意花费时间精力去学习研究，这有利于加大投资的成功率。

(3) 欣赏价值原则。随着生活水平的提高，人们对艺术享受的追求也日益强烈，因此任何有欣赏价值的东西，都可以收藏。

(4) 研究价值原则。个别物品可能没有多大学术价值，若数量多了，或形成了一个系列，就会显现出学术价值。

(5) 从小到大，由粗到精，稳扎稳打。初入藏市，不要投入过多资金或选择太多藏品，而应该循序渐进地边实践边学习。

(6) 确定主题。若藏品的面太宽太杂，那么收藏者无论在知识、精力和财力上都将难以满足要求，势必造成收藏活动的支离破碎。

投资指导

按原则办事，顺理成章；少走弯路，事半功倍。

第309天 收藏主题

核心解读

(1) 根据内容确定主题。对邮票、火花之类数量比较大的物品可以根据内容确定一个主题进行收藏，如专门收集牛或其他生肖的各种绘画、邮票、雕塑等。

(2) 根据时代确定主题。投资者可以选择以某一时代特征为主题进行收藏。如收集大字报、袖章、粮票等。

(3) 根据类别确定收藏主题。收藏品按类别可分为陶、玉、字画、竹、印章、剪纸、烟壶等，投资者可以根据自身能力和经济情况来确定某一类，也可以在大类中再进行细分，选择其中一部分作为收藏重点。

(4) 根据地区确定主题。这种方法比较适合对某个地区有特别了解或特殊感情的收藏者。

(5) 根据自己的职务或工作之便确定主题。例如：图书发行工作者可以收藏各种期刊的创刊号，或者收集有作者本人签名的小说；导游可以收集各种门票等。

要点提示

既然确定主题是确定收藏品的原则之一，那么如何确定主题呢？

投资指导

总的来说，主题的确定是比较灵活的，但最好只是根据某个标准确定一个主题，否则，主题就失去意义了。

第310天 邮票1：注意事项

要点提示

邮市上，投资者既要学会分析价值回归的合理性，又要谨防投机恶炒的行为。

投资指导

将这些注意事项写在前面，就是为了提醒投资者谨慎入邮市。

核心解读

对于邮民来说，以下几点不容忽视：

（1）谨防伪票。伪造邮票利润很高，有时连专家也会看走眼。这就要求投资者要时刻保持冷静，确定真伪再出手。

（2）新邮风险大。新邮市场升温，是较热的投资点。但它往往升得快，跌得也快，投资者不要盲目估计投资对象的升值潜力。

（3）警惕低价品种诱惑。买低价邮票时，千万要注意其发行量、质量等，不要因贪图便宜买入粗劣制品。

（4）要意识到暴涨潜伏暴跌。

第311天 邮票2：鉴别

要点提示

要辨别邮票的真伪最好有真品作为比较，这样更容易发现细节上的漏洞。鉴别时需要的工具主要有：20倍以上的高倍放大镜，检测邮品齿孔度数的量齿尺，查看邮品防伪标记的紫光灯等。

核心解读

辨别邮票真伪的具体方法是：

（1）区分版别：不同的版别具有不同的特征。因此，依据版别不同，或相同版别，但网纹或网点特征不同，来辨别邮资票品的真伪，是比较可靠的。

（2）掌握暗记：投资者在对邮票赏玩研究时要注意记住其暗记特征，因为暗记本身就是为了加强印刷厂责任或防伪能力，对于辨别真伪，十分有用。

（3）熟悉纸质：这是因为印制邮票的专用纸质和普通纸质存在明显区别，熟悉各种纸质的特征，有助于明辨真伪。

（4）分辨刷色：透过色相看本质，邮资票品的印刷工艺不同，其色相也不一样。伪品色相常失真、变色、褪色。

（5）确认背胶：不同时期的邮票所刷背胶也不同，因而可以依据胶质、胶面质感，是真胶还是无黏性的假胶，来鉴定邮票的真伪。

（6）测量齿孔：根据齿孔特征和测量齿孔度，来鉴定邮票的真伪。

（7）比较规格：伪造邮票由于条件限制，其规格通常远不如真品规范。

投资指导

此外，掌握一定的邮识，熟悉和通晓邮资票品的生产程序和印刷技术，懂得与鉴别与邮资票品真伪有关的物理和化学知识等等，都能为正确判断助力。

第312天　邮票3：保存

核心解读

在保存邮票时需要注意以下几点：

（1）收集信封上的邮票，一定要采取正确的方法，使其背面保持原样，不能直接揭取，那样很容易造成揭薄或揭破。

（2）邮票在阳光下暴晒，易造成变色、褪色等后果，应尽量避免。

（3）邮票长时间放在箱子里很易受潮，发生黏连，因而要注意放在干燥通风的地方，远离酸碱物质、煤气、沼气或化学物品等，梅雨或潮湿天气也应尽量避免拿出来欣赏、整理。

（4）邮票应尽量避免出现霉点，一旦发生，补救的方法是：将霉点邮票在加过盐或牛乳的溶液中浸泡一会儿，然后用干净的毛笔或棉花轻轻擦拭，最后再用清水漂洗并用吸水纸压干，这种方法可在一定程度上减轻霉点。

（5）邮票有时可能会与邮册中的塑料夹发生黏连，这时，可将邮票连同塑料夹一起放入20℃的水中浸泡，过一段时间后再用干净的毛笔将其分离并晾干。

要点提示

邮票属于易损品，需要一定的保存技术，邮票的保存直接关系到其品相。

投资指导

邮票既然是收藏品，投资者理应加以完好保存，切忌马虎大意。

第313天 邮票4：买卖时机

要点提示

正确的邮票买入时机是获取邮票投资收益的基础，而其卖出时机关系到整个投资过程的成败及盈亏的多少。

核心解读

（1）在邮票买进时，要牢牢把握以下几点规律和原则：

①当邮价跌倒低点且徘徊不前时，可以果断大量买进，以抓住后市反弹空间，此时不仅可保证短期获利，也有利于长期投资。

②当低位很久后邮价开始回升，中短期投资者可以选择入市，抬高价格，获取收益。

③当邮市一片繁华之时，也可将资金分流一部分到其中，因为此时价格往往会继续上涨。

（2）在邮票卖出时，要正确掌握以下几点：

①当邮市价格高涨后处于缓慢上升或停滞不前的状态时，由于买者减少，邮价上升乏力，不宜再继续持有，可以选择卖出。

②当成交量上升，邮价却未上升，或当集邮大户抛货时，一般预示着邮价会下降，应迅速抛售。

③邮价涨到顶峰，即将回落或刚刚回落时，是卖出的最佳时机。但回落趋势难以把握，此时一定要牢牢抓住价格回落的初始阶段，切忌瞻前顾后，犹豫不决。

④邮价上涨过快时也要注意把握时机，适时抛售，而不是非要等到顶峰。因为邮市上涨得快往往落得也快，及时抽身才能免遭损失。

⑤当邮市上人气资金大量流失，成交疲软，应当机立断，率先卖出。

投资指导

冬天的节假日期间，人们因为要把资金用于购物或还债上，从而使得在邮市上可以以较低的价格购得较优的品种，也是入市的好时机。此外，投资者应不断积累自身经验，在参考以上注意点进行卖出的同时，可以提炼自己的判断。

第314天　钱币1：特点介绍

核心解读

（1）钱币具有收藏价值。每一种钱币的发行都与特定的政治、经济、历史背景有关，是铸造工艺、印刷技术和生产技术最高水平的体现，同时也反映了当时社会的美学和艺术观念，可以给人带来艺术上的享受。

（2）收藏方法简单。钱币具有体积小、重量轻、价值高、不易破碎、占地少、运输方便、不怕虫蛀等特点，对收藏条件的要求很低。

（3）市场较为活跃。钱币市场上收藏家多，流通量大，买卖容易，并且规范性和可操作性较高。

（4）回报率高。一旦投资正确，便可获得较高的回报率，但这对收藏者的要求也很高，不但要对古钱币有一定的研究，有辨别真伪的能力，而且要有比较雄厚的资金实力。

要点提示

钱币本身是财富的表现，同时也是不同时期文化的象征，收藏钱币既能收获市场收益，又能感受文化艺术。

投资指导

一般比较常见的钱币收藏是古币收藏，对于古币一定要注意以下保存方法：

（1）对于一般的古钱币，按不同类别装于不同的小塑料袋或布袋中，置于通风处即可。

（2）对于稍微珍稀的古钱，可以如集邮册那样，装册保存。为保存得有条理，便于查看，可以按珍稀程度在每面放上一至五、六枚不等，并在下方空白处，写上登记号、名称、质地、重量、等级、来源等。还有一种方法是按照时代、版别，顺序放入木盒中，并在木盒底部铺上薄泡沫塑料和硬纸板，把古钱正面朝上放于硬纸板上。

（3）对于古钱中的珍稀品种，可用有机玻璃圆盒，充上氮气后封存。

第315天　钱币2：流通纪念币

核心解读

收藏流通纪念币有以下优势：

（1）易于收集和保存。相对于其他收藏品，流通纪念币发行时间不长，套数不多，比较容易集全，且保存方法也比较简单。

（2）易于入门和防伪。流通纪念币有复杂的铸造工艺和防伪功能，因而赝品极少且鉴别相对简单。不具备精深的专业知识和评判水平的收藏者也可进入。

要点提示

流通纪念币是为了纪念国际或本国的政治、历史、文化、体育等方面重大事件或杰出历史人物抑或珍稀动植物等，由中央银行发行的普通金属（铜、镍等）纪念硬币。这种纪念币可按其实际面额进入流通领域。流通纪念币多数被用于收藏。

（3）投资成本小。目前我国已发行的流通纪念币面值都比较小，可以根据自己的实力量力而行。

（4）保值升值潜力大。流通纪念币材料精良，设计精美，并且还有深远的寓意，集美学、艺术、纪念、欣赏价值于一身，且发行量有限制，因而随着时间推移，积累多日必有回报。

投资指导

要使购买或收集的纪念币、纪念章起到保值增值的作用，选择时要注意以下几点：

（1）其纪念的事件历史意义越重大，升值潜力相对越高。

（2）发行量少的较发行多的升值快。

（3）发行国家地位越高，设计家的声誉越高，或是铸币厂的名望越好，纪念币就越有知名度，不仅有收藏和观赏价值，而且有较高的保值、升值率。

（4）流通性高，有一定的行情可循，他人才有接手愿望，价格才有攀升的可能。

第316天　钱币3：人民币

核心解读

第一套人民币普遍收藏难度较大，其中又以壹万圆“牧马图”、壹万圆“骆驼队”、伍仟圆“蒙古包”和伍佰圆“瞻德城”为最，单是这四张币已经值几十万元人民币了。第二套人民币的珍品则是“加长拾元”、“五元大团结”和“三元井冈山”，其由苏联代印，而且比其他券币提前退出流通领域，目前也值3万元左右。

但对投资者来说，最有价值的还是第三套人民币，这主要是因为第三套人民币印刷质量先进，其5元面值币还曾在国际纸币评比中被誉为最佳钞票。此外，集齐一两套人民币也极为困难，而第三套人民币流通时间长、版别丰富，但有的券别发行时间很短，后来又只收不付。因此，小面额票券就很稀少，特别是“枣红1角”、“背绿蝴蝶1角”被视为珍品，市面上很难找到。

要点提示

人民币是我国的法定货币，新中国历史上已发行了五套人民币，随着新人民币币种的流通和旧人民币币种的退市，旧版人民币收藏越来越成为收藏者的宠儿。

投资指导

许多人以为，只要是旧版的人民币都很值钱。但事实并非如此，实际上每套人民币中最有价值的只是被称为珍品的几张，它们的价格甚至可以占到整套币值的七八成；而单张的其他券币与珍品相距甚远。

第317天　紫砂壶1：特点介绍

核心解读

中国自古有品茶论道的传统，而紫砂壶自然而然成为文人骚客的首选，用它泡茶，不夺茶香，又无熟汤气，色香味俱蕴，因而是当代收藏界的宠儿。

选择收藏紫砂壶要注意以下事项：

(1) 避免落入化工壶陷阱。一些不法商家为了追求效率和利润，制造了大量的伪劣产品流行于世，而且这些产品外表光亮平整异常，手感特别光滑细腻，稍有不慎，就会落入陷阱，便宜无好货。

(2) 不要过于迷恋大师。很多人一拿起紫砂壶，第一个动作就是翻转过来看壶底刻章，也正是看中大师的名号，这往往成为一大批人吃饭的工具，藏家一定要明白“真人真品”价值才有保障。再者，判断紫砂壶优劣，首要必看的是泥料、器形，对于多数作品，谁的作品重要，但不能喧宾夺主。

(3) 新手不宜“捡漏”。地摊上的很多所谓的“老壶”都并非紫砂所造，而是陶土所制，通过作假手段显出老旧，新手很容易被骗，因而没有深厚的传统文化修养以及对紫砂壶的一定认识，不要轻易去“捡漏”。

(4) 通过存世量分析真伪。投资者可以用存世量判断紫砂壶的未来升值空间，因为，真正的大家作品绝对不会存世太多。

要点提示

紫砂壶，曾是我国特有的手工制造陶土工艺品，现也有机器大批量制造的。制作原料为紫砂泥，原产地在江苏宜兴，又名宜兴紫砂壶。其起源可上溯到春秋时代的越国大夫范蠡，已有2400多年的历史。

投资指导

紫砂壶在拍卖市场行情看涨，是具有收藏价值的古董，名家大师的作品往往一壶难求，正所谓“人间珠宝何足取，宜兴紫砂最要得”。

第318天　紫砂壶2：保养

核心解读

如何才能使紫砂壶茶具亮度经久不褪，保持莹润的光泽呢？

(1) 彻底将壶身内外清洗干净。无论是新壶还是旧壶，保养之前要把壶身上的蜡、油、污、茶垢等清洗干净。

(2) 实实在在地泡茶。泡茶次数越多，壶吸收的茶叶就越多，土胎吸收到某一程度，就会透到壶面发出润泽如玉的光泽。

(3) 切忌沾到油污。油污会使茶壶难以吸收茶水，因而沾后要马上清洗。

(4) 擦与刷要适度。清洗茶壶切忌用力搓洗，也千万不要用手或布以及粗糙的东西来擦洗其内部，更不要用嘴直接在壶嘴上吹，以防窜味。

要点提示

良好的保养是紫砂壶永葆艺术品质、成功升值的必备条件。

可以用软毛小刷子将壶中积茶稍稍刷洗，用开水冲净，再用清洁的茶巾稍加擦拭即可。

(5) 喝完茶要清理晾干茶具。要将渣清除干净，以免产生异味，又需要重新整理。

(6) 让茶壶有休息的时间。泡一段时间后，茶壶需要休息，使土胎能自然彻底干燥，再使用时才能更吸收茶水。

此外，对于平时不用的茶具可以在清洗后打一层蜡，放在干燥的地方，以保持茶具的美观洁净。

投资指导

在保养紫砂壶的过程中要始终保持壶的清洁，尤其不能让紫砂壶接触油污，保证紫砂壶的结构通透；在冲泡的过程中，先用沸水浇壶身外壁，然后再往壶里冲水，也就是常说的"润壶"；常用棉布擦拭壶身，不要将茶汤留在壶面，否则久而久之壶面上会堆满茶垢，影响紫砂壶的品相；紫砂壶泡一段时间要有"休息"的时间，一般要晾干三五天，让整个壶身（中间有气孔结构）彻底干燥。

第319天 紫砂壶3：收藏误区

核心解读

(1)"土"的误区。过去人们认为用紫砂壶泡茶最好，不失茶的原味。这是因为宜兴的紫砂泥料烧制后具有双重气孔结构，吸水率高，具有一般陶瓷器皿所缺乏的透气性。现在陶艺普及，不少人误认为紫砂泥料就是一般紫色土或配制出来的"紫砂泥"，用这种原料做出来的"紫砂壶"显然在泡茶功能上是没有优势的。

(2)"色"的误区。宜兴紫砂泥由于其矿区、矿层分布不同，其天然色泽多达几十种，非常奇妙。但现在不少制壶者为了满足人们的观赏需求，在陶土中随意添加化学原料，最后制作出来的壶色彩虽艳，但泡茶就会有异味，其价值反而不高。

(3)"老"的误区。许多人认为紫砂壶越老越好，专门藏旧壶、老壶。紫砂壶的"老"可以通过擦皮鞋油、强酸腐蚀将泥料表面作旧，或者用涂上白水泥用水泡的方法做到，实际上，衡量一把紫砂壶收藏价值高低的关键是看艺术价值，并非一定越老越好。

要点提示

对紫砂壶的收藏误区主要来源于对紫砂壶工艺的不了解，一般存在三大紫砂壶收藏误区。

投资指导

收藏紫砂壶，必须对紫砂壶的历史和工艺有一定的了解。

第320天 青铜器

核心解读

青铜器收藏的关键在于辨别青铜器的真伪。对于青铜器的鉴别可以从其地子、锈蚀等方面进行分析，具体做法是：

地子辨伪：鉴别时为保证器物安全，可使用自制的竹签，轻轻地划器物背后面的地方，划时要考虑找些凹处，不明显的部位，划后便露出新铜，便知此器是伪制的，而且是近代仿的。因为铜器的地子通常是很结实的，即使地子掉皮，铜器表面也应该是麻沙地而不是平的。

锈蚀辨伪：铜器的表层和锈斑也是其辨伪的关键。古代青铜器经过漫长岁月的地下埋藏会受到不同程度的腐蚀，其上生成的锈往往坚固致密，不易剥落。传统“点土喷锈”的方法，做出的锈质地并不结实，在鉴别时，可轻轻抠下一小块，看是否用硬物一碾便成碎末，也可以用酒精试验，但最好不要在器物上试，可以弄下一小块试验，以免毁坏工艺品。还有一种生锈方法，是用铜末经化学腐蚀生成的真铜锈。这种方法做出的化学锈，能以假乱真，一般人是不容易辨别出来的。

要点提示

青铜器是由青铜（红铜和锡的合金）制成的各种器具，诞生于人类文明的青铜时代。由于青铜器在世界各地均有出现，所以也是一种世界性文明的象征。

投资指导

青铜器的颜色刚做出来的时候是很漂亮的，为黄金般的土黄色，因为埋在土里生锈才一点一点变成绿色。由于青铜器完全是由手工制造的，所以没有任何两件是一模一样的，每一件都是独一无二、举世无双的。

第321天 玉1：特点介绍

核心解读

玉的本色比较容易识别，而人工染色与玉的色变却非常难以识别，在玉器鉴别时，这就需要识玉者认真进行分辨，这类现象主要有下列几种：

(1) 黄斑与土沁。一些青玉、白玉制品往往带有黄斑，这些黄斑有可能是玉器风化所致，但其实在考古发掘中很少能见到带有黄色沁色的玉器，玉器上的黄色斑块往往是人工染色，因而遇到带有黄色斑的玉器，应认真分辨。

要点提示

玉是在世界（尤其是东亚）各地区受到广泛欢迎的一个宝石的分类，在矿物学上玉分为硬玉（也称翡翠）和软玉（透闪石、阳起石一类，因化学成分的不同而呈现各种颜色，种类较多）。

投资指导

一般所称中国“四大名玉”，是指新疆产的“和田玉”、辽宁岫岩县产的“岫玉”、河南南阳产的“独山玉”、湖北郧县等地产的“绿松石”。玉市场鱼龙混杂，充斥着各种玉器，但是要真正能在这样一个复杂的市场上淘到宝贝，还需要收藏者花一番工夫。

(2) 黑斑与水银沁。坊间玩玉人常将古玉沁色中的黑色，称为水银沁。青白色玉料中常有局部的黑色，这种颜色很可能为玉材本身的颜色，但也不排除是玉材受沁产生的可能。此外，很多玉器上的墨色斑是人工染成的，若被烧后黑似焦油而表面光亮，则明显为人工烧制。

(3) 白色斑与水沁。很多玉器经埋藏后会出现白色色斑，现在的识玉者称这种色斑为水沁，意即它的出现同土壤中含的水分有关系。水坑玉的沁色应是无土斑而有瘢痕的，也就是无黑、绿、黄、褐、红等沁色的沁色玉。这类沁色限于白色或灰色。此外，人工仿造的玉器水沁大量存在，可用酸类液体浸泡、腐蚀，也可用火烧制。这两种方法制成的颜色，经观察是可以辨别的。

第322天 玉2：古玉收藏十二字诀

要点提示

古玉收藏秘诀可归结为“远观其形、近观其质、细观其工”。

核心解读

“远观其形”是指仔细观察古玉器的形态。古玉器给人的第一印象往往是不仅具有老旧、古朴的包浆，而且又有鲜活神韵的外表。而现代的仿品在形态上相似真品，却缺少神韵。这和现代人的心浮气躁、缺乏耐心有一定关系。但要学会观神品韵不是一件易事，这要求收藏者在日常生活中不断积累专业知识，提高鉴赏的文化素养。

“近观其质”是针对古玉的玉质而言。当你找到具有“神韵”的玉器后，可将它握在手中掂掂分量近距离观察玉质。因为大部分的古玉都是用和田玉做的，所以好的古玉握在手中会有一种下坠感和温润油脂感，并且不会像伪玉一样缺乏硬度，不能划动玻璃。

“细观其工”是指仔细观察玉器的砣工。古代玉器都是通过砣机加解玉砂对玉进行碾琢。每个时代都有自己的砣工特点，另外古玉表面线条的断面大部分是 V 形或是半圆形的，出现 U 形的多数为现代机器加工品。再有就是看线条槽口两侧边上是否有“爆刀发毛”现象，有的多数为现代机器加工品。

投资指导

总之，收藏古玉就是要细致地观察玉的品质。

第323天 玉3：翡翠

核心解读

翡翠是一种高价值的宝石，为古今玉石之王。它的优势在于：与字画和古籍相比，更便于保存，且得到世界的公认；与房子、汽车和红木家具这类“硬货”相比，它易于浓缩和转移资产；与其他收藏品相比，翡翠的价格稳定且升值明显，又具有极高的鉴赏价值，特别是近几十年，翡翠制品价格屡创新高，升值之快，是其他收藏品难以比拟的。因而，收藏翡翠是一种划算的投资。

翡翠的收藏和投资价值主要是由其稀缺性决定的，要想收藏的翡翠保值，必须做到宁精勿滥，应挑选珍稀及品质上乘的高档A货翡翠，千万不可贪图便宜滥取一些品种做工粗的低价货，后者很难转手买卖或参加拍卖，市场承接力极弱，也很难升值和保值。

要点提示

翡翠，也称翡翠玉、翠玉、硬玉、缅甸玉，是玉的一种，颜色呈翠绿色（称之翠）或红色（称之翡），是在地质作用过程中形成的主要由硬玉、绿辉石和钠铬辉石组成的达到玉级的多晶集合体。

投资指导

在选择上乘翡翠时，应主要从其颜色、质地、透明度、纯净度等方面来衡量。其颜色以翠绿为佳，其质地越细腻致密越好，以透过可见光的程度越清晰越好。

第324天 水晶

核心解读

水晶的收藏主要可以从以下几个方面入手：

（1）古董水晶：古董水晶价格和现有原材料价格的关系不大，这是因为它的高昂价格是建立在自身历史价值和艺术价值高度统一的基础之上的，因而会有长期巨大的升值空间。涉足这一品种，对收藏者的要求较高，不仅要有充足的资金，更需要深厚的历史文化功底。

（2）现代水晶工艺品：现代水晶工艺品的价格主要由原材料价格和加工费用两部分构成，其中加工费往往占到一半以上，所以其价格受原材料价格波动影响相对较小。技艺高超的制作者制作出的设计精良的水

要点提示

水晶是一种无色透明的大型石英结晶体矿物，呈无色、紫色、黄色、绿色及烟色等。具有玻璃光泽，透明至半透明，性脆。

晶通常具有很高的收藏价值，要想涉足这一品种主要需要收藏者有较高的艺术鉴赏能力。

（3）水晶原石：这是水晶收藏中最主要的领域，它具有较高的观赏价值，作为观赏石，具有特殊的地位。收藏水晶原石相对简单，只要在造型、色彩、图案、包裹体、纯净度甚至大小等方面有特色或优势的都可以纳入收藏范围，而想要保值增值，还需要选择精品。水晶的价格受供求关系影响较大，随着爱好者的增多，水晶精品原石价格上涨存在广阔的空间。

投资指导

水晶的评价标准和高端宝石有所不同。多数高端宝石把颜色放在评价的第一位，而对水晶来说，颜色和净度（水晶行业称为晶体）是近乎同等重要的因素：

（1）颜色：水晶晶体颜色评价的最高标准是明艳动人，不带有灰色、黑色、褐色等其他色调。粉水晶以粉红为佳；紫水晶颜色为鲜紫，纯净不发黑；黄水晶以金橘色为佳。

（2）净度：水晶与高档宝石的净度要求有很大不同。高档宝石稀少罕见，所以一般人们普遍对高档宝石的净度不会过于苛求。而水晶的产量着实大得惊人，所以通常人们会要求水晶净度越高越好，尽量避免有较明显的内含物。

（3）杂质：如果水晶内部杂质中有传说中人物的造型，如佛、星座、生肖等价值可能要高于同等颜色和净度的水晶。

第325天 古玩家具

核心解读

常见作伪手法主要有：

（1）假冒良木：利用硬木家具材种不易分辨的特点，以较差木材制作的家具，混充较好木材制作的家具。

（2）拼凑改制：许多残缺严重，不易恢复的古家具往往会被移植上一些非同类品的残余结构，凑成一件难以归属，不伦不类的古代家具。

（3）将常见品改为罕见品："罕见"是古代家具价值的重要体现，这种改制因器而异，手法多样，如果不进行细致研究，一般很难查明。例如：不少家具商把传世较多且不太值钱的半桌、大方桌、小方桌等，纷纷改制成较为罕见的抽屉桌、条桌、围棋桌。

（4）化整为零：利用完整的古代家具，拆改成多件，以牟取高额利润。这种作伪手法最为恶劣，不仅有极大的欺骗性，也严重地破坏了珍贵的古代文物，我们在鉴定中如发现半数以上构件是后配的，应考虑是否属于这种情况。

（5）更改装饰：随意去除、改变家具原有结构装饰，冒充具有更长历史的家具，这种做法也破坏了古代文物的价值。

要点提示

目前古家具市场价格的不断高升，在这种刺激下，赝品越来越多，作伪手法也越来越高明，已成为每个家具收藏、爱好及研究者无法回避的问题。

(6) 包镶家具：在普通木材制成的家具表面“贴皮子”，伪装成硬木家具，高价出售。其拼缝处或者处理在棱角外，或者以上色和镶嵌掩饰，不仔细观察，极难发现。

(7) 改高为低：为适应现代生活的起居方式，把高型家具改为低型家具。例如：为了迎合坐具、卧具高度下降的需要，许多传世的椅子和桌案被改矮，以便在椅子上放软垫，在沙发前放沙发桌等。

投资指导

收藏者应注意多方面防伪识别，避免上当受骗。

第326天　黑陶

核心解读

虽然目前市场上黑陶的价位还不是很高，但从长远来看，它还是具有良好的收藏与投资潜力的。在选择黑陶时，要注意其器型的流畅，搭配的协调，以及抛光度大小，具体来说：选择黑陶排在第一位的是造型，造型上气势和规整度的良好可以给人留下较好的第一印象；第二看装饰，它的装饰是不是跟造型贴切，这是从美学的角度去讲。这两点非常重要，再要看就看它的做工了，它是不是做工都到位，在装饰上就看它的雕工、刻工是不是见功夫。

要点提示

黑陶，诞生于我国新石器时代晚期，距今已四千多年，是黄河中下游原始文化的杰作，出现在新石器时代晚期的大汶口文化、龙山文化、屈家岭文化和良渚文化等遗址中。

投资指导

黑陶是继仰韶文化彩陶之后的优秀陶种，被誉为“土与火的艺术，力与美的结晶”，世人对这一来自古老的文明无不惊叹。黑陶文化是黄河流域文化，以其深厚的历史底蕴和丰富的人文内涵，构成了中华思想文化的渊源龙脉。

第327天　红色经典

核心解读

红色收藏的价值具体来说主要在于：

(1) 红色藏品具有很高的历史价值、史料价值、文物价值。红色收藏往往与很多著名人物或事件有着渊源，其背后都蕴藏着一段段鲜活的故事，这使其具有较大的升值潜力。

(2) 近现代历史上的许多历史事件影响了几代人，那些见证过、经

要点提示

红色收藏是时代的产物，它不仅为当代人及后来者提供了丰富多彩的纪念品、工艺品，还是研究中国现当代史的丰富资料和实物佐证，意义和价值日益增大，已经成为现代收藏领域中的一个重要门类。

投资指导

面对题材广泛的红色收藏，收藏者在选择时要注意重在选题制胜，尤其是具有开端性、创新性的。

历过历史的人出于对过去时光的怀念也会对红色收藏品有难以割舍的情感。对于红色藏品的收藏者而言，财富或许已是其次，藏品背后的历史记忆和人生信仰更为珍贵。

(3) 红色收藏品在国外也逐渐受到追捧，这也决定了红色藏品的整体升温，一些精品价格更是成倍增长。

第328天 书画

要点提示

书画收藏具有较高的难度，因为书画的仿造技术已经达到了一定的以假乱真程度。

核心解读

只有经验丰富、知识广博的人才有可能从作品水平上鉴别字画真伪，普通收藏者很难做到，但我们可以从其他一些方面达到目的：

(1) 绢与纸。古字画的用料非常重要，也是鉴别真伪的重要依据。绢的耐久性很短，远不及纸张。经过上百年的绢，其柔韧性完全失掉，变得糟腐，不能用手触及，也不会有亮光或者绒毛。纸的情况就较为复杂了，鉴别时可取一块纸浸入水中用针挑，若是宋纸就会有许多仿制品没有的长绒。

(2) 墨迹。宋代以前的作品，墨色上面会出现一层白霜，仔细观察，又可见别的什么物质，剥、刮磨也不会退去。伪制品则是用将香灰吹散的方式达到这一效果的，一经擦拭，下面黑亮新鲜的墨迹就会闪现出来。此外，新作的墨色、彩色多浮而不沉，亮而不浓。

(3) 图章。唐宋时期作品盖图章的很少。宋代以前都用铜章，或用象牙犀角章。明初王冕开始用花乳石刻名章。明中叶后开始用青田、寿山、昌化石刻章。元代以前的人不讲究印章，图章都是匠人出制，文人制印的很少，做工也不精，式样也一般。古代作品如果没有著名收藏家或鉴赏家的图章，必为伪造品。

(4) 题跋。古字画的题跋多出自各代名人手笔。凡是真迹，名人题跋大多也是真迹。题跋是伪造的，作品也一定是伪造的。

投资指导

收藏书画要注意以下几点：量力而行，尤其是在起步阶段，谨慎为宜；不要购买有争议的作品；不要四面出击，广泛收集，集中精力，争取稳操胜券；把握好出让时机。

第十一章

黄金
——永久坚挺的安心投资产品

连人民币你都不相信？选黄金应该没的说了吧。黄金在人们心目中至高无上的地位可是延续了几千年了，全世界都相信它！不过黄金也不是那么“好惹的”，只有当你懂得它时才能真正体会到拥有它时那金灿灿的感觉。

第329天 黄金投资必知1：优势

要点提示

黄金投资具有其他投资产品所不具备的特殊优势，使得黄金深受广大投资者的喜爱。

核心解读

黄金投资具有以下优势：

(1) 税收负担小。很多投资项目由于税收负担太重而导致投资回报率明显降低，而黄金除了进口时的报关费用外基本不再需要支付其他税费，可以算是世界上所占税项负担最轻的投资项目了。

(2) 产权转移便利。股票、住宅等投资品在转让时要办理过户手续，作为遗产继承还要交纳遗产税，而黄金则可免去这些手续和费用，并且其交易没有时间限制，可以随时方便地公开买卖，自由转让。

投资指导

金市基本上属于全球性的投资市场，现实中还没有哪一个财团的实力大到可以操纵金市，这为黄金投资者提供了较大的保障。

(3) 最好的抵押品种。相对于古董字画等投资品来说，黄金作为一种国际公认的物品，典当起来要容易得多，获取的贷款额也比较高。

(4) 保值价值高。黄金由于本身的特性，质地永远不会发生变化，是一种恒久的物质，保值价值得到国际公认，既不会因为磨损贬值，也可以有效对抗通胀风险。

第330天 黄金投资必知2：黄金价格

要点提示

投资者只有了解了黄金价格的影响因素，才能更准确地预测金价走势，进行合理投资。

核心解读

黄金价格主要受以下因素影响：

(1) 美元走势。简单说来二者的关系是此强彼弱，这是因为若美元走势强劲，投资美元升值机会大，人们自然会追逐美元。相反，美元在外汇市场上越弱时，黄金价格就会越强。

(2) 战乱及政局震荡时期。时局动荡，人们多会把目标投向黄金，从而造成金价上升。但投资者也不可机械套用这一原则，还要考虑美元等因素。

(3) 世界金融危机。当金融体系不稳定时，人们会更重视黄金资金避难所的功能，转投黄金使其价格上涨。

(4) 通货膨胀。当通胀剧烈，现金购买力失去保障，拥有保值作用的黄金的价值就会大大增加。

(5) 石油价格。石油价格上涨意味着通胀会随之而来，金价也会随之上涨。

(6) 本地利率。由于黄金没有利息收入，因而比较适合利率较低时投资，如果本国利息较高，就要考虑一下丧失利息收入去买黄金是否值得。

(7) 经济状况。经济繁荣，金价也会得到一定支持，否则，人们基本需求不能满足，金价也必然下跌。

(8) 黄金供需关系。金价是基于供求关系的基础之上的。如果由于新技术的采用，新矿开发等原因造成黄金的产量大幅增加，金价会受到影响而回落。但如果出现矿工长时间的罢工等原因使产量停止增加或投资黄金风气盛行，金价就会在求过于供的情况下升值。

投资指导

对于黄金走势的基本分析有许多方面，当我们在利用这些因素时，应当考虑到它们各自作用的强度到底有多大。找到每个因素的主次地位和影响时间段，来进行最佳的投资决策。

第331天　黄金投资必知3：风险及其控制

核心解读

黄金投资的风险具有以下特征：

(1) 投资风险的广泛性。在黄金投资市场中，投资研究、行情分析、投资方案、投资决策、风险控制、资金管理、账户安全、不可抗拒因素导致的风险等等，几乎存在于黄金投资的各个环节，因此具有广泛性。

(2) 投资风险存在的客观性。投资风险是由客观存在的不确定因素形成的，投资者无法消除风险，只能尽力控制风险。

(3) 投资风险的影响性。投资风险并不一定意味着亏损，它与收益可能是同时并存的。投资者只有正确意识到风险的影响，才能够正视市

要点提示

在投资市场中进行风险管理是很有必要的，不但可以降低投资风险率，而且有助于投资者保持良好心态。

场，避免举足不前。

（4）投资风险的相对性和可变性。不同黄金投资品种的风险也不同，具有很强的相对性。同时，投资风险会根据客户资金的盈亏增大、减小，具有较大的可变性，但这种风险不会完全消失。

（5）投资风险具有一定的可预见性。对一些影响金价波动的因素进行分析，可以对金市操作有一定的预测。客观、理性的分析将会对投资操作有一定的指引作用。

投资指导

防范黄金投资风险的具体措施有：

(1) 根据资金状况制订合理的操作计划和方案，明确资金运作比例，有助于为失误操作造成的损失留下回旋的空间和机会。

(2) 根据时间条件确定适宜的操作风格。时间充裕者在具有一定技术分析功底的基础上可以选择短线操作，获得更多获益机会，精力少的人则适合重点出击。

(3) 树立良好的投资心态。心态平和才有清晰思路，理性操作才可减小风险。

(4) 建立操作纪律并严格执行。没有操作纪律会导致操作紊乱，并且无法及时止损。所以规定操作纪律并严格执行非常重要。

第332天 黄金投资必知4：适用人群及投资比例

核心解读

（1）错过机会投资楼市股市的人这次你应该把握机会进行黄金投资。

（2）跑不过刘翔但想跑赢 CPI 的人你应该选择黄金投资。

（3）资金量不大但想提高有限资金增值效率的人你应该试试黄金投资。

（4）白天不方便看行情晚上大把时间上网的人你很适合黄金投资。

（5）希望市场公平交易无坐庄暗箱操作行为的人你应该选择黄金投资。

（6）对楼市股票政策深恶痛绝的人你应该选择黄金投资。

（7）喜欢资金 24 小时随时买进卖出见好就收的人你应该选择黄金投资。

（8）工资之外希望有轻松获利机会的人（网络＋音乐＋咖啡）你应该试试黄金投资。

（9）担心资金被套不敢投资股市楼市的人你应该进行黄金

要点提示

黄金投资有特定的适用人群，且不同投资者适宜的投资比例有所差别。

投资指导

黄金只能依靠价格波动获利，没有利息收入，因而黄金资产在总资产中的比例最好不要超过 30%。若要细分，那么不同年龄段和不同投资目标的投资者持有的黄金比例也不相同，具体来说：如果投资者是 20 岁左右的青年，可以进行股票、基金之类比较激进的投资，并且面临买房的需要，那他持有 10% 的黄金就足够了，如果投资者在 30 岁以上，事业稳定，则可以考虑将持有黄金的比例提升至 20%。按照目前的金价，对于中产阶级家庭来说，收藏一千克黄金比较适合。如果投资者计划将黄金作为永远的配置，甚至打算留给子孙，那么，占总资产 5% 的黄金就足够了。

投资。

（10）面对上千只股票、十几种板块、数十种概念不知如何选择的人，你应该试试黄金投资。

第333天　黄金投资必知5：认识误区

核心解读

黄金投资存在三大认识误区：

（1）金价上涨是基金操纵的结果。大规模基金入市虽然会在短期内对金价造成影响，但却不会引起黄金基本面走势的变化。计价说到底是由供需关系决定的，而黄金的供给和需求量是很难操纵的，黄金市场是全球性的市场，各个市场之间是有流动性的。因此作为一般的投资者，不要心存侥幸，看着投资基金来做黄金。

（2）美元走势一定与金价走势负相关。一般观点认为，由于金价是以美元计价的，所以黄金与美元的关联度很高，即美元走强，金价走软。从过去的经验看，也确实是这样。但投资者要注意到，“黄金是以美元标价的，而不是以美元定价的，这是一个基本的区别”。近几年来，黄金逐渐脱离了传统的、人们认为的和美元的关系，表现出了很强的独立性，因而以美元来预测金价走势已不再适合。

（3）金价和油价高度相关。从历史上看黄金和石油确实具有一定的关联度。但是我们应意识到：黄金和石油有一个重大不一样的地方，那就是虽然它们都是战略物资，但是石油是消耗品，是不可再生的；黄金虽然也是不可再生的，但黄金不是消耗品，本质上不同。而且黄金和石油发挥的作用也不同。短期内的因素促成了黄金和石油的暴涨，但是不能说这种上涨就存在一定的关联关系。所以投资者在金价分析中过于重视油价也是不正确的。

要点提示

黄金投资存在三大认识误区。

投资指导

投资者投资黄金时应避免产生以上的错误认识。

第334天 黄金投资策略1：基本面分析

要点提示

基本面分析有助于帮投资者解决一系列与金市相关的问题，例如：金市是处于收缩还是还会有所增长；市场状况是否过热；现在应该入市还是离市；投资的资金应该增加还是减少；市场趋向如何等。但是黄金的基本面分析仍然存在着一定的局限性。

投资指导

黄金投资既要进行基本面分析，又要进行技术面分析。

核心解读

基本面分析十分重要，但其具有以下不足：

(1) 供需数据难以精确。部分产金国家，并不情愿向国际公布产金数字，或者数字的公布有一定的滞后期，至于需求方面的数据则更难以获得，比如有的企业会将金币熔化，用于工业生产，从而使需求的数字含有重复计算的因素。这都会导致基本面分析的不全面、不准确。

(2) 不能告诉我们入市的时机。基本面分析只可以帮助投资者了解金价所处阶段，至于说明何时介入最佳则无能为力。

(3) 捕捉不到近期的峰顶和谷底。基本面分析只能分析市场的大势所趋，而不能把握市场种种细微的变化，因而黄金买卖中除了要进行基本面分析之外，还要通过技术面分析来进行补充。

第335天 黄金投资策略2：技术面分析

要点提示

投资者在进行黄金交易时，除了要有准确的信息来源以外，还要掌握技术面分析这个有力武器。

投资指导

技术面分析可帮助投资者在市场上寻求最佳的介入价格，与基本面分析相辅相成，都是不可缺少的分析工具。从理论上来讲，在通过基本面分析以后，可以运用技术面分析来捕捉每一个金市的上升浪和下跌浪，低买高卖，以赚取更大利润。

核心解读

技术面分析起源于统计学，它是通过对市场上每日价格的波动，包括每日的开市价、收市价、最高价、最低价、成交量等数字资料，透过图表将这些数据加以表达，从而预测未来价格的走向。此类型分析侧重于图表与公式的构成，以捕获主要和次要的趋势，并通过估测市场周期长短，识别买入／卖出机会。技术面分析具有较强的逻辑性，比凭借个人感觉投资要可靠得多。根据您选择的时间跨度，投资者可以使用日内（每5分钟、每15分钟、每小时）技术面分析，也可使用每周或每月进行技术面分析。

第336天　黄金投资策略3："不操作"策略

核心解读

"不操作"也是最难的操作。要做到这一点并不容易，需要把握以下几点：

（1）要找准时机，长线捂牢"不操作"，是投资中最为关键、最难把握的问题。投资者要善于总结经验教训，在较长的淡季跨度中找到较低的位置买入持有。

（2）要注意搭配，中短线结合。可以考虑一部分资金做长线布局，在相对低位进场后就一直持有，少量仓位做短线投机，同时要注意控制合理的仓位。

（3）要把握买点，人弃我捡。在投资中不要犯追涨杀跌的毛病，要形成长线价值投资的理念，尽可能做到在回调的时候买，在冲高的时候卖。

（4）要加强学习，沉着镇定。面对变化莫测的行情，投资者要深入研究，加强底气，并要坦然面对，选择了"不操作"，就要禁得起考验，一路持有到底。

要点提示

频繁操作，不仅难以使投资收益最大化，而且还会有碍心态稳定。投资者要意识到，很多时候，"不操作"就是最好的操作。

投资指导

要注意的是，"不操作"并非完全不动，当持有的品种达到自己预期的目标价位时就要果断出击，获利了结，做到"该出手时就出手"。

第337天　黄金投资策略4：警惕不当操作

核心解读

（1）黄金投资在个人投资组合中所占比例过高。黄金虽具有避险功能，但其投资回报率较低，并且更适合作为中长期投资工具，因而其在个人投资组合中所占比例不宜过高。

（2）非专业的黄金投资者频繁短线操作。非专业的黄金投资者想通

要点提示

黄金投资通常存在三大不当操作。

过“短线操作”方式来炒金获利，结果往往会以失败告终。一些欠缺黄金投资经验的投资者在开盘买入或卖出某种黄金投资标的后，一有盈利就平盘收钱；可是，黄金投资获利平仓做起来很容易，但捕捉获利的时机却是一门学问。因此投资者应根据黄金价格走势确定平仓时间，即如果市场形势进一步朝着对自己有利的方向发展，投资者应耐着性子做到“小利不赚”，从而使投资利润延续。

(3) 通过非法渠道炒金。近年来，一些地下炒金公司利用我国黄金市场的监管盲区，以非法方式大肆敛财，一些投资者因“伦敦金”杠杆交易等非法渠道炒金而遭受巨大经济损失。投资者只有选择受法律保护、有明确政策规范的合法投资渠道，才可避免不必要的损失。

投资指导

投资者要避免或改正以上不当操作，以免造成经济损失。

第338天　黄金投资策略5：投资禁忌

核心解读

(1) 忌追涨杀跌。当黄金急涨或急跌时，很多投资者往往难以自控而盲目追进，这样很容易导致亏损。这种情况下正确的选择应该是观望，可以选择回调到刚突破的关键点附近进场，止损放在关键点下方。

(2) 忌重仓。投资不是赌博，也不要想着小资金的投入能拥有多大的回报，特别是保证金交易，小资金做大单，一有失误就再难翻身，控制在 5% ~ 10% 的保证操作比较适中，切不可超过 10%。

(3) 忌猜顶猜底。影响黄金价格的因素多而复杂，分析时难以面面俱到，千万不要想着找个最高点做空或者找个最低点做多一把捞回来。

(4) 忌频繁短线操作。黄金投资获利平仓做起来很容易，但捕捉获利的时机却是一门学问。因此投资者应耐着性子做到“小利不赚”，从而使投资利润延续。

要点提示

黄金投资在技术操作面上存在一些禁忌。

投资指导

投资者对号入座一下，看自己有没有犯以上禁忌呢？有的话一定要注意及时纠正。

第339天　黄金投资策略6：控制交易风险

核心解读

（1）时间控制。只要入市交易，必然面临风险，而空仓则是没有任何风险的，因而投资者可以缩短持仓时间，但同时也要相应缩小获利目标。

（2）仓位控制。投资者可用1/3资金建仓，新手小于20%，同时一旦发现方向错了，要严格止损；在趋势已经很明朗的情况下，短线重仓应以60%～70%的仓位进场，但必须快进快出。

（3）技术控制。投资者要善于运用各种技术分析工具，科学设置止损目标并严格遵守。

要点提示

黄金交易风险有三大控制方法：时间控制、仓位控制和技术控制。

投资指导

其实，这三大控制的实质是做好基本面和技术面的分析。

第340天　实物黄金1：特点介绍

核心解读

投资实物黄金具有投资起点低、交易价格透明、交易时间长、手续费低廉等特点。

实物黄金投资的缺陷在于投资额较高，实质回报率虽与其他方法相同，但涉及的金额一定会较低（因为投资的资金不会发挥杠杆效应），而且只可以在金价上升之时获利。并且持有黄金并不会产生利息收入，还可能要支付储藏和安全费用。

要点提示

实物黄金即各种实物的金条、金块、金币等，但不包括商场销售的金饰品。

投资指导

一般的饰金买入及卖出价的差额较大，视做投资并不适宜，金条及金币由于不涉及其他成本，是实金投资的最佳选择，可以有力地抗通胀，实现保值增值的目的。

第341天 实物黄金2：投资渠道

要点提示

实物黄金给投资者的感觉更为实在，因而是我国较为活跃的投资产品。

投资指导

投资者还可通过黄金延迟交收业务平台投资黄金，这是时下最流行的一种投资渠道。黄金延迟交收指的是投资者按即时价格买卖标准金条后，延迟至第二个工作日后任何工作日进行实物交收的一种现货黄金交易模式。这种方式有利于投资者"低买高卖"，利用黄金价格的波动赢利，对于黄金投资者来说是非常好的投资工具。

核心解读

投资者可以通过以下渠道投资实物黄金：金店是人们购买黄金产品的一般渠道。但通过金店渠道多是购买黄金饰品，收藏价值大于投资价值。投资者还可通过银行渠道进行投资，购买实物黄金，包括标准金条、金币等产品形式。比如农行"招金"、中行"奥运金"，上海金交所对个人的黄金业务目前主要就通过银行来代理；而我国推出的熊猫金币，就是由中国人民银行发行的，也是一种货币形式，即使再贬值也会有相当的价值，因此其投资风险相对要小。

第342天 实物黄金3：投资品种

要点提示

对一般投资者而言，最好的黄金投资品种就是直接购买投资性金条。

投资指导

要注意的是，市场中常见的纪念性金条、贺岁金条等并不属于饰品金条，它们的售价远高于国际黄金市场价格，而且回售麻烦，兑现时要打较大折扣。投资者在投资时要谨慎识别。

核心解读

金条加工费低廉，各种附加支出也不高，标准化金条在全世界范围内都可以方便地买卖，并且世界大多数国家和地区都对黄金交易不征交易税。而且黄金是全球24小时连续报价，在世界各地都可以及时得到黄金的报价。

投资者可以通过两个特征来识别投资性金条：首先，排除加工费、汇率、成色等微小差别，投资性金条价格与国际市场黄金价格是非常接近的；其次，投资者购买回来的金条可以很方便地再次出售兑现。金融投资性黄金金条一般是由黄金坐市商提出买入价与卖出价的交易方式。黄金坐市商在同一时间报出的买入价和卖出价越接近，则黄金投资者所投资的金融性投资金条的交易成本就越低。

第343天　实物黄金4：金条回购

核心解读

有关金条回购的规定主要有：

(1) 只卖出不回购。有的银行只销售金条，不提供回购业务。也就是说，金条买到手里，只能通过其他的渠道变现。但投资者可以选择提取金条，也可以选择暂时在银行保存。目前保存不收取费用。

(2) 既卖出又支持回购。但支持回购的银行都表示，在办理回购时，只认自己银行发行或代理销售的金条或金币。来自其他黄金卖场、典当行等渠道的黄金一律不回购。而且，部分银行能办理黄金回购业务的网点数量也极少。

(3) 支持不提取式回购。所谓的不提取式回购其实就是银行内的代保管业务，即投资者购买了投资金条之后并不提取，将其保存在银行内。银行代保管，不收取任何手续费，代保管期间，投资者可以选择逢高卖出获得收益。和纸黄金的区别就是，投资者确实持有黄金，并且随时可以提取出来。代保管黄金一旦提取，银行方面就不再提供回购的服务。

要点提示

金条没有变现前就不算完成了投资，然而金条要变现并不像有些投资者想象得那么容易。

投资指导

购买金条时一定要注意卖方有关金条回购方面的相关规定，同时也可以根据自己的偏好选择有适合自己的回购方式的卖方。

第344天　金银币1：特点介绍

核心解读

单纯投资虽然风险较小但获利空间不大，而纯粹的投机虽然踏准了牛市的步伐会很快暴富，但在牛短熊长的金银币投资市场上，暴涨暴跌的行情总是难以把握的，除了价格下跌有套牢的风险外，一旦行情启动还有踏空的风险。因而投资者在进行金银币投资时可以采用投资和投机相结合的方式，以投资为主，以投机为辅。或者熊市之中以投资为主，

要点提示

金银币工艺设计水准高、图案精美丰富、发行量较少，具有较高的艺术品特征。

投资指导

金银币投资价值主要体现在对资产的保值增值上。金银币投资同时具有较强的投机市场特征，呈现出“高溢价、小品种、价格波动大、牛短熊长”的特点，不适合长线投资。

牛市之中以投机为主。此外，投资者还要具有风险意识，维护资金的使用安全。

第345天 金银币2：投资原则

要点提示

在具体投资金银币时，需要遵循以下原则：看清大势，顺应大势。

投资指导

从宏观面分析，股票市场和房地产市场行情的好坏，也直接或者间接从资金方面对邮币卡市场行情产生不同的影响。

核心解读

金银纪念币行情与其他投资市场行情相同的地方是行情的涨跌起伏变化，并且较长时间的行情运行趋势可以分成牛市或者熊市阶段，行情运行大的趋势实际上是综合反映了各种对市场有利或者不利的因素。投资市场行情运行趋势一旦形成，通常情况下是不会轻易改变的，所以能够看清大行情的运行趋势并且能够顺大势操作者，其投资成功的概率就高，而其所承受的市场风险却要小得多。由于目前的邮币卡市场本质上是政策市场，所以政策面的变化对市场行情影响最大，也是邮币卡市场行情容易暴涨暴跌的根本原因。

第346天 金银币3：注意事项

要点提示

金银币投资存在以下注意要点。

核心解读

(1) 区分清楚金银币和金银章。即使同样题材同样规格的币和章，其市场价格也是不一样的。二者最明显的区别在于金银纪念币具有面额而金银纪念章没有面额。这一方面说明金银纪念币为国家的法定货币，另一方面则说明了纪念币的权威性要远高于纪念章，通常情况下，币的市场价格较章的要高。

(2) 区分清楚金银纪念币和金银投资币。纪念性金币是有明确纪念主题、限量发行、设计制造比较精湛，升水比较多的贵金属币。投资性金币是世界黄金非货币化以后黄金在货币领域存在的一种重要形式，是专门用于黄金投资的法定货币，其主要特点是发行机构在金价的基础上加较低升水溢价发行，以易于投资和收售，每年的图案可以不更换，发行量不限，质量为普制。

（3）注意金银纪念币是否有证书。金银纪念币基本上都附有中国人民银行行长签名的证书，买卖的时候如果缺少证书会比较麻烦。

（4）注意金银纪念币的品相。品相变差容易导致出售时被杀价。

投资指导

不同的投资品种会有不同的投资回报，其中最重要的影响因素就是金银币的内在价值，这通常由题材、制造、发行量、发行时间长短等综合因素决定。

第347天 纸黄金1：特点介绍

核心解读

投资者的买卖交易记录只在个人预先开立的黄金存折账户上体现，不发生实金提取和交割，因而不会遇到实物黄金交易中可能存在的“易买难卖”的窘境。

纸黄金的类型除了常见的黄金储蓄存单、黄金交收定单、黄金汇票、大面额黄金可转让存单外，还包括黄金债券、黄金账户存折、黄金仓储单、黄金提货单、黄金现货交易中当天尚未交收的成交单，以及国际货币基金组织的特别提款权等。以上均属纸黄金的范畴。

要点提示

纸黄金是一种个人凭证式黄金，投资者按银行报价在账面上买卖“虚拟”黄金，个人通过把握国际金价走势低吸高抛，赚取黄金价格的波动差价。

投资指导

纸黄金比较适合短期交易获取差价收益，实质上是通过投机交易获利。

第348天 纸黄金2：交易优势

核心解读

（1）纸黄金为记账式黄金，可为投资人省去仓储、运输、鉴定等费用，在为投资者提供了便利的同时也降低了投资成本。

（2）纸黄金与国际金价挂钩，采取24小时不间断交易模式。国内夜晚，正好对应着欧美的白日，即黄金价格波动最大之时，为上班族的理财提供了充沛的时间。

要点提示

纸黄金交易相比于实物黄金交易具有明显的优势。

投资指导

中国银行纸黄金目前报价在同业之中最具有优势，较小的双边点差为投资人获得更多的收益提供了机会。

(3) 纸黄金具有美元和人民币两种交易模式，为两个币种的理财都提供了可能性。此外，其“即买即到”的T+0式交割方式便于投资者做日内交易。比国内股票市场多了更多的短线操作机会。

第349天 纸黄金3：投资准备

要点提示

纸黄金投资前要做好五大准备：目标准备、组合准备、品种准备、信息准备和风险准备。

核心解读

(1) 目标准备。投资者要结合自身的资金情况、专业知识、个人风格等确定投资期限、获利要求以及操作手法等目标。

(2) 组合准备。不同的投资目标和风险控制要求，不同时间段投资标的侧重的不同，都会使黄金在家庭投资组合中的比例不同。一般对于普通家庭而言，黄金占整个家庭资产的比例最好不要超过10%。但在黄金预期会大涨的前提下，可以适当提高这个比例。

(3) 品种准备。实物黄金具有较好的保值变现能力，纸黄金则具有较大的升值空间。一般而言，实物黄金比较适合中老年投资者参与，也适合于个人收藏或馈赠亲友之需，而纸黄金是个人炒金者首选的炒金工具。

(4) 信息准备。投资者要注意从银行网点、财经类报纸、杂志和网站等渠道获取影响黄金价格涨跌的因素，以便更好地投入投资。

投资指导

投资者应按部就班，做好以上准备，五大准备缺一不可。

(5) 风险准备。黄金投资不同于黄金储藏，盲目进入一样会深度套牢。因此，投资者在防范市场风险的同时，对交易的完成和自身权益的保护也要有所考虑。

第350天　纸黄金4：投资策略

核心解读

进行纸黄金投资应注意以下几点：

(1) 能够在低位或相对低位买进都会有个比较好的收获，一年做好一到两波较大的行情就有丰厚的回报。

(2) 随时关注国际政治经济形势。黄金价格受政策面影响较大，时刻注意宏观经济变化有利于准确预测金价走势。

(3) 利用一些专门的投资工具，来及时准确地了解相关报价、技术指标以及历史行情等。

要点提示

由于目前国内银行的纸黄金投资点差较高，因而中长线投资更适合纸黄金。

投资指导

总体来说，纸黄金投资也要注意考虑基本面因素和技术面因素。

第351天　纸黄金5：交易技巧和风险控制

核心解读

(1) 季节性交易计划。黄金的需求具有一定的季节性，中线投资者可优先考虑在淡季6～9月时逐步逢低买进，在需求旺季10月份至次年4月的周期内逢高减仓。这种计划有利于市场交易能力不是很突出的投资者轻松炒金。

(2) 控制好交易节奏。在走势难辨的交易市场中出现一两次错误是难免的，但若交易者接二连三地发生错误，就需要暂时抽身，重新审视市场形势和自己的交易计划。要控制好交易节奏，把握最恰当的交易区间。

(3) 不可强行交易。投资者不需在每个波段都进行交易，更不能为了交易而交易，奢望获取每一分利润，正确的投资心态是冷静放松地寻找一些可见的交易机会。

要点提示

把握纸黄金交易技巧，有助于风险的控制，提升盈利空间。

(4) 要选择好离场时机。比较简单的方法是通过前期的价格走势发现那些经受过反复考验而未能有效突破的阻力区间，尤其是曾经引发过大幅跌势的阻力位更要高度警惕，而这些关键阻力位一旦被有效突破金价往往会继续大幅上行。所以，在关键阻力位前止赢，待有效突破后再少量跟进。

投资指导

投资者要降低风险首先要对资金进行控制，不能把所以资金放在一个篮子里面，对于黄金这种低风险的投资品种，资金可以放多一些。而且这些资金在交易的时候也不要一次性地买进或卖出。其次要善于把握时机，可以采取的两种投资理念：短线追涨，而中长线投资者则注意逢低吸货。

第352天　黄金期权

核心解读

黄金期权投资的优势主要在于：具有较强的杠杆性，以少量资金进行大额的投资；此外，如是标准合约的买卖，投资者则不必为储存和黄金成色担心；具有降低风险的功能等。但由于黄金期权买卖涉及内容比较多，期权买卖投资战术也比较多且复杂，不易掌握，因而目前世界上黄金期权市场并不多。

投资者在明知市场将会有较明显的趋势变化却无法判断其涨跌的情况下，可以选择买入跨式期权，即同时买入相同协定价格、相同到期日的看涨期权和看跌期权，这样，无论价格如何变化，总会有一种期权处于实值状态，而且执行价格与协定价格的差距越大，投资者可能获得的盈利也就越高。因此，这种双向期权等于为买方提供了一个双向保险。

与买入跨式期权相反，投资者之所以卖出跨式期权是因为预期金价不会大幅波动，而是在期权有效期内维持区间整理格局。如果投资者无法判断金价将会小幅上涨还是下跌，只是非常确定不会出现明显趋势，那么就可以同时卖出相同协定价格、相同到期日的看涨期权和看跌期权，以便在价格波动不大的情况下扩大收益。当然，这样做也同时加大了风险，只要金价出现趋势性的上涨或下跌，跨式期权卖方就有可能承受非常大的损失。

要点提示

黄金期权是买卖双方在未来约定的价位具有购买一定数量标的的权利，而非义务，如果价格走势对期权买卖者有利，那么买者就会通过行使其权利而获利，如果价格走势对其不利，则放弃购买的权利，损失只有当时购买期权时的费用。买卖期权的费用由市场供求双方力量决定。

投资指导

投资者利用黄金期权，可以达到以下几个目的：在市场价格下跌时保护所持的黄金头寸；从黄金价格上涨中得到好处而不用花全部的钱买黄金；通过期权组合做高风险收益的投机；在不知道市场价格涨跌的情况下，可以使自己有准备地迎接价格大变动。

第353天　黄金期货1：特点介绍

核心解读

做黄金期货交易须有以下投资理念：

(1) 计划你的交易，交易你的计划，记录交易结果，多多总结经验。

(2) 利好便卖，利空便买，成功人士，多善此举。

(3) 仔细研究市场，并要不断培养耐心、坚韧、果断、理智的优良品质。

(4) 严格遵从预设止损，万万不可随心更改。

(5) 耐心等待，避免频繁入市。

(6) 投机难，不在预期，而在于自我控制。成功的期货投资从来都是艰苦的较量。“你”是成功的关键。

(7) 事前须三思，临阵要严格按照计划行事。

(8) 不论失手还是成功，都不要念念不忘，时刻保持清晰的思路。

(9) 交易者最大的秘诀就是要服从市场的意志。因为市场包容和反映一切，只有认识到这一点，才能保证安全投资。

(10) 头寸庞大可以左右你的情绪。不要大笔大笔地进场。有节奏地分批入市总是一个好主意。

要点提示

所谓黄金期货，是指以国际黄金市场未来某时点的黄金价格为交易标的的期货合约，采用保证金交易制度和双向交易机制。投资人买卖黄金期货的盈亏，是由进场到出场两个时间的金价价差来衡量的，契约到期后则采用实物交割。

投资指导

直接投资于黄金条块等现货黄金不利于保存和携带，且还要面临黄金不能及时变现导致资金短缺的风险。黄金期货具有高财务杠杆、高流动性以及多空皆可操作等特点，它的出现为投资人以及大量持有现货的业者提供了一个良好的投资与避险渠道。

第354天　黄金期货2：投资风险

核心解读

(1) 经济委托风险。为避免委托公司失误造成损失，客户在选择期货经纪公司时，应对期货经纪公司的规模、资信、经营状况等进行了解，挑选有实力、有信誉的公司。

要点提示

黄金期货投资有以下风险：经济委托风险，流动性风险，强行平仓风险，交割风险，市场风险和政策、规则变化风险。

（2）流动性风险。这是由于市场流动性差，期货交易难以迅速、及时、方便地成交所产生的风险。这种风险在客户建仓与平仓时表现得尤为突出。

（3）强行平仓风险。若期货价格波动大，保证金无法及时补足或者经纪公司持仓总量超出限量，投资者就会面临强行平仓的风险。这就要求客户在交易时，要时刻注意自己的资金状况。

（4）交割风险。不准备进行交割的客户应在合约到期之前将持有的未平仓合约及时平仓，以免于承担交割责任。这是期货市场与其他投资市场相比，较为特殊的一点。

投资指导

这些风险也是期货市场所包含的一般风险，投资者应对这些风险有一定了解，做好心理准备并合理规避风险。

（5）市场风险。价格波动会给投资者盈利带来风险，这种风险又通过杠杆作用被进一步放大。

（6）政策、规则变化风险。期货市场是依照各期货交易所的规则来运行的，当政策面或者规则进行调整时，客户会面临一定的风险，例如保证金比率的变动为客户带来的资金调整压力。

第355天 黄金期货3：止损技巧

要点提示

由于黄金期货存在一定风险，因而要做好止损工作。

核心解读

首先，由于黄金价格的日波动率相对较低，投资者可以根据金价的历史波动特点，将止赢位或者止损位设置在日波动幅度上限附近。

如果日内金价涨幅达到 1.6%，那么短线交易的投资者可以考虑在涨幅达到 1.5%附近时将手中的头寸获利了结。中长线投资者则可结合预设的风险盈利比及所投入资金的比例来设定止损位，如初入期市的投资者可以将 30%左右的资金投入市场，将盈亏比设定为 3 比 1，当损失达到预期盈利的 30%时止损出场。

其次，由于黄金表现出很强的货币属性和金融属性，国内外市场上黄金的价格波动方向和幅度都非常接近，跨市套利的机会有限。这就为投资者提供了又一个止损方案：盘整时应该适当缩小止损比例，而单边行情则可适当放大。

最后，由于国际市场上交易最活跃的时间往往是北京时间夜间，如果届时出现对市场冲击较大的突发事件，就有可能令全球金价日内波幅增大，次日国内市场往往会出现大幅跳空开盘的情况。因此对于持仓隔夜的投资者，在设置止损时应将计划止损同突发止损结合起来。

投资指导

投资者在止损后不要选择仓促入市以尽快赚回亏损资金，由于投资者在逆势操作中所承受的风险远大于预期收益，因而这种操作只会导致更大的损失。

第356天　黄金期货4：投资误区

核心解读

(1) 交易前未设定好风险限度、盈利目标等计划，不能严格按照计划行事，尤其是出现亏损的情况下。这往往会导致操作过量，最终被迫斩仓出局。

(2) 获利后沾沾自喜，不再理性地进行基本面和技术面的考虑，而只凭预感或大胆臆想做单，甚至孤注一掷，自认“不会输”。

(3) 不能做到及时止损，无法接受小的亏损，非要到伤筋动骨才被迫出局。一个投资人应该研究出一套自己的交易体系并坚持不懈。

(4) 不注意信息时效性，对某一个消息死盯不放。不知道只有技术走势同基本面一致才可相信之。两者必须保持节奏的合拍。

(5) 不能踏准节奏，没有持有足够资金应付市场动荡。

(6) 逆市交易，尤其是不设定合理止损。过量交易是危险的，满仓操作，资金管理不当，是造成期货交易巨额亏损的主要原因。

(7) 见利就走，舍大逐小。不能守住已经获利的头寸。

(8) 刚愎自用，一意孤行，不听从他人意见。

(9) 只根据当时情况判断市场，而不考虑周边市场的状况。

(10) 过于相信内部消息。

要点提示

以下总结一些黄金期货投资的常见误区，投资者须予以警惕。

投资指导

投资者要及时纠正自己的误区，以防产生较大的资金损失。

第357天 黄金远期

要点提示

黄金的远期交易是买卖双方根据双方商定的价格，在稍后的一段日期里买卖一定数量的黄金的责任和义务。

投资指导

卖出远期黄金的交易适合于保值，同时对于不需要马上套现获得等值货币资金的人，希望销售其期货的黄金生产者以及那些认为黄金价格要下跌的投机者也是适用的。而买入远期黄金的，则主要是那些工业贵金属使用者和那些认为黄金价格将要上升的投机者。

核心解读

黄金远期交易同黄金期货投资存在以下区别：

(1) 签订的合约方面：黄金期货是标准合约的买卖，对买卖双方来讲必须遵守，而远期合约一般是买卖双方根据需要约定并签订的合约，各远期合约的内容在黄金成色等级、交割规则等方面都不相同。

(2) 转让方面：期货合约便于按照市场价格买进卖出，而远期合约只有在找到愿意接受合约的第三方后才可转让。

(3) 交割时间方面：期货合约大都在到期前平仓，有一定的投机和投资价值，价格也在波动，而远期合约一般到期后交割实物。

(4) 交易场所方面：黄金期货买卖是在固定的交易所内进行的，而远期交易一般在场外进行。

第358天 黄金保证金1：特点介绍

要点提示

黄金保证金交易是指在黄金买卖业务中，市场参与者不需对所交易的黄金进行全额资金划拨，只需按照黄金交易总额支付一定比例的价款，作为黄金实物交收时的履约保证。

核心解读

保证金交易是一种利用杠杆原理，把钱用活的投资方式。

保证金投资是一种可以“以小博大”炒黄金的方式，虽然可能盈利快但风险也相当大，和期货交易相类似，放大交易意味着高风险，有被迫减仓或者被平仓的风险。专业的个人投资者可以采用这种模式，而稳健型投资者还是更适合纸黄金交易。

黄金保证金交易的功能主要有：

(1) 价格发现。黄金的期货价格体现着其未来走势。

(2) 套期保值。金商可以通过这种交易方式锁定风险或锁定收益于当前值，并且不需占用大量资金，只需要支付一定比例的保证金，作为实物交割时的担保，这减轻了市场参与者的资金压力。此外，由于保证金交易具有较高的杠杆作用，它还可以成为投资者投机获利的工具。

投资指导

黄金保证金交易是一把双刃剑，在拥有以上优点的同时也会带来很大的风险，投资者如果将套期保值数量盲目地投机性放大，一旦决策失误，会招致重大亏损。

第359天 黄金保证金2：交易品种

核心解读

黄金 T+5 交易是指实行固定交收期的分期付款交易方式，交收期为 5 个工作日（包括交易当日）。买卖双方以一定比例的保证金（合约总金额的 15%）确立买卖合约，合约不能转让，只能开新仓，到期的合约净头寸即相同交收期的买卖合约轧差后的头寸必须进行实物交收。

要点提示

保证金的交易品种主要有两大类：黄金 T+5 交易和黄金 T+D 交易。

黄金 T+D 交易是指以保证金的方式进行的一种现货延期交收业务，买卖双方以一定比例的保证金（合约总金额的 10%）确立买卖合约，与黄金 T+5 交易方式不同的是该合约可以不必实物交收，买卖双方可以根据市场的变化情况，买入或者卖出以平掉持有的合约，在持仓期间将会发生每天合约总金额万分之二的递延费（其支付方向要根据当日交收申报的情况来定，例如如果客户持有买入合约，而当日交收申报的情况是收货数量多于交货数量，那么客户就会得到递延费，反之则要支付）。如果持仓超过 20 天则交易所要加收按每个交易日计算的万分之一的超期费（目前是先收后退），如果买卖双方选择实物交收方式平仓，则此合约就转变成全额交易方式。

投资指导

在关于违约的规定上二者是相同的：如买卖双方一方违约，则必须支付另一方合同总金额 7% 的违约金，如双方都违约，则双方都必须支付 7% 的违约金给黄金交易所。

第360天 黄金T+D1：特点介绍

核心解读

黄金 T+D 合约内容包括：合约名称、交易单位、报价单位、最小变

要点提示

按正式的说法，黄金 T+D，是指由上海黄金交易所统一制定的，规定在将来某一特定的时间和地点交割一定数量标的物的标准化合约。

动价位、每日价格最大波动限制、交易时间、交割日期、交割品级、交割地点、最低交易保证金、交易手续费、交割方式、交易代码等。黄金T+D合约附件与黄金T+D合约具有同等法律效力。

黄金T+D交易的目的不是获得实物，而是回避价格风险或套利，一般不实现商品所有权的转移。黄金T+D市场的基本功能在于给生产经营者提供套期保值、回避价格风险的手段，以及通过公平、公开竞争形成公正的价格。

投资指导

黄金T+D类似于股票的T＋1交易模式，即股票今天买了今天不能卖，必须等到下一个交易日后才能卖，而黄金T＋D的D没有限制。也就是说黄金T＋D可以随时开仓、平仓，当天开仓可以当天平仓，或者第二天第三天甚至更长时间再平仓都可以。

第361天　黄金T+D2：品种优势

要点提示

同股票及其他黄金投资品种相比，黄金T+D有特殊的优势。

核心解读

1．相对于股票的优势

(1) 交易时间灵活。大部分投资者白天没有足够的时间看盘，而T+D最活跃的交易时间恰恰就在晚上，因而更适合平时需要上班的投资者。

(2) 交易多样化，有做空机制。一旦多单入场后行情发生反转，那么就可以平掉多单，反手做空。投资者的地位更为主动且无须担心资金被套牢。

(3) 采用保证金模式。利用杠杆原理，交易平台完备，小资金就可入市，减轻了投资者的资金压力，是一款真正意义上的黄金投资产品。

(4) 无交割时间限制，大大减少了操作成本。黄金T+D业务中没有交割的时间限制，持仓多久均可，由投资者自己把握，不必像期货那样到期后无论价格多少必须交割，可以大大减少投资者的操作成本。

(5) 新兴投资产品，中国市场潜力巨大。

2．相对于其他黄金投资品种的优势

(1) 相对于黄金期货的优势。从交易时间和交割日期的设定看，投资延期产品远比投资黄金期货要安全。它可以一直持仓，长期投资，降低交易成本。夜场交易可以防范隔夜美盘金价过度波动的风险。

投资指导

通过与其他投资产品的比较，投资者可以更好地理解黄金T+D的特点，并确定适合自己的投资品种。

（2）相对于实物黄金和纸黄金交易的优势。金交所的黄金 T+D 品种采取杠杆交易模式，个人投资者只要交纳约 10% 的保证金即可做全额交易。实物黄金和纸黄金只能差价获利，而黄金 T+D 可以做空。

第362天　黄金T+D3：制度规定

核心解读

黄金 T+D 的相关制度主要有：

（1）竞价撮合制。这改变了传统纸黄金交易中投资者的被动地位，实行竞价撮合制，中间没有任何差价。

（2）保证金制度。上海黄金交易所规定黄金延期交易的最低保证金比率为合约价值的 10%。

（3）双向交易制度。黄金延期交易中想要获利既可以通过低买高卖来实现，还增加了一种途径，即通过高位卖出（卖出开仓）然后低位买进（买入平仓），这增加了做空的交易机会。

（4）每日无负债制度。每日无负债制度即逐日盯市制度，是指每日交易结束后，交易所按当日各合约结算价结算所有合约的盈亏、交易保证金及手续费，对应收应付的款项实行净额一次划转。通俗地讲，就是交易日结束后，当天的浮动盈亏都将直接在账面上体现。

（5）强制平仓制度。当投资者账户出现保证金不足的情况时，其原有持仓将会被强行平仓，可能是全部仓位被平掉，也可能是部分仓位被平掉。投资者要善于运用预警指标避免这一情况的发生。

要点提示

黄金 T+D，即黄金延期交易，是一种不需要交割实物的期货交易，市场对这种交易品种有特定的制度规定。

投资指导

投资者应明确以上制度规定，以免造成不必要的麻烦和损失。

第363天 黄金T+D4：风险及其控制

要点提示

黄金T+D虽然存在诸多优势，但却是一种高风险业务，面临操作风险，市场风险、杠杆风险、强制平仓风险等。

投资指导

国内交易时段仍不能与国际完全接轨，加大了持仓风险。投资者要积极做好以上风险规避措施。

核心解读

为防范该交易品种的各种风险，投资者要注意以下几点：

（1）熟悉交易规则，只有这样才能选择好的买入卖出时机，从比较中创造收益。

（2）做好资金管理，同时做好时间管理。资金投入的多少与风险是成正比的，投资时间也要合理安排好，以保持清晰的思路。

（3）尽量不留周五"隔夜仓"，减少未平仓头寸，控制不确定性。目前，上金所不提供周五夜市交易，因此周五15：30后没有平掉的仓位一般被称为"周五隔夜仓"，至下周开市前，所持仓位不能进行平仓交易。这类持仓风险较高，因为如果周五晚间市场波动较大的话，会对盈亏产生较大影响。

第364天 现货黄金1：特点介绍

要点提示

现货黄金（也叫国际现货黄金和伦敦金）是即期交易，指在交易成交后交割或数天内交割。现货黄金是一种国际性的投资产品，由各黄金公司建立交易平台，以杠杆比例的形式向坐市商进行网上买卖交易，形成的投资理财项目。

核心解读

现货黄金的交易规则如下：

（1）现货黄金以美元标价，以英制盎司为计量单位。黄金报价以道琼斯国际报价为准，主要根据伦敦市场的现货黄金价格。一盎司等于31.106克。每日盘价为×××美元／盎司黄金的价格。例如：大盘标出632.03/的数字，即为每盎司黄金632.03美元。

（2）现货黄金最低交易量为一手／张／单。一手等于100盎司。约等于三千克黄金。

（3）保证金交易。只交少量保证金，即可进行大额交易。资金放大量为 100 倍。比如要做 10 万美元的生意，只要运用 1000 美元即可达到目的，对中小投资者是一个机会。

(4) 当日交易。开户当天即可交易，而且可以多次交易。T+0 机制。

(5) 可以双向交易。既可以买涨，也可以买跌。既可以先买，也可以先卖。因此无论金价如何走势，投资人始终有获利的空间。

(6) 即时买卖。只要价格在市，即可即时完成交易。不存在是否有人接单问题。不愁买不到，也不愁卖不出。

(7) 黄金交易可以自设安全线，即交单时自定止损点和止赢点。因此在实际操作中可以将黄金交易的风险降到小于每日 10% 的跌幅。也就是小于股票每日的最大跌幅。同时由于黄金交易不设涨停板，因此黄金交易的日升幅率可以大于 10%。

投资指导

现货黄金每天的交易量巨大，日交易量约为 20 万亿美元。因此没有任何财团和机构能够人为操控如此巨大的市场，完全靠市场自发调节。现货黄金市场没有庄家，市场规范，自律性强，法规健全。

第365天　现货黄金2：风险及其控制

核心解读

现货黄金的风险控制要注意以下几点：

(1) 学会建立头寸、斩仓和获利。建立头寸即买进黄金，选择适当的金价水平以及时机建立头寸是盈利的前提。斩仓是在建立头寸后，突遇金价下跌时，为防止亏损过高而采取的平盘止损措施。获利的时机比较难掌握。掌握获利的时机十分重要，平盘太早或太晚，都会减小盈利甚至亏损。

(2)“金字塔”加码。若前一次投资正确想继续加码增投，就要遵循“每次加码的数量比上次少”的原则。这样逐次加买数会越来越少，就如“金字塔”一样。因为价格越高，接近上涨顶峰的可能性越大，危险也越大。

(3) 不要在赔钱时加码。在买入或卖出黄金后，遇到市场突然以相反的方向急进时，有些人会想加码再做，这是很危险的，很可能会买在“顶”，卖在“底”，极易导致恶性亏损。

要点提示

现货黄金交易是利用资金杠杆原理进行的一种合约式买卖。根据国际黄金保证金合约的交易标准，利用一盎司的价格购买一百盎司黄金的交易权。由此可见，现货黄金交易具有较大风险。

(4) 不参与不明朗的市场活动。当感到金市走势不够明朗，自己又缺乏信心时，以不入场交易为宜。否则很容易做出错误的判断。

(5) 不要盲目追求整数点。有些投资者为自己制订了盈利目标后就一定要等到整点，从而为强争几个点而误事。

投资指导

投资者要时刻保持清醒的头脑，培养自己对黄金市场变化的敏感性，提升自己对黄金市场判断的准确性。

(6) 在盘局突破时建立头寸。盘局指牛皮行市，金价波幅狭窄。此时买卖双方势均力敌，但一旦盘局结束，市价就会破关而上或下，呈突破式前进。这是入市建立头寸的大好时机，如果盘局属于长期牛皮，突破盘局时所建立的头寸获大利的机会更大。

参考书目

[1] 刘平，刘扬．每天一堂投资课［M］．北京：人民邮电出版社，2011．

[2] 陈雨露，杨栋．世界是部金融史［M］．北京：北京出版社，2011．

[3] 夏斌，陈道富．中国金融战略 2020［M］．北京：人民出版社，2011．

[4] 黄达．金融学［M］．北京：中国人民大学出版社，2011．

[5] 严行方．每天学点金融学［M］．北京：金城出版社，2010．

[6] 张振东，周峰．每天懂一点金融学［M］．北京：中国铁道出版社，2010．